الحروب والتسويات
بين الماضي والحاضر

الدكتور

فهد خليل زايد

١٤٣٢هـ / ٢٠١١ م

دار يافا العلمية للنشر والتوزيع

زايد ، فهد خليل

الحروب والتسويات بين الماضي والحاضر / فهد خليل

زايد._ عمان : دار يافا العلمية للنشر ، ٢٠١٠

( ) ص

ر.إ : ٢٠١٠/٧/٣٢٤٢

الواصفات : /تاريخ// حروب// سلام

● تم إعداد بيانات الفهرسة الأولية من قبل دائرة المكتبة الوطنية

——————— الطبعة الأولى ، ٢٠١١ ———————

دار يـــــافـــــا العلمية للنشر والتوزيع

الأردن – عمان – تلفاكس ٤٧٧٨٧٧٠ ٦ ٠٠٩٦٢

ص.ب ٥٢٠٦٥١ عمان ١١١٥٢ الأردن

E-mail: dar_yafa @yahoo.com

المقدمة:

إن دراسة التاريخ تعتبر القاعدة الأساسية لتوسيع مدارك الأمة التي تستطيع أن تبني عليها معلومات تمكّنها من الاستعداد لما هو قادم، كما أنها تنمّي لدى القارئ الجانب المعرفي في مهارات القيادة والحرب والمفاوضات ذات الطابع الحواري القائم على إبراز العدل والحق.

ويقع الجهد الأكبر في دراسة التاريخ الإسلامي العسكري (الحروب، والغزوات، والتسويات) على الفرد نفسه في تطوير معارفه العامة، لذا فإن القصد من هذا الكتاب ينطوي على بيان القدرة القيادية والعسكرية في الحروب الإسلامية والعربية وإيجاد ملكة التحليل والتقييم والاستفادة منها.

وبسبب قلة المراجع العربية التي تحتوي التفصيلات الكتابية عن الحملات العسكرية عبر التاريخ الإسلامي. قررت وضع هذا الكتاب لمعالجة الموضوع بأسلوب قائم على سرد الوقائع بدقة وحصر الأرقام والتواريخ ووصف لطبرغرافية الأرض وإبراز الناحية النفسية لدى المقاتلين من الطرفين بصورة تحليليّة.

وقد اعتمدتُ منهجية سرد المعلومات وإبراز الدروس المستفادة من كل حملة عسكرية وتحديد جوانب القوة والضعف، لذا كان لا بد من دراسة المعارك الحاسمة الإسلامية والعربية لربط حاضرنا بماضينا المجيد واستشفاف أسباب النصر والهزيمة.

لقد اشتمل الكتاب على فصلين يناقش الفصل الأول المعارك والحملات الإسلامية في ماضينا المجيد مثل (غزوة بدر وغزوة أحد، معركة اليرموك، معركة القادسية، معركة عين جالوت، معركة حطين) وفي حاضرنا القريب درسنا (الحملات والمعارك الحديثة، مثل (معارك القدس باب الواد حرب ٤٨،

حرب ٦٧، معركة الكرامة، حرب رمضان ٧٣، حرب الخليج الأولى والثانية، وحرب لبنان حزب الله.

وتعرضت في الفصل الثاني إلى التسويات السلمية الجانب الدبلوماسي في الحرب لكن كان الاهتمام بالتسويات في عصرنا الحديث الحالي ينصب على التسويات الخاصة بالقضية الفلسطينية منذ عام ١٩٤٨ إلى غاية مبادرة الملك عبد الله خادم الحرمين الشريفين.

أرجو من الله أن يكون هذا الكتاب رافداً جديداً، وسنداً قوياً لمعرفة القارئ بالحقائق ومع إدراك الدروس المستفادة من كل مرحلة راجياً من الله أن يجعلنا ندرك حقيقة المستقبل وتعرف أين هي مفاتيح النصر على الأعداء بإذن الله عز وجل.

د. فهد زايد

الفصل الأول

المعارك والحروب

في العصور الماضية والعصر الحديث

٦

منذ أن ناصبت قريش الرسول الكريم صلى الله عليه وسلم العداء وأجبرته وصحبه على الهجرة إلى المدينة وهدروا دمه وخفروا ذمته، أصبح الطرفان في حالة حرب ضمنية تمليها الرسالة الإلهية وحق الدفاع عن النفس من قبل المسلمين للحصار السياسي والاقتصادي اللذين شنتهما قريش على الدعوة الإسلامية الفتية. وأخذ الطرفان يتهيئان عسكرياً وسياسياً واقتصادياً للقضاء على الطرف الآخر في حرب معلنة عندما يحين أوانها.

لم تجر عمليات عسكرية ذات شأن طيلة التسعة عشرـ شهراً وهـي الفترة الممتدة بين هجرة الرسول صلى الله عليه وسلم ومعركة بـدر الكبرى، بل تركزت معظم العمليات على القدرة الاستطلاعية سواء الخاصة منها في معرفة تفصيلات طبوغرافية ساحة العمليات المتوقعة أو التي كانت موجهة لمعرفة إمكانات الطرف الآخر ونشاطاته الاستطلاعيّة المقابلة، بالإضافة إلى محاولة كل طرف كسب المؤيدين وتهيئة أسباب النصر إلى الحد الممكن.

أهم تلك العمليات المحدودة هي:

أ-دورية مقاتلة بقيادة حمزة بن عبد المطلب موجهة ضد قافلة قرشية ناحيـة العيص- على ساحل البحر الأحمر- بقيادة أبي جهـل بـن هشـام، لم يحدث قتـال بـين الطرفين لتدخل مجد بن عمرو الجهني الذي قام بدوره حمامة السلام بينهما. كان ذلك في شهر رمضان من سنة ١ هجرية.

ب-دورية مقاتلة بقيادة عبيد بن الحارث بهدف تهديد تجارة قريش في وادي رابغ. تقابلت هذه الدورية بقوة للقرشيين بقيادة أبي سفيان إلا أن الطرفين لم يتقاتلا فيها أيضاً.

جـ- دورية استطلاع بقيادة سعد بن ابي وقاص إلى منطقة الخرّار.

د- دورية قتال بقيادة الرسول صلى الله عليه وسلم إلى منطقة (ودان)أيضا لم يحصل اشتباك خلالها ولكنها اسفرت عن عقد معاهدة عدم اعتداء مع قبائل بني ضمرة بن بكر

هـ- غزة بواط وغزوة العشيرة قادهما الرسول الكريم صلى الله عليه وسلم إلى الموقعين المسميين وفي كلا الغزوتين تمكّن القرشيون من الإفلات دون قتال.

و- غزوة بدر الأولى. قادها الرسول صلى الله عليه وسلم في جمادى الآخر من السنة الهجرية الثانية بهدف مطاردة قوات للمشركين أغارت على مراعي المدينة وقد تمكّن العدو من الإفلات.

ز- دورية استطلاع صغيرة بقيادة عبد الله بن جحش في شهر رجب من السنة الثانية وجهها الرسول صلى الله عليه وسلم لرصد طريق مكة الطائف، إلا أن الدورية هاجمت قافلة للمشركين وقتلت أحد عناصر حمايتها هو عمرو ابن الحضرمي- أول مشرك يقتله المسلمون. غضب الرسول صلى الله عليه وسلم لذلك لأن لا قتال في الأشهر الحرم واستغلت قريش ذلك للتشهير بالمسلمين، إلى أن أنزل الله بآياته المحكمات إباحة قتال المشركين في أيٍّ زمان ومكان.

تأزم الموقف:

أيقن مشركو مكة بعد نشاطات الدعوة الإسلامية الجديدة سالفة الذكر، أيقنوا مدى الخطورة التي تتهدد شريان تجارتهم وحياتهم مع بلاد الشام نظراً لموقع يثرب وسيطرتها على تلك الطريق. وهكذا دنا موعد نزاع مسلح دام بين الخير والشر- بين الكفر والإيمان بين الظلمات والنور، النزاع الذي بدأ منذ بدء الخليقة النزاع الحتمي في كل زمان ومكان.

مرت فترة جمود قصيرة في العلاقات بين مسلمي المدينة وبين مشركي مكة بعد الاشتباك الذي تم بين دورية عبد الله بن جحش والاعداء. مما أفسح المجال أمام المسلمون أن يبدأوا في التخطيط للقضاء على نفوذ المشركين ليتيسر لهم نشر- الدعوة الربانية التي أوكلها الله لهم، ووضع حد للمعارضة الشرسة التي كانت قريش تقود لوائها في ربوع الجزيرة العربية لأسباب إقتصادية كما مر، ولأسباب سياسية ذلك أن الدعوة الجديدة ستقضي على مركزهم المسيطر على القبائل العربية والقضاء على أوثانهم التي كان لها الفضل الأكيد على سيادة قريش وغطرستها.

لهذا كان كل من الطرفين يستعد ويخطط للقضاء على خصمه وبدأت في هذه المرحلة سلسلة من المعارك كانت غزوة بدر الكبرى فاتحتها.

وردت معلومات للرسول الكريم صلى الله عليه وسلم عن قيام قافلة تجارية كبيرة لقريش برحلة إلى بلاد الشام تحت قيادة أبي سفيان زعيم قريش، وحين همّت القافلة بالعودة من غزة، أرسل الرسول الكريم صلى الله عليه وسلم دورية استطلاع مؤلفة من طلحة بن عبيد الله وسعيد بن زيد إلى الحوراء لرصد القافلة وتقصي- أخبارها. كانت هذه القافلة من أكبر القوافل القريشية حيث كانت محملة ببضائع حمولة ألف بعير وقدرت قيمتها

بخمسين ألف دينار يحرسها سبعون رجلاً. كانت الأموال مشتركة بين معظم رجالات قريش البارزين.

أدرك أبو سفيان، كما يبدو الخطر الذي ينتظر قافلته، وقبل وصوله إلى مواطن الخطر، وجه أحد رجاله إلى مكة طالبا الإسناد الكافي لحمايتها، وتمكن أبو جهل من حشد ٩٥٠ مقاتلا تقريبا لحماية تلك القافلة.

أما في المعسكر الإسلامي فقد أمر الرسول صلى الله عليه وسلم بالتطوع للقتال مبينا للمسلمين قيمة القافلة المادية وعدد قوة حمايتها، فلم يتطوع إلا عدد قليل ظنا منهم أن هذا العدد كافياً لمعالجة العدو، فقد تجمع ٣١٣ رجلاً منهم ٨٣ من المهاجرين و٦١ من الأوس و١٧٠ من الخزرج. ربما لم يصل للمسلمين نبأ الحشد القرشي وهذا ما يفسر ترك الرسول صلى الله عليه وسلم الخيار للتطوع بدلا من التعبئة العامة.

خرج المشركون من مكة بقيادة أبي جهل لمساندة ابي سفيان، وما كادوا يسيرون بضعة أيام حتى عرفوا أن القافلة استطاعت التملّص من قبضة المسلمين كما أن الأخبار وصلتهم من أبي سفيان أن ليس هنالك ما يبرر خروجهم، إلا أن أبا جهل أبى العودة وقال " و الله لا نرجع حتى نرد بدر فنقيم فيه ثلاثا ننحر الجزور ونطعم الطعام ونسقي الخمر وتعزف علينا القيان وتسمع بنا العرب وبسيرنا وبجمعنا، فلا يزالون يهأبوننا ". وهذا القول يؤكد أن أبا جهل أراد استغلال المناسبة لضرب المسلمين ضربة قاصمة إلى الأبد.

مخطط القتال

أما الرسول صلى الله عليه وسلم وصحبه فقد خرج من المدينة في الثامن من رمضان من السنة الهجرية الثانية بعد أن أمر بقطع الأجراس من أعناق الإبل، وقد تحركت القوة حسب الترتيب التالي:

١- حرس مقدمة. تسبقه دورية استطلاع متقدمة.

٢- الجسم الرئيسي ويتألف من:

– سرية المهاجرين ورايتها مع علي بن أبي طالب.

– سرية الأنصار ورايتها مع سعد بن معاذ.

٣- حرس المؤخرة.

عيّن الرسول الكريم صلى الله عليه وسلم الزبير بن العوام قائداً للميمنة والمقداد بن عمرو الكندي قائداً للميسرة- وهما الفارسان الوحيدان في الحملة. أما راية المسلمين العامة فقد أعطيت إلى مصعب بن عمير بن هاشم القرشي.

سلك رتل القوة الإسلامية طريق القوافل التجارية بين المدينة وبدر والبالغ طوله قرابة ١٦٠ كم وقد وزّع الرسول صلى الله عليه وسلم الإبل المتيسرة وعددها سبعون بعيراً على رجاله وكان نصيبه مع علي بن أبي طالب ومرثد بن أبي مرثد الغنوي بعيراً وأحداً يتعاقبونه. وهكذا ضرب الرسول الكريم صلى الله عليه وسلم المثل الأعلى للقائد العسكري الذي يشاطر جنده التعب والسهر والسراء والضراء مما له أكبر الأثر في رفع الروح المعنوية والاستعداد لافتداء قائدهم بالمهج والأرواح.[١]

---

[١] ابن هشام – ج١- ص ٤٢٠-٤٢٥ .

انطلق الرتل مسرعاً للحيلولة دون تملّص قافلة قريش، فلما وصل الرتل (وادي ذفران) جاءهم خبر خروج جموع قريش لانقاذ قافلتهم بقوة لم يسبق لمكة أن حشدت مثلها قبلا. طلب الرسول صلى الله عليه وسلم مشورة صحبه كعادته دائما وكعادة القادة الواعين، فدعوه المهاجرون بالاستمرار بحملته، لكنه رغب سماع رأي الأنصار الذين آووه وآووا من هاجر من مكة معه فقام سعد ابن معاذ سيد الأنصار وقال " لقد آمنا بك وصدقناك، وشهدنا أن ما جئت به هو الحق وأعطيناك على ذلك عهودنا ومواثيقنا، على السمع والطاعة، فامض يا رسول الله لما أردت، فوالذي بعثك بالحق، إن استعرضت بنا البحر فخضته لخضناه معك.

كان الرسول صلى الله عليه وسلم طيلة مراحل تحركاته يبعث العيون أمام القوات بمسافات طويلة لتقصي المعلومات خوفاً من المفاجآت ووقع القوة في مهالك ومخاطر لم يحسب حسابها ولقناعته صلى الله عليه وسلم بأهمية تأمين الحماية للقوة قبل القتال، وكثيراً ما كان هو نفسه يتقدم القوات مع دوريات الاستطلاع لتقصي المعلومات تمهيداً لوضع خططه على أساسها.

بعد أن اطمأن القائد العظيم أن متانة صفه وتماسك قواته- رغم قلتها- وأصبحت لديه المعلومات الكافية عن الخصم، توجه بقوته نحو بدر ونزل بها، فأشار عليه الحباب بن المنذر أن تنتقل القوة إلى أدنى بئر ماء من معسكر قريش ثم تغوير ما سواه من الآبار لحرمان العدو من المياه بعد تأمين ما يحتاجه جيش المسلمين، ولقد نفذ الرسول صلى الله عليه وسلم المشورة بعد أن راقت الخطة لجميع قادته.

أما جيش المشركين والذي قارب تعداده الألف فقد تحرك على عجل من مكة سالكاً وادي عسفإن ثم قديد ثم الجحفة ثم الأبواء ثم بدر. وبينما كان هذا الجيش مستمرا في حركته للشمال كان أبو سفيان وقافلته في طريقه

إلى مكة بعد أن استشعر الخطر الذي يهدده والمستقي مـن المعلومـات التـي جمعتها دورياته الاستطلاعية واستطاع بـذلك الافلات مـن قبضـة المسلمين لنباهتـه ومقدرته القيادية.

وصـل ركـب قريش بقيادة أبي جهل بدرا ونزلـت القـوة في ثنايا التلال الغربيـة من الوادي لاعادة التنظيم والتهيـؤ للقتـال المقبـل. وكانـت قـوتهم مؤلفة مـن ٩٥٠ مقاتل تقريبا من بينهم ١٠٠ فارس و٣٥٠ بعيراً.

وصف موقع المعركة

يقع موقع بـدر في وادي بـدر العريض المحـاط بالهضـاب والكثبان ومقاطعا للطريق التجاري الغربي الواصل بين الحجاز وبلاد الشام. تكـثر الآبار في تلك البقعـة ويتجمع معظمها في موقع المعركة المنتخب لأهمية المياه في أداءه المعركـة ومعظمها يقع على الضفة الشمالية للوادي.

تتصف الضفة الجنوبية بليونة أرضها وتعرضها للوحل خلال هطول الأمطار في حين أن طبيعة الضفة الشمالية تتصف بصلابة أكـثر ممـا يسـهل الحركـة عليهـا وهـذه ميزة جيدة في صالح المعسكر الإسلامي.

انشقاق جيش المشركين

على أثر تمكن أبي سفيان من الإفلات بقافلتـه سـالمة وعودتـه إلى مكـة حـاول عدد من زعماء قريش العودة دون قتـال ذلك لانتهاء سبب مجيئهم وهـو حمايـة القافلة.

إلا أن أبا جهل عميد الكفار والحاقد على نبي الله صلى الله عليه وسلم أبى واستكبر وأراد استغلال حشد تلك القوة الهائلة للقضاء على الدعوة المحمدية، كما مر معنا في مقدمة هذه السيرة، لكن الأخنس بن شريق الثقفي- قائد قبيلة زهرة وعدد اتباعه ٣٠٠ كان على رأس المعارضين لغطرسة وكبرياء أبي جهل انسحب واتباعه من موقع رابغ عائداً إلى مكة.

حاول أيضا عتبة بن ربيعة أحد زعماء قريش البارزين ثني أبي جهل عن غيه إلى أن جهوده ذهبت أدراج الرياح. وهكذا أصبحت المعركة واقعة لا محالة

خطة الانفتاح

بعد تمركز المسلمون في موقع دفاعي على الضفة الشمالية للوادي –حيث تتواجد آبار المياه التي غوّر معظمها – دمرت- ما عدا ما يكفي لجيش المسلمين. قسّم الرسول صلى الله عليه وسلم قوته إلى ثلاثة أقسام وضع على رأس كل قسم قائداً ثم عبأ الصفوف في كل قسم وجعل الجند متراصين متلاحمين للحيلولة دون أحداث خرق في صفوفهم من قبل المشركين ثم اختار مقر قيادته الثابت على تلة مرتفعة تشرف على ميدان المعركة بمشورة سعد بن معاذ زعيم الأنصار الذي ترأس فصيلة الحرس الخاص حول الرسول صلى الله عليه وسلم للدفاع عن نبي الله وقائدهم العظيم.

وبعد أن عدل الرسول صلى الله عليه وسلم الصفوف وهيأها للقتال اصدر أوامره إلى جيشه بأن لا يبدأ القتال حتى تصدر الأوامر منه، وقال لهم: إن اكتنفكم العدو(أي أحاط بكم) فإنضحوهم بالنبل. يتضح هنا أن الرسول صلى الله عليه وسلم اتخذ موقف الدفاع سلفاً نظراً للتفوق الساحق الذي

يتمتع به العدو وهو ٢:١ في القوة البشرية فقط عدا عن عدد الفرسان القرشيين الـ١٠٠ مقابل فارسين فقط في صف المسلمين.

أما قريش، فقد اتخذت من ضفة الوادي الجنوبية وبطن الوادي نفسه موقعا لانطلاق هجومها واقتحامها لمواقع المسلمين، وقد صممت المعركة بالنسبة اليهم كمعركة هجومية لتدمير قوة المسلمين والقضاء عليها. سببت الأمطار التي هطلت ليلة المعركة في وحولة تلك المنطقة مما أثر على قابلية حركة قواتهم في اليوم التالي وكذلك منعتهم من الانفتاح للأمام للسيطرة على آبار المياه.

التوجيه النهائي

بعد أن تهيأ الطرفإن استعداداً لبدء القتال وقف رسول الله صلى الله عليه وسلم خطيبا في المسلمين وقال " والذي نفس محمد بيده لا يقاتلهم اليوم رجل صابرا محتسبا، مقبلا غير مدبر إلا أدخله الله الجنة" وهنا ظهر مثال حي للإيمان العميق فقد كان العمير بن الحمام -أحد جنود المسلمين- يهم في أكل تمرات كانت بيده، لكنه بعد سماع ذلك قال " بخ بخ فما بيني وبين الجنة إلا أن يقتلني هؤلاء" وهجم على المشركين وقاتل حتى أسلم الروح لبارئها.

عاد الرسول صلى الله عليه وسلم بعد ذلك لمقر قيادته لإدارة المعركة وقال " اللهم أنجز لي ما وعدتني، اللهم أن تهلك هذه العصابة من أهل الإسلام لن تعبد في الأرض".

أما أبو جهل قبّحه الله فقد وقف يستحث قومه للقتال وقال " اللهم اقطعنا للرجم وآتينا بما لا نعرف فأحنه الغداة (أي جعل حينه غدا).

سير القتال

بدأت المعركة صباح يوم الجمعة ١٧ رمضان سنة ٢هـ الموافق ١٥ كانون ثاني سنة ٦٢٤ م، وكان أول وقودها المشرك الأسود بن عبد الأسد المخزومي الذي قدّم لهدم حوض ماء المسلمين فبرز من بين الصفوف ووجهته الحوض فتلقفه حمزة بن عبد المطلب وعاجله بضربة من سيفه قضت عليه.

بعد ذلك انبرى ثلاثة من صناديد قريش ومن عائلة وأحدة وهم: شيبة بن ربيعة وعتبة بن ربيعة وابنه الوليد وكلهم من أبناء عبد مناف جد الرسول G ، فسارع بالخروج اليهم ثلاثة فتية من الأنصار إلا أن الكفرة الثلاثة اصروا على مبارزة ثلاثة من المهاجرين أندادا لهم، فأمر الرسول G حمزة وعبيدة بن الحارث وعلي بن أبو طالب وكلهم من أبناء عبد مناف، فخرج هؤلاء في الحال ونشب الصراع بينهم أزواجا علي والوليد، وعبيدة وشيبة، وحمزة وعتبة، وسرعان ما قضى حمزة وعلي على خصميهما، أما عبيدة وخصمه فقد تبادلا ضربتين مميتتين، أخلي عبيدة بعدها إلى معسكر المسلمين من قبل حمزة وعلي وما لبث أن فارق الحياة وعاد إلى جوار ربه.

استشاط المشركون غضبا لمقتل ثلاثة من خيرة قادتهم وشدوا على المسلمين شدة واحدة بعد أن مهدوا لهجوم برشق منهمر من السهام، تلقى المسلمون هجوم المشركين وهم مرابطون في مواقعهم كما أمر قائدهم الأعلى وأمطروا المهاجمين بسهامهم الصائبة على حشود العدو والحقوا بهم خسائر جسيمة. تكررت هجمات المشركين مرات وفي كل مرة تتلقفهم سهام المسلمين حتى استنفد العدو قوته وامتصتها بسالة المرابطين.

بعد أن فترت حدة هجمات المشركين إصدر الرسول صلى الله عليه وسلم أمره ببدء الهجوم الإسلامي المعاكس الذي بدأ بعنف وتصميم، وبينما كانت

المعركة محتدمة والمقاتلون يتلظون بنارها كان الرسول صلى اللـه عليه وسلم يرقب بسالة جنوده في اشفاق ورجاء، وما هي إلا لحظات حتى التحم وحرسه بالمعركة وكان في مقدمتهم يثب وثبا وهو يقول " سيهزم الجمع ويولون الدبر، بل الساعة موعدهم والساعة أدهى وأمر" ثم أخذ حفنة من الحصباء ورشق بها الكفار ويقول " شاهت الوجوه" وأمر رجاله بالانقضاض على الأعداء وهم يصيحون أحد.... أحد ايمانا بوحدانية اللـه وجبروته وقوته، كما أن هذا القول كان كلمة التعارف بين المسلمين.

وجه المسلمون جل اهتمامهم إلى سادات قريش وقادتها يريدون استئصالهم فقتل منهم عتبة بن الوليد وأخوه وابنه وأميه بن خلف وغيرهم فاختلت صفوفهم وكسرت شوكتهم ودب الفزع بين صفوفهم بفعل ضرب جند اللـه ولم يلبثوا أن بدأوا الهزيمة بذعر وفوضى تاركين قتلاهم ومعداتهم طالبين النجاة لانفسهم، وهي صفات ملازمة لجند الشيطان الذين لا تربطهم رابطة العقيدة القوية بل مصالح مادية دنيوية سرعان ما يطمس بريقها عند رؤية الأهوال والموت الزؤام.

أما زعيم المشركين أبو جهل فقد بقي مصراً على مكابرته وعناده يقاتل بشراسة وشجاعة نادرتين محاولا وزمرة من اتباعه الصمود وارجاع من انهزم من جنده وكان ابنه عكرمة ملازما له، وعندما اشتدت العاصفة من حوله أخذ حرسه يذودون عنه ويضربون من حوله سياجاً واقياً من الرماح والسيوف إلى أن شرّف اللـه معاذ بن عمير الأنصاري بقتل عدو اللـه وعدو محمد صلى اللـه عليه وسلم بأن وجه له ضربة بترت ساقه فخر صريعا يتخبط بدمه يصارع الموت، لكن عكرمة ولده وجه ضربة إلى معاذ بترت يده فظل الشهيد يقاتل بيد واحدة حتى لحق بالرفيق الأعلى. تلقى أبو جهل وهو يعاني سكرات الموت ضربة ثانية من معوذ بن عفراء وأخيرا مر به عبد اللـه بن مسعود فوضع رجله على عنقه.

وقال له: " أخزاك الله يا عدو الله" فأجابه أبو جهل وهو في آخر رمق من حياته " لقد ارتقيت مرتقى " صعبا يا رويعي الغنم " وما هي إلا بعض اللحظات حتى فارق الحياة إلى جهنم مثوى المتكبرين، فاحتز عبد الله بن مسعود رأس أبي جهل وأخذه بين يدي الرسول صلى الله عليه وسلم مبينا أن عمله ذلك هو لله وحده وليس لإنتقام شخصي.

بعد موت أبي جهل تفرق المشركون منهزمين لا يلوون على شيء. وبدأت مطاردة المسلمين لفلولهم وأخذوا يجمعون الغنائم والأسرى مع مساء ذلك اليوم. وهكذا دارت الدائرة على المشركين وجنت قريش ثمار حماقة زعيمهم ابي جهل ورعونته حيث هزمت هزيمة لم تعرف مثلها في تاريخها الطويل فتشتتت فلولهم وتاهوا في الوديان والوهاد فراراً بأرواحهم، تاركين قتلاهم وأسراهم تحت رحمة المسلمين رغم كثرتهم وقلة المسلمين حتى بعد انتهاء المعركة.

نماذج نادرة

أظهرت معركة بدر الكبرى نماذج من المواقف قلما كان لها مثيل في تاريخ الأمم دلت على قوة عقيدة الإسلام في نفوس أولئك الرهط الصالح من أصحاب محمد صلى الله عليه وسلم، دلت على صدق تلك العقيدة الإلهية التي أرادها الله لهذه الأمة.

من تلك أن أبي حذيفة بن عتبة بن ربيعة دعا أباه عتبة للمبارزة في بدء معركة بدر. كذلك عمر بن الخطاب الذي قاتل خاله العاصي بن هشام، ثم أن أبا بكر طلب مبارزة ابنه عبد الرحمن الذي كان آنذاك في جيش المشركين. الله... الله، إلا أن رابطة الدين لأقوى من أية رابطة عرقية أو عنصرية أو

مذهبية. لقد رسم يوم بدر أروع نموذج حي للثبات الصادق على العقيدة وآخى الإسلام بين الأبعدين وباعد الكفر بين الأشقاء والأقربين.

كان المثل الأعلى لأولئك الأبطال قائدهم ونبيهم محمد صلى الله عليه وسلم فقد ضمت بدر عدداً كبيراً من أهله وأقربائه وعلى رأسهم عمه العباس بن عبد المطلب الذي كان على رأس الأسرى السبعين الذين اقتادهم جيش المسلمين مكبلين إلى يثرب معقل الإسلام الأول وقاعدة انطلاق.

نتائج المعركة

هكذا انتهت معركة بدر التي خاضعها المسلمون على غير استعداد غير عالمين بالجيش المكي الذي حشد للقضاء على كلمة الله، إنتهت بنصر مبين وهزيمة ساحقة لأعداء الدين.

فقد خسر المشركون سبعين قتيلا بينهم أكثر من عشرين من قادتهم وزعمائهم، كما وقع في أسر المسلمين سبعين آخرين بينهم كثير من الزعماء والقادة. ولقد كان لعلي كرم الله وجهه حصة الأسد في القتلى إذ قتل ما يقارب الثلاثة عشر كافراً عدا عما ساهم في قتلهم مع الآخرين.

أما المسلمون فكانت خسائرهم أربعة عشر شهيداً، ستة من المهاجرين وثمانية من الأنصار.

كان للإنتصار الحاسم الذي أحرزه المسلمون رغم قلّتهم آثارا بعيدة مهدت الطريق أمام حركة العقيدة الإلهية أن تتخذ طريقها في التوسع والانتشار، وأصبح المسلمون في موقف كله مهابة ورهبة من قبل القبائل العربية على امتداد شبه جزيرتهم، وبذلك قوي موقفهم الديني والسياسي

والعسكري والاقتصادي كما أن نتيجة خسارة قريش أتت أكلها وبالا على معقل الكفر والإلحاد.

الدروس المستفادة

هنالك دروس كثيرة يمكن استخلاصها من هذه الغزوة أهمها:

أ-الروح المعنوية: للروح المعنوية العالية على مر الدهور أوفر نصيف في تقرير مصير المعركة بالإضافة إلى توفير أسباب النجاح الأخرى. لقد كانت الروح المعنوية في صفوف المسلمين في أعلى درجاتها وذلك لتمكن مبادئ الرسالة السماوية من قلوبهم وإيمانهم بأن مأواهم الجنة إن استشهدوا ونصيبهم العزة والسؤدد إن نجحوا.

كان المسلمون يشعرون نفس الشعور فقد ساوى بينهم الإسلام فلا سيد ولا مسود ولا غني ولا فقير فكأنهم جسد واحد إذا اشتكى منه عضو تداعت له سائر الأعضاء بالحمى والسهر، يدا واحدة وقلبا واحدا على أعدائهم، الجهاد عندهم قمة الإيمان والتخاذل أدنى درجات الخسة. فكان أحدهم يقاتل بأقصى طاقاته لا يدخر جهدا ولا يهاب موتا جهده جزءاً من طاقة المسلمين عليه ألا يدخره وإلا أثرت على تلك الطاقة الجماعية. ومن ناحية أخرى نجد أن الشجاعة والإقدام لم تنقص القرشيين بل كانوا محاربين أشداء كأفراد يعتبرون الشجاعة قمة الرجولة إلا أن جهدهم المشترك ضائع لعدم وضوح الهدف أو الطريق أمامهم لقد كانوا يقاتلون لعرض الدنيا الزائل وليس في سبيل الله خالقهم.

ب-الهدف: وضوح الهدف والإيمان به يعتبر أحد المبادئ الأساسية للحرب. لقد كان هدف المسلمين نشر الدعوة الإسلامية وما التعرّض لقافلة

القرشيين إلا وسيلة اتخذها الرسول صلى الله عليه وسلم لإضعاف معاقل الشرك وتقوية قواعد الدعوة الحقة. أما قريش فكان هدفها حماية تجارتها، وما أن استطاع أبو سفيان من إنقاذ القافلة حتى بطل ذلك الهدف فتفرقت كلمتهم وانقسمت صفوفهم ومثال آخر، موقف الآخنس بن شريق الثقفي في بدر وغيره الذين شاركوا بالقتال مكرهين وخاصة بنو هاشم.

جـ- القيادة: كان المسلمين يأتمرون بأمرة رسول الله صلى الله عليه وسلم ذلك الإنسان المرسل اليهم قائدا روحيا ودينويا عرفوا فيه الشجاعة والصدق والأمانة والتواضع- يبرز هذا في تعاقبه لركوب الجمل مع صاحبيه- عرفوا فيه الأب الحاني والمعلم الدؤوب والمرشد إلى الطريق السوي، البعيد عن الشبهات، العدل المستقيم، أما جيش قريش فكان متعدد صلى الله عليه وسلم القيادات ولم يتصف قائدهم أبو جهل بأية صفة من صفات رسول الله باستثناء شجاعته وهذه ليست كافية في مثل تلك المواقف.

د- المفاجئة: يعتبر عامل المفاجئة من العوامل الهامة في كسب نتيجة القتال وهي إما مفاجئة بالزمان أو المكان أو مفاجئة بالتسليح أو مفاجئة بالتكتيك. كانت المفاجئة في هذه المعركة في التكتيك الذي اتبعه الرسول صلى الله عليه وسلم وتجلى ذلك بانفتاح قواته في أثناء التقدم من المدينة حتى بدر إذ أمن الحماية الأمامية والخلفية ووضع جسم قوته الرئيسية في الوسط للإحتفاظ به سليماً حتى موعد المعركة وليتسنى له الوقت الكافي للانفتاح دون تدخل العدو لخوض المعركة. كما أن انفتاح القوة الإسلامية في موقعها الدفاعي في بدر بشكل صفوف متراصة متتالية عمقا للخلف أدى إلى امتصاص زخم هجمات قريش تدريجيا وإيقاع خسائر كبيرة قبل الالتحام الأخير كما أن هذا الأسلوب يؤمن للقائد احتياطا جاهزا تحت تصرفه عند الحاجه وهو صالح للدفاع كما للهجوم. ولا يختلف هذا التكتيك جوهريا

سواء اسلوب الانفتاح في التقدم أو الدفاع عن الأساليب المتطورة في العصور اللاحقة وحتى يومنا هذا وخاصة انفتاح التقدم الذي مر ذكره.

هـ- الطاعة والنظام: يعتبر هذان العاملين أهم دعامتين للجندية الحقة، وقد برز جودة هذين العاملين في صفوف المسلمين عندما أمرهم الرسول الكريم صلى الله عليه وسلم بعد انفتاحهم للدفاع لاتخاذ موقف الدفاع ورشق الموجات المقتحمة بالسهام لكسر حدة الهجوم وألا يتحركوا حركة أخرى إلا بأمر قائدهم وهذا ما تم فعلا فقد بقوا محافظين على الأوامر واستمروا مدافعين حتى أزفت اللحظة الحاسمة وتحولوا إلى الهجوم المعاكس وشلوا فعاليات العدو وترابطه ثم تحولوا بعدها للمطاردة كل ذلك بأمر قائدهم الذي يرى ويقدر غير ما يرى الجند ويقدرون جهدا موحدا موقوتا بإتقان متزن حتى أتى ذلك أكله من نصر مبين.

و- التخطيط المشترك السليم: لم ينفرد الرسول G بالقرارات لوحده بل كان يتوصل للقرارات الأخيرة بعد الاستماع إلى مشورة هيئة ركنه ومن أبرز الأمثلة على ذلك.. مشورة الحباب بن المنذر بضرورة الانتقال إلى أدنى بئر من مواقع قريش وتدمير بقية الآبار لحرمان العدو من مطلب أساسي في الدعم الإداري، كذلك مشورة سعد بن معاذ بإقامة مقر قيادة ثابت يسيطر على أرض المعركة ليتسنى للرسول صلى الله عليه وسلم إدارة المعركة منه الشيء الذي يصبح صعبا تماما لو أن الرسول التحم بالمعركة بين المقاتلين منذ البدأية. كذلك طلب الرسول المشورة من المهاجرين ثم الأنصار عن رأيهم في خوض المعركة عندما علموا لأول مرة وبعد خروجهم من المدينة عن حشد مكة بقوة كبيرة ولم يشأ أن ينفرد بالقرار حتى في إقرار المعركة وخوض غمارها.

معركة أحد ١

فرح أهل مكة بوصول قافلتهم التجارية من فلسطين سالمة والتي كانت محفوفة بالمخاطر خلال الأيام الأخيرة من رحلتها على الطريق الساحلي الغربي للجزيرة العربية، وخاصة بالقرب من المدينة معقل العقيدة الاسلامية الجديدة وبعد أن شارفت على السقوط بأيدي المسلمين غنيمة دسمة.

يعود الفضل في إنقاذ تلك القافلة إلى مهارة أبي سفيان القيادية الذي كان على رأسها. كانت القافلة مؤلفة من ١٠٠٠ جمل تحمل من البضائع ما قيمتها ٥٠ ألف دينار، تعود كلها إلى عدد كبير من أهالي مكة الذين كانوا ينتظرونها على أحر من الجمر، كان ذلك في شهر آذار من عام ٦٢٤ميلادية.

كان أبو سفيان قد أرسل إلى قريش يطلب تعزيزات عسكرية، لحماية القافلة عندما استشعر خطر المسلمين للاستيلاء على قافلتهم، إلا أنه وبعد أن أنقذها بسلام أرسل رسولاً لإعادة جيش التعزيزات إلى مكة، لكن أبا جهل الذي كان يقود تلك القوة لم يشأ أن يفقد الفرصة، بعد أن عانى خلال الخمس عشرة سنة الأخيرة مرارة فشله في معارضة ومحاربة الرسول الجديد صلى الله عليه وسلم.

فبدلا من العودة توجه أبو جهل متهورا لخوض معركة مع المسلمين هي معركة بدر أول صدام كبير بين المسلمين وقريش، فكانت نتائجها وبالا على الكفار وانتصاراً باهراً للمسلمين.

عاد جيش المشركين إلى مكة يرفل بأثواب الهزيمة والعار، وقبل دخوله مكة انفرد منه رسول يحث السير سريعا، وحال دخوله ضواحي مكة أخذ يصيح

وينعى القتلى والأسرى الذين سقطوا بأيدي المسلمين، فتجمع حوله عدد من أهالي مكة وكان من بينهم أبو سفيان وزوجته هند. استمعت هند إلى النذير وقلبهايتمزق ألماعلى قتل أعزاء على قلبها،أخبرها النذير عن قتل أبيها عتبة على يد علي وحمزة، ومقتل عمها شيبة على يدي حمزة، ومقتل أخيها الوليد على يدي علي ومقتل ابنها حنظلة على يدي علي.

خلال معركة بدر استطاع المسلمون وعددهم (٣١٣) مقاتلا الوقوف كصخرة عاتية تحطمت عليها قوة المشركين وعددهم (١٠٠٠) مقاتل. أسفرت تلك المعركة عن قتل (٧٠) من الكفار وأسر (٧٠) آخرين، وكان ثمن ذلك (١٤) شهيداً من المسلمين. من بين قتلى المشركين كان هناك (١٧) من بني مخزوم معظمهم أبناء عمومة خالد بن الوليد. كما أن قائد المشركين أبا جهل من بين القتلى في تلك المعركة.

عندما كان النذير يعلن الخسائر لاحظ القرشيون مقدار ما أبلى علي في المعركة حيث وصل نصيبه من القتلى إلى (١٨) وشارك مع حمزة في قتل (٤) آخرين أما حمزة فجندل وحده وشارك مع علي في قتل الأربعة الآخرين.

دعى أبوسفيان إلى اجتماع لقادة قريش، ولم يكن من بينهم من لم يفقد قريب له في معركة بدر. فمنهم من فقد أباه وأخاه او ابنه أو ابن عم له، وكانوا في حالة هستيريه من الحقد والضغينة للأخذ بالثأر من المسلمين، ومن بينهم أشدهم حقدا، كان عكرمة ابن أبي جهل الذي فقد أباه، والذي أصر على الإسراع بأخذ الثأر نظراً لأن أباه كان قائداً لقريش في معركة بدر التي كانت وبالا عليهم، مما زاد في شدة حقده على المسلمين. اتفق الجمع على تجريد حمله انتقاميةضد الرسول محمد (صلى الله عليه وسلم) وصحبه في المدينة، لم يسبق أن حشد مثلها في مكة، وقد خصص دخل تلك القافلة التجارية ومقداره (٥٠) ألف دينار، لتمويل تلك الحمله، والتي دعي للاشتراك

بها بالإضافة إلى أهل مكة، رجال القبائل المحيطه بها. اختير أبو سفيان بالاجماع ليكون قائدا لتلك الحملة.

حالما تسلم أبو سفيان المسؤولية، اتخذ قرارين. الأول منع البكاء والعويل على المفقودين في معركة بدر، وذلك للابقاء على الحقد والضغينه في نفوس قريش لاعتقاده بأن البكاء يقضي على مرارة المصاب، والقرار الثاني كان يتعلق بالأسرى القريشيين الذين سقطوا بيد المسلمين.

أعلن أبو سفيان في هذا المجال، منعه لأي جهود لاستعادة اولئك الأسرى، خوفاً من طمع المسلمين في رفع قيمة الفدية عنهم. مع ذلك لم يتبع هذا الأمر من قبل الجميع، اذ سرعان ما ذهب عدد من القريشيين إلى المدينة لاطلاق سراح عزيزه أو قريبه، ولم يبق امام أبو سفيان إلا الرضوخ للأمر الواقع. كانت الفدية متفاوته حيث تراوحت بين (٤) آلاف درهم حتى (الف) درهم حسب مقدرة أهل الأسير المادية، أما الأسرى الفقراء والذين لم يكن لديهم ما يفتدونه بأنفسهم، فقد حصلوا على حريتهم، بتعليم عدد من أبناء المسلمين القراءة والكتابة، وأما الأميون منهم فأطلق الرسول صلى الله عليه وسلم سراحهم بعد مده وبعد أن أخذ عليهم عهدا بعدم حمل السلاح في وجهة المسلمين مرة أخرى.[١]

من بين من ذهب لافتداء أقاربه كان خالد بن الوليد، الذي لم يشارك في بدر لغيابه عن الحجاز حينئذ وأخوه هشام، لافتداء أخيهما الثالث الوليد وقد تردد هشام في دفع (٤) آلاف درهم، إلا أن خالداً دفع المبلغ وعاد الجميع بعد أن أخلدوا إلى النوم تسلل الوليد عائدا إلى المدينة وأعلن اسلامه، وأصبح فيما بعد مسلما حقا مما قرّبه كثيراً من قلب الرسول G ، ورغم ذلك ظلت العلاقات الأخوية جيدة بين الوليد وخالد قبل اسلام الأخير.

هنالك سبب آخر، لتجريد القريشيين الحمله ضد المسلمين ذلك هو البقاء الاقتصادي، إذ أن الطريق الرئيسي لقوافل قريش المتجهة إلى سوريا وفلسطين تسير على الساحل الغربي للجزيره العربية وبعد معركة بدر، وازدياد قوة المسلمين أصبحت هذه الطريق محفوفه بالمخاطر.

---

[١] الواقدي: المغازي، ص١٥٦-١٥٧.

في شهر تشرين ثاني من ذلك العام ارسل صفوان بن أميه قافلة تجاريه إلى سوريا عبر طريق آخر اعتقاداً منه بأمان ذلك الطريق وهو يمتد بين مكة والعراق مباشرة ويمر شرقي المدينة. علم الرسول صلى الله عليه وسلم بأمر تلك القافلة فأرسل قوة قوامها ١٠٠ رجل بقيادة زيد بن حارثه وسرعان ما عاد هذا غانماً القافله بأكملها.

تدارس كل من صفوان وأبي سفيان الأمر، وتوصلوا إلى قرار مهاجمة المسلمين بأسرع ما يمكن. ذلك أن معيشتهم ورفاههم يتوقفإن كلية على تجارتهم مع سوريا، ولم يكن عكرمة بأكثر منهم صبرا، الذي أخذ يحث أبا سفيان بالإسراع في قتال المسلمين. إلا أن أبا سفيان كقائد حكيم ولعلمه بأن ذلك يتطلب وقتا كافياً، للتحضير للقتال من شراء للسلاح، وللخيول وللإبل ومن تجهيز للحمله ككل طمأنه ووعده بأن سيعمل أقصى جهده في هذا المجال.

بينما كانت الاستعدادات تجري على قدم وساق في مكة للتحضير للقتال، وصل أحد المشركين من المدينة، هو أبو عامر الأوسي. كان موقف هذا المشرك عدائيا ضد الرسول صلى الله عليه وسلم منذ هجرته إلى المدينة، ومما زاد في حقده، السرعة التي كانت يتم فيها احتضان قبيلته- الأوس- للإسلام. كان أبو عامر يدعى الناسك بين أهل المدينة، إلا أن الرسول صلى الله عليه وسلم خلع عليه لقب أبو عامر المنافق، والذي عرف به فيما بعد. عرض أبو عامر خدماته على أبي سفيان، وكان معه خمسين رجلا من اتباعه.

وطلب من أبي سفيان أن يسمح له بمخاطبة قبيلته-الأوس- قبل القتال، علّه يكسبهم الى جانب المشركين، ولا شك أن هذا إذا تم، سيقلب الموازين في صالحهم، إذ يشكل رجال الأوس، ثلث قوة الجيش الإسلامي، وهي أحدى أكبر وأهم قبيلتين في المدينة كما هو معروف. طرب أبو سفيان عند سماعه لأقوال أبي عامر ووعده بتلبية طلبه في حينه.

بدأت المفاوضات لحشد المقاتلين بين معظم القبائل المكيّة، وأخذ المحاربون يتواردون إلى مكة من كنانه وثقيف وغيرهما. وبدأت القوات تحتشد على ذلك النحو في بدأية شهر آذار عام ٦٢٥م. كانت الأخبار تتوارد تباعا على النبي صلى الله عليه وسلم، من قبل عمه العباس، الذي ما زال حتى ذلك الوقت يقطن مكة.

وفي الأسبوع الثاني من آذار، بدأ الجيش القرشي حركته من مكة وكان قوامه ٣٠٠٠ مقاتل من بينهم ٧٠٠ مقاتل مدرع، واحتوى على ٣ آلاف جمل و٢٠٠ حصان رافق هذا الجيش ١٥ إمرأة قرشية، بهدف رفع معنويات المقاتلين، وتذكيرهم بمن سقطوا في بدر. كانت هند زوجة ابي سفيان- على رأس هذه المجموعة كزعيمةعليهن وكان من بين النسوة،زوجة عكرمة بن أبي جهل وزوجة عمر بن العاص وأخت خالد بن الوليد وعمرة بنت علقمة.[١]

بينما كانت القافلة تسير باتجاه المدينة، نادى جبير بن معتم- أحد قادة قريش- عبده المدعو" وحشي بن حرب" والملقب بالمتوحش ووعده بمنحه حريته، إن قتل حمزة عم الرسول صلى الله عليه وسلم، والذي قتل عم جبير في بدر. فرح وحشي لسماعه ذلك، وقد اشتهر بقوته البدنية، وسلاحه الذي لا يفارقه- الرمح- والذي يتقن استخدامه بمهارة فائقه. سمعت هند زوجة

[١] ابن هشام ، ج٢، ص٦٧

أبي سفيان ذلك، فاقتربت من المتوحش ووعدتـه بجميـع حليهـا التـي لبسـتها ذلك اليوم، إن هو قتل حمزة قاتل أبيها.

كان النبي الكريم صلى اللـه عليه وسلم قد انذر، من قبل عمـه العبـاس، عـن تحضيرات قريش كما مر معنا، كذلك كانت تصله الأخبار تباعا عن سـير الجـيش، مـن قبل القبائل الصديقة

في ٢٠ آذار وصل جيش المشركين إلى المدينـة، وخـيّم في منطقـة مشـجرة، تقـع غربي جبل أحد، وعلى بعد أميال قليله مـن المدينـة. أرسـل النبـي صـلى اللـه عليـه وسلم دورية استطلاع إلى ذلك المكـان، وعـادت بمعلومـات دقيقـة عـن قـوة الاعداء عددا ونوعا.

في يوم ٢١ آذار، غادر الرسول صلى اللـه عليه وسلم المدينة على رأس (١٠٠٠) مقاتل من بينهم (١٠٠) مدرع. كان الجيش الإسلامي يملك حصانين، أحـدهما امتطـاه الرسول صلى اللـه عليه وسلم.

عسكروا ليلتهم بالقرب من تل صغير يسمى " شـيخين" يزيـد قلـيلا مـن الميـل مسافة شمال المدينة.

وفي صباح اليوم التالي، وقبل بدء استمرار المسير، قام المنافقون بالإنسحاب من جيشه وعددهم (٣٠٠) بقيادة عبد اللـه بن سلول بحجة ان قتال قريش خارج المدينة سيؤدي على الفشل الذريع ولذلك سوف لن يشتركوا بقتال مصيره الفشل منذ البدايه، وعادوا إلى المدينة، وهكذا ترك الرسول صلى اللـه عليه وسلم ومعه (٧٠٠) مقاتل فقط. والحقيقه أن الرسول صلى اللـه عليه وسلم لم ينو قتال المشركين خارج المدينة، بل كان رأيه أن ينتظر المشركين في المدينة، إلا أن معظم الآراء اجمعت على أن الأفضل للمسلمين هو مقابلة المشركين في العراء. وهكذا - رضخ الرسول صلى اللـه عليه وسلم إلى الرأي

السائد وخرج وفي نيته مع ذلك، قتال المشركين في أرض يختارها هو وليس أعداؤه، واختار سفح جبل أحد ونشر قواته عليه لدحر المعتدين.

يقع جبل أحد على مسافة (٤) أميال شمالي المدينة، وهو جبل كبير يرتفع (١٠٠٠) قدم عن السهل المحيط به. يبلغ طول الجبل ٥ أميال، وينتهي في طرفه الغربي بمقطع صخري حاد. على يمين هذا المقطع وبالنظر إليه من المدينة، هنالك واد يرتفع تدريجيا نحو الشمال والشرق حتى يصل إلى مضيق، يبعد عن المقطع الصخري، مسافة (١٠٠٠) يارده. فتح الرسول صلى الله عليه وسلم قوته على فم ذلك الوادي وفي اسفل المقطع الصخري، وترك الوادي مفتوحا خلفه.

نظم النبي الكريم صلى الله عليه وسلم جيشه بتشكيلة متراصة وبجبهة طولها (١٠٠٠) يارده، واسند جناحه الأيمن على أسفل المقطع الصخري، وجناحه الأيسر على تل صغير، يرتفع (٤٠) قدماً عن السهل المحيط ويمتد طولا مسافة (٥٠٠) قدم، ويدعى هذا التل باسم (عينين). وهكذا فإن ميمنة المسلمين كانت في أمان، أما ميسرتهم فكانت مفتوحة.

لمعالجة هذا الخلل، وضع الرسول G (٥٠) من حملة الأقواس على تل عينين للسيطره على المقتربين اللذين يهددون مؤخرة المسلمين، واللذين يمكن أن يسلكهما جيش قريش خلال القتال، أمرت هذه القوة والتي كانت بقيادة عبد الله بن جبير، أمرت من قبل الرسول صلى الله عليه وسلم بما يلي " وجهوا سهامكم ضد فرسان الأعداء، أبعدوا الفرسان عن مؤخرتنا. ستبقى مؤخرتنا في مأمن طالما حافظتم على مكانكم هذا. يجب الا تغادروه مهما كانت الظروف. أن رأيتمونا نربح القتال، لا تنضموا الينا وان رأيتمونا نخسر، لا تهبطوا لمساعدتنا" وهكذا كانت الأوامر دقيقة وواضحة ومحدده. ولأن تل عينين يعتبر

معلماً تعبوياً هاماً يسيطر على المناطق المحيطة به، كان لزاما على تلك القوة أن تمنع سقوطه في أيدي قريش مهما كان الثمن.

كان يقف خلف جيش المسلمين (١٤) إمرأه، من بينهن فاطمة ابنة رسول الله صلى الله عليه وسلم وزوجة علي بن أبي طالب. كان العمل المخصص لهؤلاء النسوه هو، معالجة الجرحى ونقلهم إلى الخلف وارواء ظمأ المقاتلين.

انتخب الرسول صلى الله عليه وسلم موقعه على الميسره، وهكذا كان انفتاح جيش المسلمين مصمم لخوض معركة ثاتبة وجبهوية لمقابلة تفوق المرونة في جيش الأعداء- ولاستغلال اسباب القوة بين صفوفهم- الشجاعة ومهارة القتال.

كان أبو سفيان يفضل خوض معركة متحركة لاستغلال تفوقه العددي وتفوقه بعنصر الفرسان، وهكذا خيّب الرسول صلى الله عليه وسلم فاله، وأجبره على خوض معركة تناسب المسلمين أكثر، ومن الجدير بالملاحظة هنا أن المسلمين في انفتاحهم ذلك كانوا يواجهون المدينة مسندين ظهرهم على جبل أحد. ذلك لعدم توفر أرض ملائمة لذلك الانفتاح أفضل من جبل أحد.

أما انفتاح المشركين فقد نظم أبو سفيان جيشه للقتال على النحو التالي: كان معسكرهم الرئيسي يبعد مسافة ميل جنوب المقطع الصخري لأحد. ووضع مشاته في القلب والفرسان على الجناحين كقوتين متحركتين. عين خالداً قائداً للميمنه وعكرمة قائدا للميسره على رأس (١٠٠) فارس لكل منهما، وعين عمرو بن العاص قائداً على قوة الفرسان كاملة كمنسق لمناورة الجناحين. أفرز أبو سفيان (١٠٠) حامل قوس، أمام الصف الأمامي لمشاته للاشتباك الأولي. كان يحمل راية قريش طلحة بن أبي طلحة أحد الناجين

من بدر. وهكذا كان انفتاح قريش مواجهين إلى أحد وقد تركوا المدينة خلفهم - قاعدة المسلمين التي كانت معزوله عنهم.

بزغ نهار اليوم الثاني والعشرين من آذار عام ٦٢٥ (٧ شوال عام ٣هـ) بعد سنة وأسبوع من واقعة بدر - بزغ نهار ذلك اليوم، وقد اصطف الجيشان متقابلين، ينتظران، بدأ القتال، (٧٠٠) مسلم مقابل (٣٠٠٠) كافر. وهي المره الأولى التي يقود أبو سفيان بها قوة بهذا الحجم ضد محمد رسول الله G ، وقد بدأ عليه الزهو والثقة بالنصر للتفوّق الساحق في صالحه لوجود قادة قادرين على رؤوس وحداته.

كان الحدث الأول الذي بدأ ذلك اليوم، هو ظهور المنافق ودعوته لقبيلته-الأوس- لترك النبي صلى الله عليه وسلم والانضمام اليه، وقد احاط به اتباعه الخمسون، وكان الجواب الذي تلقاه من الأوس هو، خسئت أيها المنافق وصحبك فهربوا إلى داخل صفوف قريش.

نشب القتال بين الطرفين بتبادل رشقات السهام، التي تشمل القصف المدفعي التمهيدي قبل القتال بين الرماه القرشيين المئه، ورماة المسلمين المتواجدين على تل عينين، أو المنتشرين في الصف الأمامي المسلم. وتحت ستر سهام الأسناد تقدم خالد مهاجما جناح المسلمين الأيسر، لكنه اضطر للتراجع تحت تأثير رشقات السهام رماة المسلمين.[١]

بعد أن انتهت مرحلة التراشق بالسهام، بدأت المرحلة التالية من القتال، تلك كانت مرحلة المبارزة بين أبطال الجانبين المتحاربين. تقدم حامل لواء قريش طلحة بن أبي طلحة متحدياً محاربي المسلمين، وسرعان ما برز له علي بن أبي طالب، الذي وجه اليه ضربة بالسيف قاصمة، جندلته أرضاً يعاني الأم

[١] ابن هشام - ج٢، ص٦٥-٦٦.

جراحه، فأراد علي أن يجهز عليه، إلا أنه عدل نتيجة توسل طلحة اليه بالإبقاء على حياته، فتركه علي وعاد. في تلك الأثناء كان المتوحش يرقب حمزة ويميّزه من خلف صفوف قريش، وقد سهل عليه التمييز لأن حمزة كان يرتدي عمامه مزينة بريشة نعام. وبدأ بالتحرك خلسة إلى اليمين ليفاجئ حمزة من الجنب.[١]

استمرت المبارزه وأخذ يزداد عدد المشتركين بها، وقد حاول عدد من اقارب طلحة ضم الراية، إلا أنهم كانوا يتساقطون تباعا بفعل بتار علي. تقدم أبو سفيان للمبارزه فتصدى له حنظلة بن أبي عامر، الذي كان راجلا فوجه حنظلة ضربته على أقدام راحلة أبي سفيان واسقطه ارضا مما جعل أحد الكفار يتقدم مسرعا لانقاذه، فوجه هذا ضربة قاتلة إلى حنظلة الذي أرتقى شهيداً يتخبط بدماء الشهادة.

تقدم أحد فرسان قريش متخطيا الصفوف الأمامية متحديا للمبارزه، كان هذا عبد الرحمن بن أبي بكر، فما كان من ابيه- أبي بكر- إلا أن اشهر سيفه للاجهاز عليه، إلا أن الرسول الكريم صلى الله عليه وسلم منعه من ذلك وقال له" اغمد سيفك يا أبا بكر". أبلى عبد الرحمن ابن أبي بكر بلاء رائعا فيما بعد كأحد ابرز المحاربين المسلمين في سوريا. سرعان ما اشتد زخم القتال واصبح قتالاً جماعياً في كل مكان، وقد ظهر تفوّق المسلمين بالشجاعة والمهارة في ضرب السيف إلا أن تفوّق المشركين في العدد والعدة، حدَّ من استثمار تلك الميزتين للمسلمين. حاول خالد للمره الثانية أن يخترق جناح المسلمين الأيسر الا أنه رد على اعقابه ايضا بتأثير سهل رماة تل عينين. وقد ساهم النبي صلى الله عليه وسلم في استخدام السهام التي كان يطلقها على

---

[١] الواقدي – المغازي، ص١٧٥

كتل المشركين، وكان بجانبه سعد بن أبي وقاص، الـذي كانـت مهنتـه صناعة السهام وكان من أدق رماتها، وقد أبلى بلاء حسنا في ذلك القتال.

كان حمزة يقاتل المشركين وقد اتخذ موقعه في طرف جيش المسلمين الأيسر- كان يقاتل المشركين بشراسة وشجاعة فائقة، وقد اجهز على عـدد لا بـأس بـه. شاهد حمزة أحد المشركين ويدعى سابا بن عبد العزى، الذي ارتعدت فرائصه عندما سمع حمزة يناديه باسمه متحدياً اياه. بينما كان البطلان يقتتلان بالسيف والـدرع، كـان المتوحش يزحف متخفياً بـين الصخور والشجيرات، حتى صار حمزة ضمن مرمى رمحه. وجه إلى حمزة في تلك اللحظة ضربة مميتة أودت بحياته، في تلك الآونه وجـه المتوحش رمحه بضربة صائبة اتت حمزة مقتلا فالتفت حمزة إلى الوراء حيث شاهد المتوحش يقف خلف صخرة، فتقدم نحوه للإجهاز عليه، إلا أن قواه خارت وسقط شهيداً على درب الجهاد والكفاح الطويل. بعد أن تأكد القاتل من سكون جسد حمزة الطاهر نزع رمحه من جسم فريسته عائدا إلى صفوف المشركين، ليقاتل في معارك لاحقة فيما بعد إلا أن حمزة كانت تلك هـي آخـر معاركه، آخر معارك أسد اللـه ونبيه.

استمر القتال عنيفا، وتسـاقطت الرؤوس، والتقطت الرايـات السـاقطة مـن حامليها من قبل آخرين وتضعضع صف المشركين واستمر ضغط المسلمين وما هي الأسويعات حتى ولت قريش الأدبار. وقد تميّز تراجعهم بفوضى عارمة، وتملك قلوب معظم محاربيهم الخوف والهلع، ولم يوقفهم حتى تصدت نسائهم لهم، اللاتي سرعان ما لحقن برجالهن هاربات، ما عدا عمرة التي بقيت ثابتة في مكانها.

وصل المسلمون الى معسكر قريش وبدأ الجنـد يجمعـون الغنـائم والأسـلاب وعمت الفوضى الصفوف وفقدت السيطرة والانضباطية،، وانهمك الجميع في

جمع الغنائم، كانت الخسائر خفيفة الى حد ما، وكان من الممكن أن تكون تلك نهاية معركة أحد الا أنها للأسف لم تكن.

لقد ثبت خالد وعكرمة على جناحي قريش رغم تقهقرها المبدئي، وحالما دبت الفوضى في ساحه المعركة،شاهدا مشاة قريش وهم منهزمون بفوضى عامه، وجيش المسلمين منهمك في جمع الإسلاب، بعد مطاردتهم لقريش ووصولهم الى المعسكر استغل خالد وعكرمة، ذلك الموقف الذي تميّز بالفوضى في الجانبين المتحاربين وقد شدوا من سيطرتهماعلى فرسانهما وبقيا ينتظران اللحظة الحرجة للتدّخل ولم يبق أمامهما الا الصبر، وسرعان ما آتى هذا أكله. ذلك أن رماة المسلمين في جمع الغنائم والأسلاب، لم يستطيعوا مقاومة الطمع، في المساهمة في نهب معسكرقريش،فطلبوا من قائدهم أن ينطلقوالجمع الأسلاب فرفض عبد الله مطالبهم وذكرهم بأوامر الرسول صلى الله عليه وسلم إلا أن ذلك لم يحل دون ذهاب معظمهم، ولم يبق معه سوى تسعة رماة.

كانت عينا خالد تراقبان ما يجري على التل، فاستغل الموقف وحمل بفرسانه على ما تبقى من رماة المسلمين بهدف احتلال ذلك التل، واتخاذه كقاعدة، ولزيادة مجال مناورة فرسانه خلف صفوف المسلمين. أما عكرمة فلما رأى هجوم خالد سارع وفرسانه في اثره، حتى لحق به اثناء القتال على التل واحتلاله سوية، رغم مقاومه أولئك الشجعان العشرة الذين تقيدوا بأوامر الرسول صلى الله عليه وسلم وقائدهم عبد الله، بقي عبد الله يقاتل حتى سقط من كثرة جروحه، وعندهما تقدم منه عكرمة وأجهز عليه، وضم اسمه الى سجل الشهداء العطر.

بعد احتلال تل عينين، اتجه خالد وعكرمة على رأسي سريتيهما إلى اليسار لمهاجمة المسلمين من الخلف، واتجه عكرمة على رأس قسم من سريته باتجاه مجموعة من المسلمين تحيط بالنبي الكريم صلى الله عليه وسلم، أما

خالد فاتجه على رأس البقيه من الفرسان لمهاجمة المسلمين في معسكر قريش، على أمل مباغتتهم وابادتهم نتيجة للمباغته وهول الصدمة ولوقوع عدد من الخسائر بين صفوف المسلمين، هرب عدد قليل منهم، أما البقية فقد أعادوا تنظيمهم سريعا وتصدوا إلى خالد بقوة حزم، واستمر القتال بينهم سجالا. في تلك الأثناء التقطت عمرة أحدى رايات قريش الملقاة على الأرض وأخذت تلوح بها على أمل أن يراها جيش قريش المنهزم.

استطاع أبو سفيان بعد بعض الوقت، اعادة السيطره على معظم مشاة قريش وبعد أن شاهد ما حل بالمسلمين، ومهاجمتهم من الخلف من قبل فرسانه وكذلك لرؤيته الراية تخفق في ساحة القتال التي رفعتها عمرة، أعادة الكرة بهجوم صاخب، والكل يتنادى بهبل واللات والعزى فوقع المسلمون بين فكي الرحى، فرسان قريش بقيادة خالد من الشمال ومشاة قريش بقيادة أبي سفيان من الجنوب، أدى هذا الموقف العصيب إلى تفرّق المسلمين على شكل مجموعات منعزلة تقاتل بكل ضراوة وازداد الموقف سوءاً وتجندل وعدد من مقاتلي المسلمين الا أنهم استمروا في القتال ولم يجد الهلع سبيلا الى قلوبهم بعد.

انقسمت المعركة في هذه الأثناء الى قسمين منعزلين، القسم الأول والرئيسي- من المسلمين يقاتلون مشاة وفرسان قريش، والثانية مجموعة النبي الكريم صلى الله عليه وسلم تتصدى الى عكرمة وفرسانه وبعض مشاة قريش الذين عادوا للقتال بعد التغيّر الذي طرأ على الموقف وهنا وقع الرسول G في المحنه التي تنتظره.

عندما ترك المسلمون مواقعهم لمطاردة المشركين في البداية، بقي الرسولG على رأس رهط من أصحابه عددهم (٣٠) مقاتلاً، والذين بقوا معه رغم اغراءات الأسلاب والغنائم التي تنتظرهم في معسكر قريش. من بين أولئك الثلاثين كان هناك اقرب الناس إليه، علي وأبو بكر وسعد بن أبي وقاص

وطلحة بن عبيد الله وأبو عبيدة وعبد الرحمن بن عوف وأبو دجانة وموسى بن عمير بالإضافة إلى إمرأتين كانتا مشغولتين في الاسقاء والتضميد وقد انضمتا الى مجموعة النبي تلك بعد المطارده.

بعد أن سيطر خالد على تل عينين وابادته للرماة وتوجهه وعكرمة نحو مؤخرة المسلمين، شعر الرسول صلى الله عليه وسلم بحراجة الموقف بالنسبة للمسلمين ولم يكن باستطاعته آنذاك اعادة السيطرة على قواته بسبب تفرقها وتباعدها عنه، كما أنه تحقق من أن مجموعته هو ستكون معرضة للهجوم خلال وقت قصير، وبما أن موقفه في ذلك الوقت كان واهنا، قرر الالتجاء الى أسفل مقطع صخري يقع خلفه مباشرة (ليس نفس المقطع الذي كان يستند اليه جناح المسلمين في الانفتاح الأول للمعركة).

اتجه الرسول صلى الله عليه وسلم وصحبه الثلاثون إلى الخلف ولم يقطعوا سوى(¼) ميل حتى تصدى لهم عكرمة وفرسانه، وحال هؤلاء دون النبي G والمقطع الصخري، الذي نوى اللجوء اليه. عندها قرر الرسول G التثبت والقتال ضد المشركين، وبعد لحظات انضم الى عكرمة وفرسانه قوة من مشاة قريش التي عادت إلى أرض المعركة. بعد أن وجدت مجموعة الرسول نفسها محاطه بالأعداء ومعرضة لهجوم جبهوي وخلفي، شكلت تلك المجموعة، حلقة حول الرسول الكريم صلى الله عليه وسلم للدفاع عنه، حتى آخر رمق. أخذ القتال يزداد شدة على مجموعة الرسول صلى الله عليه وسلم، أجبر الرسول الكريم صلى الله عليه وسلم على استخدام قوسه حتى كسر، ثم أخذ يزود سعد بن أبي وقاس بالسهام المتبقية لديه والذي أبلى بلاء حسنا لمهارته في استخدام القوس.

كانت أول مجموعة كافرة تقترب من الرسول صلى الله عليه وسلم، يقودها عكرمة بن ابي جهل فأمر الرسول صلى الله عليه وسلم علياً بن أبي

طالب بمهاجمتها واستطاع هذا ان يدفع تلك المجموعة للخلف، ويقتل أحد المشركين، تكرر الهجوم من مجموعه أخرى، وهنا أيضا طلب الرسول صلى الله عليه وسلم إلى علي أن يعالجها وللمره الثانية يدحرها، ويقتل أحد الكافرين. مع شدة القتال بدأت قريش بامطار الرسول صلى الله عليه وسلم وصحبه بالسهام والحجارة عن بعد يتبع ذلك هجمات بالسيوف مشاة أو على ظهور الخيل. ولحماية الرسول من تلك القذائف وقف أبو دجانة امامه مدبراً ظهره باتجاه قريش وفي نفس الوقت كان يناول سعد السهام لاستخدامها ضد كفار قريش. كذلك وقف طلحة بجانب الرسول صلى الله عليه وسلم، دفاعا عن روحه الطاهره، وفي أحدى المرات رأى طلحة سهما يتجه نحو وجه الرسول صلى الله عليه وسلم فتلقاه في كفه وبتر أحد اصابعه، لكنه انقذ الرسول صلى الله عليه وسلم.

كان خالد في تلك الأثناء، يقوم باقتحام تلو اقتحام، ضد الجسم الرئيسي- للمسلمين، وكان هو نفسه يستخدم رمحه لقتل خصومه وكان كلما وجهه نحو أحد يقول " خذها من يدي ابي.

استمر القتال وأخذ يزداد عنفا، حتى تعب الجانبان، وأخذ منهما التعب كل مأخذ فافترقا قليلا حيث ساد بعض الهدوء على ساحة المعركة، في تلك الأثناء لاحظ أحد المسلمين من صحابة رسول الله ان الرسول صلى الله عليه وسلم كان ينظر من فوق كتفه فسأله عن السبب، فأجاب الرسول " أنني اتوقع مجيء "أبي" من خلف، وما هي إلا لحظات حتى برز أحد الفرسان من كوكبة عكرمة، ممتطيا جوادا عليه سمة القوة والعنف، واتجه نحو الرسول صلى الله عليه وسلم وقال " يا محمد ها أنا جئتك اليوم فأما انت وأما أنا " حاول أصحاب الرسول صلى الله عليه وسلم أن يتصدوا له في معركة قادمة. وها هي المعركة على أشتدت وأزفت لحظة الانتقام وقد قال أبي حينذاك

للرسول G " سوف أقتلك يا محمد " إلا أن الرسول صلى اللـه عليه وسلم اجابه بأن خاب فألك سوف اقتلك أنا عندها بإذن اللـه ".

تقدم "أبي" على ظهر جواده باتجاه الرسول صلى اللـه عليه وسلم، وقد رأى ابتعاد أصحاب الرسول صلى اللـه عليه وسلم لفتح الطريق أمامه ورأى الرسول الكريم صلى اللـه عليه وسلم أن ينتظر لقاءه بهامة مرتفعة كلها ثقة واعتزاز وشعر الرجل بالرهبة واجلال لذلك الرجل الذي اقسم على قتله. كان الرسول صلى اللـه عليه وسلم يرتدي جلبابين، وخوذه وقد تدلى جانبها المعدنيين، على جانبي وجهه الكريم صلى اللـه عليه وسلم وقد استقر سيفه في غمده، إلا أن يده اليمنى كانت تقبض على حربة وقد لاحظ "أبي" قوة وعرض كتفي الرسول وكذلك يديه الكبيرتين القويتين وكان منظر الرسول صلى اللـه عليه وسلم مرعبا ينم عن فارس جبار وأي فارس. تجدر الإشارة هنا إلى أن الرسول الكريم صلى اللـه عليه وسلم كان أحد أقوى المسلمين في زمانه وأشجعهم. كان بإمكان الرسول صلى اللـه عليه وسلم أن يدع صحبه يقضون على هذا المغرور وتمزيقه اربا، أو كان بإمكانه أن يوعز لعلي بجملته المشهورة " اقتل ذلك الرجل " الا أنه هذه المرة رغب أن يعالج الموقف بنفسه، لأن الموقف أملاه تحد شخصي لشرف الرسول G وفروسيته وهكذا اقبل على قتال متحديه كفارس مسلم همام.[1]

اقبل "ابي" مزهواً على ظهر جواده حتى أصبح على مسافة قريبة من الرسول صلى اللـه عليه وسلم، وبدأ باستلال سيفه الا أن ضربة خاطفة بحربة الرسول صلى اللـه عليه وسلم جندلته ارضاً وقد اصابت أسفل عنقه، وبسبب سقوطه كسر أحد أضلاعه، هم الرسول صلى اللـه عليه وسلم أن يجهز عليه إلا أنه نهض سريعا وولى الادبار وهو يردد " قتلني محمد " كان جرح أبي من

[1] الواقدي، المغازي، ص٢٢٥

حربة الرسول صلى الـلـه عليه وسلم خفيفـا وقـد حـاول اصـحابه ان يقنعـوه بذلك الا أنه استمر في ترديد ذلك حتى مات في مكان يدعى (صرف) بالقرب من مكة في أثناء عودة قريش بعد معركة أحد.

أصبح الموقف مائعا، دون الوصول الى نتيجة حاسـمة، بسـبب وقفـة المسـلمين الجبارة وعدم ظهور أي دلائل تشير إلى انهيارهم رغم النكسة التي حلت بهم. كما أن ابا سفيان، وخالداً، رغبا في التوصـل إلى نتيجـة سريعـة لأن المعركـة طالـت أكـثر مـما يجب، لذلك قررت قريش زيادة الضغط وحزمت أمرها على قتـل الرسـول G لحسـم المعركة. تقدمت قوة المشاة القرشيه القوية باتجاه الرسول G وأخذت تضيق الخنـاق على حلقة الدفاع عن الرسول G .

وبعد سقوط عدد من شهداء المسلمين استطاع ثلاثة من الكفار اختراق الحلقة ووصلوا إلى إلى مدى رمي الحجارة المؤثرة على الرسول صلى الـلـه عليـه وسـلم. كـان الثلاثة هم عتبة بن أبي وقاص وعبد الـلـه بن شهاب وابن قامية وأخذ هؤلاء يمطرون الرسول G بالحجارة وقد استطاع أولهم أن يسدد (٤) ضربات صائبه الى وجه الرسـول الكريم صلى الـلـه عليه وسلم سببت في تكسير سـنيين سـفليين للرسـول صـلى الـلـه عليه وسلم، وشق شفته السفلى. أما عبـد الـلـه فاسـتطاع اصـابة الرسـول برميـةعلى جبينه، وأما ابن قامية فأصاب طرف خوذة الرسول صلى الـلـه عليـه وسـلم في عظـم وجنته. سقط الرسول الكريم على الأرض نتيجة لتلك الضربات المتلاحقه، إلا أن طلحة ساعده وأخذ يعالجه. لما رأى أصحاب الرسول صلى الـلـه عليه وسلم ذلك قاموا قومة رجل وأحد ضد الكفار المعتدين وسرعان ما انهار طـوق قـريش وتشـتت، وقـد لحـق سعد بن أبي وقاص بأخيه عتبة وقد استل سيفه بدلا من القوس الذي اشتهر به الا أن عتبة كان أسرع منه فولى هاربا واختفى بين صفوف قريش. وقد قال سعد فيما بعـد لم

اتشوق لقتل رجل كما تشوقت لقتل أخي عتبه في ذلك الموقف العصيب وبعد أن أدمى وجه رسول الله صلى الله عليه وسلم.

اشتد زخم اقتحام قريش ضد المسلمين من جميع الجهات، وازداد الموقف حراجه للرسول وصاحبته الا أن الطوق كان محكما. استطاع أبن قامية مرة أخرى، أن يخترق الطوق ويتجه نحو مصعب بن عمير، ظانا أنه الرسول صلى الله عليه وسلم، وكانت تقف بجانبه سيدة (أم عمارة) التي كانت تقوم بالاسقاء ونقل الاسلحة من الموتى وتوزيعها على المقاتلين الاخرين، إلا أنها وبعد أن شعرت بحراجة الموقف أخذت تقاتل بالسيف وقد استطاعت أن تقتل أحد الكفار وهو على ظهر حصانه وأن تجرح آخر.

اتجه ابن قامية نحو مصعب الذي تصدى له، وأخذ المحاربان يتبارزان الى أن وجه بين قامية، ضربة قاتلة الى مصعب، اسرعت ام عمارة وهوت بضربةعلى كتف ابن قامية الذي كان يرتدي جلبابين من الزرد فلم تؤثر به الضربة، فوجه هو نفسه ضربة إلى أم عمارة إلا أنها لم تكن قاتله للسرعة التي قام بتوجيه الضربة بها، ولمشاهدته الرسول G في تلك اللحظة قريبا منه، فتوجه إليه ووجه ضربه شديده الى رأس الرسول سببت في قطع سلسلتين من سلاسل الخوذه التي كان يرتديها الرسول G. ووجه ضربه قوية ثانية الى كتف الرسول G ولوجود حفر خلف الرسول G سقط الرسول الكريم G بها، فسارع عليه علي وطلحة وانقذاه. أما ابن قامية فعاد جذلا الى قريش وهو يردد " قتلت محمد، قتلت محمد ".

سمعت الصيحة من المسلمين والكفار على حد سواء مما كان له أسوأ الأثر على روح المسلمين المعنوية، فتقهقروا بفوضى شديده طالبين النجاة في مرتفعات أحد إلا أن هنالك عدد من المسلمين نذروا أنفسهم للموت، ولم

يستطيعوا الحياة بعد وفاة نبيهم، فحملوا حملة شديدة على فرسان قريش مما سبب في تشتيتهم بعض الوقت.

عندما رأت قريش أن الجسم الرئيسي للقوة الإسلامية، قد ولى الأدبار نحو الجبل، توجهوا لسلب الموتى المسلمين، مما جعل حتى الذين كانوا بالقرب من الرسول صلى الله عليه وسلم يلحقون بزملائهم لمشاركتهم السلب والنهب. مما أفسح المجال أمام الرسول صلى الله عليه وسلم وصحابته، للالتجاء بسهولة إلى المضيق الذي يخترق جبل أحد. ثم تسلق وصحبه التل الشرقي المسيطر على ذلك المضيق، والذي يرتفع حوالي (٤٠٠) قدم عن الأرض المحيطة وقد بقي من صحبه الثلاثين أربعة عشر رجلاً، وسقط الآخرون على درب الشهادة والكفاح دفاعا عن دين الله ودفاعا عن رسوله صلى الله عليه وسلم.

وهكذا تشتت المسلمون، فمنهم من توجه نحو الجبل، ومنهم من توجه نحو المدينة، وآخرون هربوا إلى أماكن بعيدة على غير هدى، وأصبح الموقف في صالح قريش تماما، عند وصول الرسول صلى الله عليه وسلم إلى المضيق المشار إليه، وأمن ظهره على الأرض الوعرة، أمر بالاستراحة لبعض الوقت، وأتت ابنته فاطمة لمعالجة جراحه وتنظيف وجهه من الدماء التي صبغته بلونها، وهي تمسح دموعها بصمت خوفاً على أبيها الكريم.

كان من بين المسلمين الذين اتجهوا نحو المضيق رجل أسمه كعب بن مالك وقد فرح عندما رأى الرسول على قيد الحياة، فوقف وأخذ ينادي بأعلى صوته أن الرسول G حيٌ، وسرعان ما آتى هذا النداء ثماره. إذ أخذ المسلمون التائهون في شعاب أحد يتجمعون في موقع الرسول صلى الله عليه وسلم، فأخذ عددهم يزداد كلما تجمع آخرون.

كان أبو سفيان في تلك الأثناء يبحث عن جثة الرسول صلى الله عليه وسلم في ميدان المعركة وبين كل آونه وأخرى، كان يسأل من حوله عن الرسول صلى الله عليه وسلم، إلى أن أخبره خالد بأنه شاهد الرسول وصحبه يتوجهون نحو المضيق في أحد، فأمره أبو سفيان بمهاجمة الموقع والقضاء على أصحاب الرسول صلى الله عليه وسلم، والتأكد من موته، تحرك خالد باتجاه المضيق حذرا لعلمه بعدم ملائمة الأرض لمناورة فرسانه إلا أنه استمر في ذلك لتفاؤله وإصراره،أو لعل أن يكون هنالك منفذا يستطيعون من خلاله تحقيق مهمتهم.

لما رأى الرسول صلى الله عليه وسلم قدوم الفرسان نحوهم، أمر عمر بن الخطاب على رأس مجموعة من مقاتلي المسلمين بالتصدي لهم. فتحرك عمر وقوته، واتجهوا نحو باب المضيق على التلال المرتفعة التي تسيطر عليه، وانتظروا مجيء قريش. إلا أن خالدا لما رأى صعوبة الأرض، واستحالة اقتحامها وللعزم الذي رآه في قسمات المسلمين أمر بانسحاب مجموعته وعاد إلى أبي سفيان.

كانت هند زوجة أبي سفيان في تلك الأثناء، مع مجموعة كبيرة من نساء قريش، يمثلن في جثث شهداء المسلمين، وبقيت هند تبحث عن جثة حمزة حتى وجدتها، فبقرت البطن وأخرجت كبده، وقطعت قطعة كبيرة، أخذت تلوكها بكل وحشية وهمجية، ثم طرحتها أرضا. كذلك برت بوعدها للمتوحش، حيث خلعت حليها وسلمتها لقاتل حمزة.

خلال تلك الأحداث المفجعة، تقدم أبو سفيان نحو الوادي، وارتقى صخرة عالية، تبعد قليلا عن موقع الرسول صلى الله عليه وسلم وصحبه. وأخذ يسأل، هل محمد بينكم وكررها ثلاث مرات. ثم سأل عن أبي بكر وعمر وكرر نداءه ثلاث مرات إلا أنه لم يسمع جوابا، بناء على نصيحة الرسول صلى الله

عليه وسلم ارتد بعدها نحو قريش وقال، لا خوف اليوم، فقد قتل الثلاثة، عند ذلك، لم يستطع عمر صبرا، وقال مخاطباً أبي سفيان. كذبت يا عدو الله، بل هم أحياء وسنلقنكم درسا لن تنسوه أبداً، إلا أن أبا سفيان ضحك لعلمه بحالة المسلمين الضعيفة آنذاك. دار حوار مطول بين أبي سفيان وعمر، انتهى بجملة قالها أبو سفيان: ستجدون أن عددا من قتلاكم قد مثل بهم، إعلموا أنني لا علم لي بذلك، ولم آمر به. ثم استدار أبو سفيان نحو قريش وأمرهم بالرحيل وترك أرض المعركة.

نهض الرسول صلى الله عليه وسلم في صباح اليوم التالي ودعا المسلمين للتهيؤ لمطاردة قريش وقتالهم. تجمع حوله حوالي (٣٠٠) مقاتل، معظمهم جرحى أو منهكي القوى نتيجة القتال المرير الذي دار في أحد.

أما في معسكر قريش، فقد كان النقاش على أشدة، فمنهم من يرى ضرورة الإجهاز على المسلمين وإبادتهم وعلى رأس هذه المجموعة، عكرمة بن أبي جهل، ومنهم من يرى الاكتفاء بالنصر الذي أحرز، ولأنهم أيضا لم يكونوا في حالة جيدة للقتال، وعلى رأسهم صفوان بن أميه. غلب رأى الأكثرية على قريش وانسحبوا باتجاه مكة.

كانت معركة أحد هي المعركة الرئيسية الثانية، بين المسلمين والمشركين وكانت حصيلتها (٧٠) شهيداً من المسلمين و(٢٢) قتيلاً من المشركين. كانت أيضا هي المرة الأولى التي يقود أبو سفيان بها جيشاً كما أنها هي التي أظهرت خالد كقائد ومحارب فذ.[١]

خسر المسلمون المعركة بسبب مغادرة الرماة لمواقعهم وعدم إطاعتهم أوامر الرسول الكريم وقائدهم المباشر. أبدى عدد كبير من الكتاب رأيهم، بأن

[١] ابن سعد، ص٥٤٩ - ابن هشام، مجلد ٢، ص٨٤

ذلك، يعود إلى جهل العرب في خوض المعارك الرئيسيه، في الحروب النظامية. إن هذه النظرية غير صحيحة، فقد شاهدنا كيف فتح الرسول صلى الله عليه وسلم قواته، ذلك بانتخابه موقع دفاعه خارج المدينة وهي القاعدة الرئيسية للمسلمين وبدفاع جناحيه، أي أن أي هجوم لقريش على المدينة، سيعرّض جناحهم ومؤخرتهم إلى الخطر، وهذا ما كان يبدو لقريش على المدينة، وهذا ما كان يدور في تفكير الرسول صلى الله عليه وسلم، بأن أبا سفيان سوف لن يتجرأ للقيام بذلك، معرضا قواته لذلك الموقف الحرج. هذا المفهوم تكرر ويتكرر عبر التاريخ العسكري، وهنالك أمثلة كثيرة على ذلك.

كذلك رغم أن أبا سفيان أرغم على خوض معركة تحت ظروف ليست في صالحه، إلا أن خطته كانت سليمة، متبعا نفسه النسق العادي الذي كانت تتبعه الجيوش الأخرى في الانفتاح، والاصطفاف للقتال، كجيوش الرومان والفرس، وذلك بوضع الجسم الرئيسي للمشاة في الوسط، ووضع القوات المتحركة على الجناحين، لتسهيل المناوره ضد أجنحة ومؤخرة العدو. وهكذا بالنسبة لفتح القوات وانتخاب أرض المعركة لم يكن بمقدور أي جنرال روماني أو فارسي أن يفعل أفضل مما فعله الرسول صلى الله عليه وسلم أو أبو سفيان.

هنالك حقيقة أخرى أبرزتها معركة أحد، تلك هي قدرة خالد في التخطيط العسكري ومهارته التنفيذية. إذ بعد أن هزمت مشاة قريش في الوسط، بقي خالد (وعكرمة) ثابتين على الأجنحة مع أن ذلك نادر الحدوث، إذ أن الأمر العادي في مثل هذه المواقف، أن يدب الذعر أيضا في بقية القوات، عندما ترى الجسم الرئيسي-لهايتقهقر منسحبا. تجلى في تلك اللحظة، صبر خالد وشجاعته ورفضه للهزيمه. كذلك نرى أن عيني خالد، كانتا تتابعان ما يجري بكل اهتمام وتقدير، لذلك نراه سريعا ما استغل الثغرة التي حدثت في صفوف المسلمين، نتيجة انسحاب الرماة، وهنا أيضا، تجلت سرعة اتخاذ

خالد لقراره بمهاجمة مؤخرة المسلمين، التي أصبحت واهنة. كانت هي المناورة الرائعة التي قام بها خالد وقلب نتيجة المعركة رأسا على عقب.[1]

تلك كانت معركة أحد، التي أبرزت طاقات هائله، كانت خامده، وخلد التاريخ شهرة كثيرة من اشترك بها من الجانبين. هؤلاء هم من قاموا بمد الرقعة الإسلامية في مشارق الأرض ومغاربها أمثال خالد وعمر وعلي وعمرو بن العاص وأبي عبيدة وسعد بن ابي وقاص وغيرهم الكثير الكثير رحمهم الله وأسكنهم فسيح جنانه.

[1] الطبري، مجلد ٢، ص١٩٧

التحضير للمعركة

يشبه مسرح العمليات السوري – بلاد الشام عرينا ذا مدخلين متقابلين، يمتد وراء كل مدخل بحر يعتبر موطنا لأطراف النزاع من الجانبين المتقابلين. فمن الجهة الغربية يقع البحر الابيض المتوسط، الذي كان في يوم من الأيام بحيرة رومانية، ومن الشرق والجنوب، يمتد بحر الرمال الذي كان ملجأ منيعا للعرب، ولذلك فإن حرية الحركة للأساطيل الرومانية كانت مؤمنة فوق مياه المتوسط ضد أي تدخل من المسلمين، وفي نفس الوقت كانت نفس الحرية مؤمنة لأساطيل المسلمين من الجبال عبر بحر الصحراء. ولم يتسن لأي من الجانبين تحديد حرية الجانب الآخر.

لذلك فإن خوض غمار أي حرب في ذلك المسرح، فإن المكان المثالي لانطلاق أي جانب هو ذلك الموطن الأمين، المتوسط وصحراء الشام حيث يستطيع كل جانب فتح قطعاته مسندا ظهره إلى ملجئه الأمين، أو أن ينسحب اليه في حالة الويل، وفي نفس الوقت يستطيع مطارده خصمه بالمقابل وتدميره قبل وصوله لملجئه إن كان النجاح حليفه. كان تأثير هذه الميزات يدور في خلد هرقل مسبقا عندما خطط إلى أهم عملية قتالية في تلك الحروب.

اعتلى هرقل عرش الرومان عام (٦١٠) ميلادية، عندما كانت الإمبراطورية الشرقية تحتضر ولم يكن لها من الأرض عمليا أكثر من المنطقة المحيطة القسطنطينية وأجزاء من اليونان و إفريقيا الشمالية. عانى هرقل من البداية مرارة الفشل في ميادين شتى، إلا أن الحظ بدأ يبتسم له خلال العقدين التاليين، حيث استطاع أن يعيد الى الإمبراطورية عظمتها وذلك بهزيمته

للبرابرة الشماليين وإلى الأتراك ودولة فارس بزعامة كورش. انتصاراته تلك لم تكن نتيجة لمقدرة قتالية فحسب بل لمقدرته التنظيمية، والدليل على مقدرته تلك إنه استطاع إيجاد جيش روماني جيد من أكثر من اثني عشر ـ أمة من الأمم بدءاً بالفرجنة في أقصى الغرب، إلى الأرمن، في أقصى الشرق للإمبراطورية.

أما الآن فإن هرقل ذاق مرارة أشد من السابقات لأن التهديد الجديد يأتي من عنصر طالما اعتبره الرومان عنصراً متأخراً لن تقوم له قائمة وخاصة في مجالات الحروب المنظمة. فبالرغم من المقدرة الاستراتيجية والتعبوية للقوات الرومانية، إلا أن جميع عملياتهم ضد المسلمين حتى ذلك الوقت باءت بالفشل الذريع. إذ أن حشدهم لقواتهم في أجنادين لضرب مؤخرة المسلمين، قضى ـ عليه خالد في معركة أجنادين الأولى كذلك عندما حشدوا قواتهم للدفاع عن دمشق من نجاحات المسلمين، أيضا باءوا بالفشل رغم محاولات الرومان المتكررة لاسناد حامية دمشق.[1]

كانت مناورة هرقل التعرضية الثابتة في بيسان، وقد قصد بها ضرب مؤخرة المسلمين، الا أن شرحبيل بن حسنة كان لها بالمرصاد وأحبطها. بعد ذلك لم تفشل محاولاته لاستعادة دمشق فحسب، بل أن دفاعاتهم تحطمت أيضا من تحقيق المسلمين للانتصارات المتكررة التي أدت إلى احتلال جميع فلسطين تقريبا والقسم الأعظم من سوريا ـ شمالا حتى حمص.

على اثر ذلك، قرر هرقل أن يعيد تنظيم قواته، ويهيئ قوة متفوقة للأخذ بالثأر. قوة من حيث الحجم لم تر سوريا مثيلا لها من قبل، وصمم المعركة لتكون القاضية على المسلمين، لتحويل الانهزامات المتكررة إلى انتصارات باهرة.

---

[1] الواقدي، المغازي، ص١٠٠

مع نهاية عام (٦٣٥)، وبينما كانت حمص تحت الحصار الإسلامي، بدأ هرقل التحضيرات لمناورته الكبرى حيث حشد جيشاً لجباً من جميع أنحاء الامبراطورية. وقد انضم إلى هذا الجيش الكبير عدد كبير من الأمراء والنبلاء ورجال الكنيسة البارزين، وفي أيار عام (٦٣٦) استطاع الرومان حشد ذلك الجيش الذي كان قوامه مائة وخمسين الف مقاتل في سهول انطاكية وبعض الأجزاء الشمالية من سوريا، وقد ضمت هذه القوة محاربين من الروس والسلاف والفرنجة والرومان واليونان والجورجيين والأرمن والعرب المسيحيين نظمت هذه القوة في خمسة جيوش كل منها (٣٠) ألف تقريبا. أما قادة هذه الجيوش فكانوا: ماهان ملك أرمينيا، قناتير وهو أمير روسي، جويجوري تراجان، وجبلة بن الأيهم ملك الغساسنة العرب. كان جيش ماهان من الأرمن الخلص وجيش جبلة من المسيحيين العرب، أما قناتير فقد قاد الروس والسلاف ووضعت البقية وهم من الأوروبيين تحت قيادة جويجوري وتراجان. وقد عين ماهان كقائد عام للجيش الامبراطوري بأكمله.

في تلك الأثناء كان المسلمون مقسمون إلى اربع مجموعات: مجموعة عمرو بن العاص في فلسطين، مجموعة شرحبيل بن حسنة في الأردن، مجموعة يزيد في قيساريه، ومجموعة أبي عبيدة وخالد في حمص وشمالها. ولا شك أن هذا الانتشار الواضح لفيالق المسلمين يجعلهم عرضة لخطر تدميرهم متفرقين دون أن يكون هنالك فرصة لخوض معركة ناجحة. هذا الموقف حدا بهرقل ان يضع موضع التنفيذ خطته لابادة تلك القوات الغازيه.

لتنفيذ خطة هرقل، دعمت قيسارية من البحر وارتفعت قواتها إلى (٤٠) ألف مقاتل، بهدف تثبيت قوات يزيد بن أبي سفيان وحرمانه من الانضمام إلى زملائه القاده الآخرين. أما بقية الجيش الامبراطوري فخطط له حسب توجيهات الحرب الرئيسية التالية:

١- يتحرك قناتير على الطريق الساحلي حتى مدينة بيروت حيث يتجه منها شرقا نحو دمشق لعزل قوات أبي عبيدة وخالد في الشمال.

٢- يتقدم جبلة بقواته من حلب الى الطريق المباشر المؤدي إلى حمص مارا بحماة لتثبيت المسلمين جبهويا في منطقة حمص، وقد قصد هرقل بذلك مجابهة العرب المسلمين بالعرب المسيحيين وكما قال لجبلة " لا يقتل الشيء إلا نوعه ولا يفل الحديد الا الحديد".

٣- يتقدم تراجان بين الطريق الساحلي وحلب، ويقترب نحو حمص من الغرب لضرب جناح المسلمين الأيسر، في نفس الوقت الذي يواجهون جبلة جبهويا من الشمال.

٤- يهاجم جويجوري حمص من الشمال الشرقي لضرب جناح المسلمين الأيمن، بضربة موقوتة ومتوافقة مع ضربة تراجان.

٥- يتقدم جيش ماهان خلف جيش جبلة ليشكل الاحتياط لمجموعة الجيوش الامبراطورية.

في أواسط حزيران عام ٦٣٦، بدأت القوات الرومانية تقدمها حسب الخطة الموضوعة، وعندما وصلت طلائع قوات جبلة الى حمص، لم تجد من تحاربه. كذلك قناتير الذي وصل الى دمشق والسرور يعتريه لقطع خطوط انسحاب المسلمين وتدميرهم، إلا أنه لم يجد أحد في دمشق أو شمالها، فكيف حدث ذلك؟

علم المسلمون عن تحضيرات هرقل في مدينة شيزار ومن خلال أسرى الحرب الرومان. ذلك لأن المسلمين أقاموا نظام استخبارات ممتاز مما جعلهم على بينة عن أية تحضيرات أو تحشدات للقوات الرومانية في حينها. وفي الواقع فإن عملاءهم كانوا يعملون في صفوف الجيش الروماني نفسه، وبذلك تسنى

لهم معرفة التحشدات واتجاهات التقدّم للقوات الرومانية، حتى التعزيزات التي وصلت إلى قيسارية وقوتها كانوا على علم بها أولا بأول.

مع توارد تقارير المعلومات السيئة وكل تقرير أسوأ من سابقه، أصبح الأفق يزداد ظلمة يوما بعد يوم، إلا أن خالدا بحاسته الاستراتيجية الصائبة، تحقق من مفهوم عمليات الرومان المصمم وتحقق من خطورة موقف المسلمين حيال ذلك المفهوم أو التصور، وخاصة في منطقتي حمص وشيزار. وكان أفضل الأعمال المتاحة منطقيا، هو سحب قوات المسلمين من شمالي سوريا ومن فلسطين، وحشده كقوة متكاملة متراصة لمجابهة الخطة الرومانية. ويفضل ألا يكون هذا الجيش بعيداً عن الصحراء عرينه السابق وملجئه الأول. وبناء على ذلك، قدم خالد توصياته إلى أبي عبيدة الذي وافق هو وبقية القادة على هذا الرأي السديد. وعلى الفور أمر أبو عبيدة بالانسحاب من شمال سوريا الى منطقة الجابية، وهي واقعة في منطقة عقدة المواصلات التي تربط بين سوريا والأردن وفلسطين، كذلك، وبصفته قائداً عاماً للقوات، أمر كلا من عمرو بن العاص وشرحبيل بن حسنه ويزيد، للتخلي عن المناطق المحتلة والانضمام إلى بقية القوات في الجابية. وهكذا، وقبل وصول الرومان إلى دمشق، كان أبو عبيدة وخالد وبعض قوات يزيد قد تجمعوا في الجابية، بينما كانت بقية قوات المسلمين في طريقها إلى مكان الحشد المنتخب. واستطاعوا بذلك سحب أنفسهم من بين فكي الموت المخطط لهم.

كان للمعاملة الكريمة التي قدمها أبو عبيدة لأهالي حمص عند التخلي عنها، أكبر الأثر في نفوس أهلها، وأنارت نور العدل والحقيقة الكامن في نفس ذلك القائد الشجاع النبيل، إذ عند احتلال حمص من قبل المسلمون، قاموا بجمع الجزية من السكان المحليين، وهذه الضريبة كما هو معروف تجمع من غير المسلمين مقابل حمايتهم واستثنائهم من ا لخدمة العسكرية،

ولكن وبما أن المسلمين الآن يغادرون المدينة ولن يكون باستطاعتهم تقديم الحماية لأهلها، فلقد أمر أبو عبيدة باجتماع عام للأهالي، وأعاد لهم ما قدموه من جزية، ولم يكتف بذلك، بل كتب إلى بقية القادة في الأمصار الأخرى، أن يقوموا بنفس العمل الذي قام به لسقوط السبب الرئيسي للجزية وهو حماية المواطنين ضد أي اعتداء، وقد نفذت تعليماته من قبل جميع القادة بدقة. هذه المكرمة ربما لم تكن لها سابقة في أي جيش سبقه أو ربما بعده.[1]

بدأ أول اتصال بين طلائع الجيش الروماني المؤلفة من جند جبلة وحجابات الجيش الإسلامي بين دمشق والجابية. وأصبح قلق أبو عبيدة يزداد مع دنو أجل المعركة الفاصلة والتي بلغ عدد الجيش الروماني حسب المصادر الإسلامية ما يزيد على (٢٠٠) ألف مقاتل. ولذلك أمر بعقد مجلس الحرب للتشاور والتوصل إلى أفضل خطة ممكنة. طرح خلال الجلسة عدة أفكار: - منها الانسحاب إلى الجزيرة العربية، وتعود القوات إلى موطنها، إلا أن نصيب هذا الرأي كان الرفض. دعا آخرون إلى البدء بالقتال فورا وفي نفس المكان، وقد أيد هذا الرأي من قبل معظم الحاضرين، وعلى أية حال لم يكن الموقف يتسم بالحماس بل بالتصميم على القتال ايمانا بالمبدأ والهدف من القتال. في تلك الأثناء كان خالد صامتا يستمع إلى أن سأله أبو عبيدة عن رأيه، فقال، رغم أن رأيي يختلف عما ذكر إلا أنني لن اعترض على تلك الأفكار توحيدا للموقف، ومع إصرار أبو عبيدة لاستماع آرائه أجاب: أرى أيها القائد، أن مكاننا هذا يساعد العدو على تحقيق غايته، سيما وأن هنالك (٤٠) ألفا في قيسارية بقيادة قسطنطين -الابن الأكبر لهرقل- ولذلك أرى أن تضع بلدة أزرع من خلفك، وتتخذ اليرموك خطاً دفاعياً، حيث يتسنى للخليفة ارسال التعزيزات لك، كما أن السهول الممتدة أمامك، ستهيء مجالا للمناورة جيد للفرسان.

---

[1] البلاذري، ص١٤٣

تمت الموافقة على خطة خالد بإجماع الآراء، وبدأت التحركات منذ تلك اللحظة، ووضع خالد على رأس أربعة آلاف فارس كحرس مؤخرة. وبدلا من أن يبقى في الجابية، تقدم شمالا واصطدم بطلائع الجيش الروماني، واستطاع الضغط على مقدمة تلك القوات التي أخذت تتراجع نحو دمشق. وبذلك جعل الرومان أكثر حذرا في تقدمهم، لافساح المجال أمام جيش المسلمين، من الانفتاح في المواقع الدفاعية المنتقاة - انضم خالد إلى بقية القوات بعد أيام قليلة من ذلك.

أقام المسلمون معسكراتهم بضعة أميال جنوب شرقي سهل اليرموك- المنطقة الواقعة شمال شرقي النهر- وربما كانت بين بلدة نوى والشيخ مسكين- الحاليتين-. هذا الانفتاح يؤدي إلى مجابهة الرومان من الشمال على محور أزرع، ومن الشمال الغربي ضد محور القنيطرة - الشيخ مسكين، وفي هذا المكان انضم كل من شرحبيل وعمرو ويزيد بقواتهم إلى بقية القوات، على يمين قوات المسلمين هذه، تقع المنطقة البركانية الجبلية، والتي تمتد من الشمال إلى شرقي أزرع وكذلك جبل الدروز، الذي يقع شمال وشرقي بلدة بصرى.[١]

بعد أيام قليلة، تقدّم الجيش الروماني، وفي طليعته الغساسنة، بقيادة جبلة. واتصلوا مع قوات المسلمين السائرة شمالي سهل اليرموك وكان اتجاه التقدّم من الشمال الغربي، حيث كانت معسكراتهم قد أقيمت شمال وادي الرقاد. بلغ طول معسكر الرومان (١٨) ميلا. بناء على ذلك، أجرى أبو عبيدة بعض التعديلات على معسكر المسلمين ليتلاءم مع اتجاه الجبهة الفاصلة، والتي كانت تمتد من اليرموك الى طريق الجابية. وهذا ما اقترحه خالد في البداية. أما مؤخرة القوات فكانت باتجاه ازرع والجناح الأيسر يستند إلى نهر

---

[١] الواقدي، ص١٢٨

اليرموك. بدأ الجيشان تحضيراتها للمعركة، من استطلاع الى تحضير خطط، إلى تفقد الأسلحة، إلى إصدار الأوامر.

في تلك الأثناء، وصلت رسالة من هرقل إلى قائد الجيوش الرومانية الملك ماهان، يأمره فيها باتباع جميع الفرص المتاحة للسلام قبل شن القتال. أرسل ماهان أحد قادة الجيوش- جويجوري- لمباحثة المسلمين، عارضا عليهم الانسحاب وعدم العودة إلى سوريا، مقابل أخذ جميع ما غنموه في حروبهم السابقة. إلا أن جواب أبو عبيدة كان سلبيا. أرسل ماهان جبلة بن الأيهم، لعله كعربي يستطيع اقناعهم بالشروط. إلا أن حظ هذا لم يكن بأفضل من سابقه.

ولما لم تفلح تلك الجهود، أيقن ماهان ان المعركة حتمية ولا يمكن تجنبها. فأرسل الجزء الأكبر من جيش جبلة للقيام باختبار قوة سيما وان العرب المسيحيين كانوا خفاف الحركة والتسلّح واعتبروا اكثر ملاءمة للقيام بتلك العملية من بقية الجيوش المثقلة بالأسلحة والتجهيزات. حدث ذلك في منتصف تموز (٦٣٦) المصادف جمادى الأخرة عام (١٥) للهجرة، تقدم جبلة نحو معسكر المسلمين ووجدهم على أهبة الاستعداد، وأرادوا الاقتراب أكثر، وما هي إلا لحظات، حتى قامت مجموعة من الفرسان بقيادة سيف الله المسلول بمهاجمتهم قبل وصولهم، فارتدوا الى الخلف بعد قتال خفيف.

بعد هذه العملية توقف القتال لمدة شهر لسبب لم يرد في المراجع، إلا أننا نستطيع الاستنتاج بأن المسلمين لم يكونوا في موقف قوي لأخذ زمام المبادرة والرومان لم يجرأوا على بدئها رهبة من النتائج التي حققها المسلمون في المعارك السابقة، أو طمعا في إمكانية انهاء النزاع سلما كما أمر هرقل، الا أن تلك الفترة كانت في صالح المسلمين، حيث وصلت اليهم تعزيزات قوامها (٦) آلاف مقاتل، معظمهم من اليمن وأصبح تعداد المسلمين (٤٠) ألفا بما في ذلك

(١٠٠٠) مقاتل من صحابة الرسول G ومن بين هؤلاء كان هنالك (١٠٠) من محاربي بدر القدامى، معركة المسلمين الأولى ضد المشركين، كما كان هنالك عدد من علية القوم من بينهم الزبير -ابن عم الرسول صلى الله عليه وسلم كما كان أبو سفيان وزوجته هند.

حاول ماهان أن يرمي آخر سهم للسلام في جعبته، فطلب من أبو عبيد ارسال وفد للمفاوضة، ووقع الاختيار على خالد وعدد قليل من الفرسان. عرض ماهان على المسلمين من بين ما عرض، مالا لكل مقاتل من المسلمين بما في ذلك الخليفة في المدينة. لكن جواب خالد كان أحد أمور ثلاثة، أما الإسلام أو الجزية أو السيف. واختار ماهان العمل الممكن الثالث. وبالرغم من طبيعة هذه المحادثات الا أن كلا من الرجلين أعجب بالآخر. إعجاب العسكري القدير بقرينه. أمضى الجانبان سحابة ذلك اليوم، بالتحضير للمعركة من إصدار أوامر، وانفتاح الألوية والكتائب في أماكنها وتفقد الأسلحة والتجهيزات. وتبع ذلك اقامة الصلوات والدعاء الى الله لاعطائهم النصر من عنده وكان ذلك بطبيعة الحال موجه من الجانبين لنفس الاله الذي خلق الكون وصوره.[١]

كانت منطقة المعركة كما ذكر سابقا، تشمل سهل اليرموك- جزء من سهول حوران- الذي أحاطته الوديان العميقة من الغرب والجنوب. حيث يقع إلى الغرب وادي الرقاد، الذي يسير من الشمال الشرقي إلى الجنوب الغربي مسافة (١١) ميل، حيث يلتقي باليرموك عند الياقوصة، وحيث يشتد انحدار ضفافه وصعوبتها كما قرب من نقطة التلاقي. مع ذلك، كان هنالك عدد من الثغرات البسيطة التي يمكن اجتيازها، وخاصة في الجزء العلوي منه، إلا أخطرها كانت عبر مخاضة تقع عند بلدة كفر الما- اليوم -. أما جنوب

―――――――――――
[١] الطبري، ج٢، ص٥٩٥

منطقة أخطرها العمليات، فيستند على مجرى نهر اليرموك، الذي يبدأ من بلدة (جلين) حيث يصب فيه نهر الحرير الذي يبدأ من الشمال الشرقي أيضاً.

وينفرج مسافة (١٥) ميل حيث يلتقي به وادي الرقاد، ومن هناك يستمر في تعرجه غرباً حتى يصب في نهر الأردن جنوب بحيرة طبريا. يستمر ذلك السهل شمالا حتى دمشق تقريبا، أما شرقا فيمتد مسافة (٣٠) ميل تقريباً-من وادي الرقاد حتى أسفل تلال أزرع. دارت المعركة على أوسط السهل وغربيه. كان أهم معلمين في ساحة العمليات، هما نهرا اليرموك والرقاد وضفاف كل منهما ترتفع إلى (١٠٠٠) قدم وتتصفإن بالانحدارات الشديدة، والقطوع الصخرية العمودية، وهذه القطوع منتشرة، إما في أسفل الواديين أو في قممها أو بين ذلك. وتتراوح ارتفاعات هذه القطوع بين (١٠٠) إلى (٢٠٠) قدم، وتزداد وعورة هذين الواديين أكثر، كلما قربنا من تلاقيهما. أما أهم معلم في سهل اليرموك فهو تل(السمن) الذي يقع على مسافة ٣ أميال جنوب غربي بلدة (نوى) الحالية، وتأتت أهمية هذا المعلم لكونه يرتفع (٣٠٠) قدم عن الأرض المحيطة، ويهيء مجالا- للمراقبة الجيدة تماما. وكان ان سمي هذا التل بعد المعركة بتل (الجموع) لاحتشاد جنود من جيش المسلمين عليه. بقية السهل أرض منبسطة، تنحدر بلطف من الشمال إلى الجنوب، مع وجود ساحات من الأرض المتموجة، ويخترقه نهير آخر هو (علان) الذي يتجه جنوبا غربا حتى يصب في وادي اليرموك. تشكل آخر خمسة أميال منه أصعب أجزائه. إلا أن هذا الجزء ليس بصعوبة الوديان الأخرى ولا يشكل مانعا قويا. وباختصار يمكن اعتبار تلك المنطقة- سهل اليرموك- منطقة مثالية لاستخدام المشاة والفرسان، لما تقدمه من مجال للمناورة والكر والفر باستثناء الوديان.

فتح ماهان القوات الامبراطورية أمام نهر (علان)، ونشر جيوشه الأربعة النظامية، لتشكيل خط المعركة، والذي امتد مسافة (١٢) ميل بين نهر

اليرموك وتل الجابية، وقد وضع جيش جريجوري على الجناح الأيمن، وجيش قناتير على الجناح الأيسر، أما القلب - المركز- فقد اسند إلى جيش تراجان وإلى الجيش الأرمني- جيش ماهان نفسه-، وكلاهما تحت قيادة تراجان المباشرة. وزعت الفرسان الرومانية بالتساوي على الجيوش الأربعة، وكل جيش من تلك الجيوش وضع مشاته في الأمام، وفرسانه إلى الخلف كاحتياط. أما جيش جبلة العربي فقد اسند إليه القيام بواجب القوات الساترة للجيوش الرومانية، ونشر بناء على ذلك أمام خط القتال المذكور بمواجهة المسلمين. كان معظم جيش جبلة منقولة على الخيول أو الجمال.

قام جويجوري قائد الميمنة، بربط جنوده الثلاثين ألفا بالسلاسل، بمعدل كل (١٠) رجال سوية، للبرهان على إظهار الشجاعة الفائقة والرغبة في القتال إلى آخر نفس، ولتخدم غرضا آخر هو منع فرسان أعدائهم من اختراق صفوفهم. وقد أقسم الجند على القتال، توفر للجيوش الرومانية تحقيق مبدأ هام من مبادئ القتال الدفاعي أو التعرضي وهو العمق، وقد بلغ عدد صفوفهم ٣٠ صفا.[١]

عندما عاد خالد بعد اجتماعه مع ماهان، وأخبر أبا عبيدة عن نتيجة المباحثات، أصبح واضحا لدى الجميع أن الحكم سيكون للسيف. وأن المعركة الفاصلة وشيكة الوقوع. وكقائد عام للجيش العربي الإسلامي، فإن تنظيمه لقواته للقتال وادارته للمعركة، سيعتمد أن على ادراكه التعبوي لا على مهارته العسكرية، وهو يعلم ذلك تمام العلم، وستكون ردود فعله للمتغيرات في الموقف القادم مبنية على حسه العام كأي قائد متزن جيد، لكنه في موقف كهذا حيث يفوقه العدو بأربعة أضعاف لم يكن سداد الرأي والإدراك العام كافيين لمجابهة الموقف، بل يتطلب نوعية خاصة وقديرة من القيادة، وقد أبدى

[١] الواقدي، المغازي - ص١٤١

خالد أستعداداً لعرض خدماته لتولي إدارة المعركة، بقوله لأبي عبيدة، أيها القائد، أرى أن تجمع القادة وتأمرهم بالاستماع والطاعة لما سأقول. وقد فهم أبو عبيدة مضمون طلب خالد ورحب به، وأرسل في طلب القادة وافهامهم ضرورة اطاعة خالد بما يشور به. وهكذا انتقلت القيادة الحقيقية إلى خالد برغبة ورضى الجميع وقد قبلها أبو عبيدة بكل صدر رحب تقديراً منه للمسؤولية العظمى وبالمبدأ العظيم الذي آمن به واكتفى هو بمباشرة مسؤولياته الأخرى كقائد رمزي لتلك القوات.

بدأ خالد في إعادة تنظيم القوات إلى كتائب مشاة وفرسان في كل فيلق. وقد بلغ تعداد الجيش كاملا، (٤٠) ألف مشاة و(١٠) آلاف فارس. نظمت هذه القوة كاملة إلى (٣٦) كتيبة مشاة، تراوح عدد كل كتيبة بين (٨٠٠-٩٠٠) مقاتل. أمر الفرسان، فأعيد تنظيمهم في ثلاث كتائب كل كتيبة (٢٠٠٠) فارس وترك احتياط متحرك قوامه (٤) آلاف فارس. قاد كتائب الفرسان كل من: قيس بن هبيرة وميسرة بن مسروف وعامر بن طفيل. وبهذا أصبح كل فيلق مؤلف من (٩) كتائب مشاة، والتي نظمت على أساس قبلي، وأصبح كل منهم يقاتل مع أبناء عشيرته وأقاربه.

فتح الجيش على جبهة طولها (١١) ميل، مرتكزاً على نهر اليرموك يسارا- على بعد ميل وأحد من بدأيته- وعلى طريق الجابية من اليمين. وضع فيلق يزيد بن أبي سفيان، على الجناح الخارجي الأيسر، وفيلق عمرو بن العاص على الجناح الخارجي الأيمن. ووضع بأمرة كل من هذين القائدين كتيبة فرسان. أما القلب فتشكل من فيلق أبي عبيدة على اليسار، وفيلق شرحبيل على اليمين. كان من ضمن قادة كتائب أبي عبيدة، عكرمة بن أبي جهل وعبد الرحمن بن أبي بكر. وضع الحرس الاحتياط المتحرك، خلف القلب مباشرة، ووضع أمامه كتيبة الفرسان الثالثة. هذه القوة المتحركة شكلت

الاحتياط العام للجيش وتأمر بأمره خالد – القائد العام – وفي حالة انشغاله في إدارة المعركة توكل القيادة إلى ضرار بن الأزور. كل فيلق من تلك الفيالق أبرز قوات حجاب أمامه لإدامة التماس مع القوات الرومانية، خوفا من التعرض المفاجئ.

بالمقارنة مع جيش الرومان فإن جيش المسلمين، شكل خطاً رقيقاً من ثلاثة صفوف فقط، إلا أنه لم يكن هنالك فجوات لم تغط بالقوات على طول امتداد الجبهة. زود الصف الأول بجميع الرماح المتوفرة مع الجيش الاسلامي، أما رماة السهام فقد وضعوا أيضا منتشرين في الصف الأول وكان معظمهم من اليمنيين. اتبع هذا الأسلوب، لكي يقوم الرماة بإيقاع أكبر الخسائر الممكنة في صفوف العدو عند الالتحام القريب يعتمد على السيوف التي تعتبر السلاح الفردي- الرئيسي للمقاتل.

خطط لأن يقوم قادة الأجنحة الخارجية، باستخدام فرسانهم كاحتياط محلي للهجمات المعاكسة، ولاستعادة المواقع في حالة تقهقر الصفوف إلى الوراء بفعل الهجمات الرومانية. أما الاحتياط المتحرك بقيادة خالد فيشكل احتياطاً تعبوياً للفيلقين الأوسطين، واحتياطاً عاماً لدعم أي جناح هدد وتعرض للضغط الزائد، لإعادة السيطرة على الموقف مرة أخرى.

كلا جناحي الجيشين المتحاربين، متشابهين، إذ يستند الجناح القبلي على نهر اليرموك، وهنا يصعب تماما القيام بأي عمليات التفاف لأي من الجيشين، أما الجناح الشمالي، فمفتوح ومعرض لعمليات الالتفاف الخطرة يكمن الاختلاف طبوغرافيا في طبيعة مؤخرتي الجيشين. إذ يمتد خلف المسلمين، الجزء الشرقي من سهل اليرموك حتى تلال أزرع المتكسرة، وجبل الدروز. وهذه الميّزة تهيء للمسلمين سهل النجاة في حالة تردي موقفهم. أما الجزء الجنوبي من مؤخرة الرومان فتشمل وادي الرقاد الصعب المسلك. وقد

يوحي هذا بالتشجيع على عدم التراجع وبالتالي الاستماتة في القتال، لكن في حالة سوء موقفهم القتالي، وعدم تمكنهم من التراجع عبر الطريق الشمالي فإن هذا الوادي سيشكل مصيدة الموت لهم. وسيبدأ بقتال دفاعي لإمتصاص هجمات الرومان، وإذابة زخم هجومهم. عندما يبدأ التعرض، بدفع الرومان باتجاه وادي الرقاد، وقتلهم أو الاستسلام.

وضع نسوة وأطفال رجال كل كتيبة خلفها مباشرة، في معسكرات على خط موازي تقريبا إلى خط القتال. وطاف بينهن أبو عبيدة، وأمرهن بحمل أعمدة الخيام، وتهيئة أكوام من الحجارة، لاستخدامها ضد أي مسلم منهزم، وأمرهن بمجابهة المنهزمين باطفالهم ونسائهم، ليعودوا للمعركة دفاعاً عن أهلهم ودينهم، وهكذا عملن. كذلك قام خالد وأبو عبيدة، بالطواف على الكتائب. وخاطب خالد كل كتيبة، بأن ساعة الامتحان والصبر دنت وأن- الضعف والجبن سيؤديان إلى الذّل، وأن من يجابه تحد السيف بشجاعة فله الشرف كله، وسيجزي على أعماله خيرا من الله، وأن الله سيكون مع جنده حاملي رسالته المؤمنين الصابرين، بينما قام القادة الآخرون والأئمة بالحث على الجهاد، وأخذ الجميع يرددون بعدهم" " كم من فئة قليلة غلبت فئة كثيرة باذن الله"، وبعض الآيات الأخرى المناسبة لذلك الموقف.

اشتد حر الليلة التالية في الأسبوع الثالث من آب عام ٦٣٦ (الأسبوع الثاني من رجب سنة ١٥هـ) وأمضى المسلمون تلك الليلة بالصلاة والدعاء والتهليل والتكبير. وأخذوا يتذاكرون بأحدى الحسنيين أما النصر أو الشهادة. وكان الرسول صلى الله عليه وسلم قد سن منذ معركة بدر قراءة جزء من سورة الأنفال قبل أية معركة. وفي تلك الليلة كانت تلك الآيات الكريمة تتلى من قبل الأفراد والجماعات.

كانت النيران تشتعل في المعسكرين ويمكن رؤيتها على بعد أميال عديدة كأنها كواكب تتلألأ مرحة على سطح الأرض. لكن قلوب من حولها لم تكن بتلك المرح أو النشوة، فإن التفكير فيما سيجلبه الغد، أخذ كل ابتسامة من أفواههم أو نشوة من قلوبهم. كانوا جميعا مقاتلين أشداء هؤلاء الرومان والعرب، والأوروبيين والآسيويين، هؤلاء المسيحيين والمسلمين، كانوا أسودا للوغى أبطالا صناديد، إلا أنهم كانوا بشرا أخذوا يتذكرون اطفالهم ونساءهم الذين ربما لن يروهم بعد الغد. تلك هي مقدّمة لمعركة اليرموك، أعظم معركة في ذلك القرن وأحدى المعارك الحاسمة في تاريخ البشرية.

خوض المعركة

في فجر يوم المعركة الأول اصطفت فيالق المسلمين بعد آداء صلاة الفجر بأمامة قادتهم، وما أن طلعت شمس ذلك اليوم حتى كان الجيشان مصطفين للقتال، تفصل بينهما مسافة ميل أو أقل. وكان كل جندي يعرف أن هذه المعركة ستكون طاحنة وسيكون القتال حتى آخر رمق في الحياة. حطت جنود المسلمين في تشكيلات الرومان الرائعة التي اصطفت متدرعة سلاحها وتجهيزاتها البراقة. بالرغم من ثقة الرومان بأنفسهم لكثرة عددهم، إلا أن إنجازات المسلمين القتالية خلال السنتين الآخيرتين، جعلتهم ينظرون إلى الجند الإسلامي بعين الحذر والاحترام.

برز بعد ساعة من الانتظار أحد الجنرالات الرومان اسمه جورج إلى ساحة الوغى من قلب الجيش الروماني باتجاه قلب جيش المسلمين يقال أنه أحد المسيحيين العرب، وسأل عن خالد بن الوليد الذي سارع لمقابلته جذلا، وما أن اقترب منه خالد حتى بادره جورج بسؤال بالعربية، هل صحيح أن الله أرسل

سيفا من السماء لنبيكم، وأن هذا اعطاك إياه، وأن هذا السيف إن سحب في وجه الأعداء يهزمهم لا محالة. إجابة خالد كلا،سأله جورج: لماذا تسمى بسيف اللـه المسلول؟ أخبره خالد بالقصة،سأل جورج:وإلى أي شيء تدعوني؟ أجابه خالد:[1] بأن تشهد أن لا إله إلا اللـه وأن محمدا عبده ورسوله، وأن تؤمن بما أتى به رسولنا من عند اللـه.

وإن لم استجب؟

إذن الجزية وستكون تحت حمايتنا.

واذا لم استجب لذلك ؟

سيكون السيف بيننا.

ما هو مكان من يتخذ دينكم اليوم؟

في ديننا هناك مكان واحد فقط. وهو أن الجميع سواسية.

أجابه جورج حينذاك، أنني أقبل الآن دينكم وأعلن اسلامي. تملكت الجميع الحيرة من هذا الانتظار وتلك المحاورة، التي لم يسمعها البعيدون وزادت حيرتهم عندما اتجه القائد الروماني وخالد إلى جيش المسلمين، وعند وصولهم كرر جورج بعد خالد، لا إله إلا اللـه محمد رسول اللـه. (وبعد ساعات قليلة من بدء المعركة أبلى هذا القائد بلاء رائعا في القتال وقدر له الاستشهاد في تلك المعركة). وهكذا كان بدء معركة اليرموك.

والآن جاء دور المبارزه بين أبطال الجانبين، وكأن ذلك كان تحية للمعركة. كانت النتيجة لذلك اليوم في صالح المسلمين، استطاع عبد

---
[1] الواقدي، المغازي، ص١٠١-١٠٢

الرحمن بن أبي بكر أن يقتل خمسة من صناديد الرومان استمرت المبارزة حتى منتصف ذلك اليوم وعندها رأى ماهان- القائد العام للجيوش الرومانية – أن الموقف ليس في صالحه، ليس في فقدانه أفضل ضباطه فحسب، بل أن التأثير المعنوي سيكون سيئا على جنده. وحبذ أن يقوم بمعركة شاملة لعل القوة العديديةالتي يتمتع بها تتغلب على مهارة الفرسان المسلمين. لذلك قرر القيام بتعرض محدود على جبهة واسعة. لاختبار قوة المسلمين، آملا في نفس الوقت أن يستطيع أحداث ثغره في صفوفهم.

بعد ذلك بقليل تقدم عشرة صفوف من المشاة الرومانيين للامام- حوالي الثلث- تحركت هذه الموجات البشرية ببطء وحذر، وحالما وصلت إلى مرمى السهام، تعرضت تلك الصفوف إلى رشقات كثيفه من السهام أوقعت خسائر لا بأس بها إلا أن تقدمهم استمر حتى قربوا من الجند المسلمين الذين رموا الرماح واستولوا سيوفهم، والتحم الجانبان في قتال قريب. لم يكن الهجوم الروماني من الشدة بمكان لعدم توفر العزم على الضغط بشدة سيما وأن هنالك أعداد كبيرة منهم لم تكن لديها خبره القتال والاندفاع الذي كان متوفرا في جانب المحاربين المسلمين. ويمكن وصف قتال هذا اليوم بأن كان ثابتا ومعتدل الشدة مع غروب شمس ذلك اليوم انفصل الجيشان عن بعضها وعادا إلى معسكريهما. وكانت الخسائر خفيفة في كلا الجانبين الا انها كانت في جانب الرومان أكثر.

مضت الليلة بسلام ما عدا بعض المناوشات التي دارت بين دوريات المسلمين وبعض عناصر الانقاذ للموتى الرومانيين عند عودة المسلمين إلى معسكراتهم استقبلهم النسوه للتحيه والتشجيع ولمسح العرق والدم من وجوههم وأسلحتهم بأغطية رؤوسهن مما كان له أجمل الأثر في نفوس المسلمين كما أن زيادة الخسائر في الجانب الروماني أعطى مزيدا من الثقة لنفوس الجند

المسلمين وأمضوا بقية الليلة بتلاوة القرآن والدعاء الى اللـه بإحراز النصر على الأعداء.

في تلك الليلة، استدعى ماهـان مجلـس حربـه، لبحـث الخطـط القادمـة وأراد تغيير تكتيكه للقتال اللاحق بناء عـلى ذلـك قـرر أن يشـن هجومـه مـع الضـوء الأول لليوم التالي، مستغلا ساعات الظـلام لتشـغيل وتهيئـة القـوات، عـلى أمـل أن يفـاجئ المسلمين قبل التهيؤ التام للقتال. بالإضافة إلى أن قوة الهجوم ستكون أكبر من معركة الأمس. يقوم الجيشان المركزيان بهجوم على قلب جيش المسلمين بيـنما يقـوم جيشـا الجناحين بتوجيه ضربتين رئيسيتين، لدحر جناحي المسلمين للخلف أو دفعهما باتجاه القلب. وليكون في موقع مسيطر، أمر ماهان بنصب سرادقه، على رابية مسيطرة تقـع خلف الجناح الأيمن لجيوشه ووضع حرسه المؤلف من (٢٠٠٠) أرمني حـول السرـادق لحمايته.

كان المسلمون يؤدون صلاة فجر اليـوم التـالي، عنـدما تنـاهى لمسـامعهم قـرع الطبول المتقدّمة، ووصول بعض جند المواقع الخارجية- القوات السـاترة- للابـلاغ عـن بدء هجوم الرومان. بغت المسلمون بهذا الهجوم، إلا أن خالد كان قد فتح خطـاً مـن القوات الساتره قوياً أثناء الليل، وقد تلقت تلك القـوات هجـمات الرومـان، وحققـوا المهمة بتأخير الرومان حتـى تـوفر وقـت كـاف لبقيـة الجـيش مـن التـدرع بسـلاحه، والإسراع إلى مواقع القتال المخصصه قبل وصول الطوفإن إليهم، أكثر من ذلك، السرعة التي تمت بها الاستعدادات الإسلامية على غير ما توقع الرومان.

كما خطط الرومان للمعركة، فقد كان الهجوم على القلب هجوما مبيتا ولـذلك بقي القلـب الإسـلامي متماسـكا وقويـا، إلا أن الجنـاحين تلقيـا الضرـبة الأعنـف مـن الجيش الروماني فعلى جناح المسلمين الأيمن بقيـادة عمـرو بـن العـاص قـام بـالهجوم قناتير وجيشه السلافي الذي باء بالفشل في تحقيق

مهمته في الموجه الأولى من الاقتحام، عاد وكرر هجومه بقوات جديدة ولم يكن حظه أفضل هذه المره، إلا أن هجومه للمرة الثالثة وبقوات جديدة أيضا وبعزيمة أقوى أدى إلى تقهر جناح المسلمين الأيمن باتجاه المعسكر وقسم آخر باتجاه قلب جيش المسلمين باتجاه فيلق شرحبيل عند ذلك أمر عمرو بن العاص احتياطه المكون من (٢٠٠٠) فارس بالقيام بهجوم معاكس واستطاع دحر السلاف الى الخلف وقاموا بمطاردتهم لمسافات بعيدة الا أنهم لم يتمكنوا من مسك الأرض بقوة لمدة كافيه، ولقيام السلاف بهجوم مضاد اجبرهم على التراجع باتجاه المعسكر ايضا. وحال وصول الفرسان مع المشاة معسكر المسلمين قوبلوا بصف من النساء المسلمات بالأعمده والحجاره وأخذن يضربنهم ويهزئنهم بكلمات جرحت كبرياء أولئك الصناديد، فاستداروا وراء الأعداء واستطاع عمرو توجيه معظم فيلقه في عملية هجوم معاكس آخر ضد جيش قناتير بروح وثابة مملوؤه بالغضب والحقد.

لم يكن الموقف على مسيرة المسلمين بنفس الدرجة من السوء التي وصلت اليها ميمنتهم، لكن ما حدث هنا يشبه ما حدث على الميمنه، اذ قام الرومان بهجومهم الأول وصده ثم قاموا بهجوم آخر أكثر عنفا، استطاعوا خلاله فتح ثغره في جيش يزيد، إلا أن الاندفاع كان بطيئا بسبب السلاسل التي ربط جريجوري جنده بها ولكنه اندفاع صلب. شن يزيد أيضا هجومه المعاكس بفرسانه الا أنهم دحروا، وبعد مقاومة عنيفة تراجع فيلق يزيد، بات معسكر المسلمين وهنا جوبهوا بما جوبه به فيلق عمرو وكانت في مقدمتهن هند وخوله بنت الأزور.[1]

صدف أن أول فارس مسلم يصل إلى المخيم هو أبو سفيان فتلقته هنا - زوجته- وضربت هامة حصانه. إلى أين؟ يا ابن حرب ؟ عد للقتال واظهر

[1] الواقدي، ص١٤٩

شجاعتك لتكفر عن سيئاتك ضد رسول الله. قالت له زوجته. ولمعرفة أبو سفيان بشراسة زوجته عاد ادراجه الى المعركة لا يلوي على شيء. ولم يكن نصيب البقيه بأحسن من نصيبه. وسرعان ما عاد الجند إلى المعركة بروح أشد عنفا وتصميما على القتال.

بينما كان القتال الشرس يدور على الجناحين، كان خالد في القلب يرقب المعركة، ولم يشأ التدخل الا عندما تسوء الظروف، ويصبح لزاما عليه استخدام الاحتياط العام. اتجه اولا الى الميمنة عندما بدأ عمرو بن العاص تعرضه بعد اندحاره، وهاجم خالد جيش قناتير من الجنب بينما عمر وبن العاص هاجمه جبهويا. بعد هنيهه بدأ الرومان بالتقهقر للخلف وعادوا إلى مواقعهم السابقة واستطاع عمرو بن العاص من استعادة الأرض التي فقدها، وأخذ يعيد تنظيم فيلقه استعدادا للجوله القادمه. حينئذ استدار خالد بقوة فرسانه الاحتياطية تجاه الجناح الأيسر ـ في نفس الوقت الذي أعاد يزيد هجومه ضد جيش جريجوري بهجوم معاكس جبهوي.

أفرز خالد كتيبة فرسان تحت قيادة ضرار بن الأزور ليهاجم جبهة جيش تراجان بعملية قصد بها تهديد انسحاب جناح الجيش الروماني الأيمن من مواقعه المتقدّمة. قام هو نفسه على رأس بقية القوة الاحتياطية، بمهاجمة جناح جيش جريجوري وهنا أيضا تراجع الرومان تحت وطأة هجومين معاكسين جبهويا وجنبيا في تلك الأثناء هاجم ضرار جبهة تراجان، ورأى الأخير وحرسه في مقدّمة الصفوف فهاجمه ضرار بمعركة قصيرة خر تراجان على اثرها صريعا. الا أنه نتيجة للضغط المتزايد اضطر ضرار للانسحاب إلى خط قتال المسلمين.[1]

ــــــــــــــــــــ

[1] الطبري، ج٢، ص٥٩٧

مع غروب شمس اليوم الثاني للمعركه، كان جيشا الالتفاف الرومانيين قد دحروا إلى الخلف، كما أن جيشا الوسط قطعا الاتصال بجيش المسلمين وانسحاب إلى مواقعهما الأصلية. خلال هذا اليوم كان موقف المسلمين حساسا للغاية وبخاصة الجناح الأيمن الذي تلقى الصدمة الأثقل. مع ذلك ما أن انتهى ذلك اليوم حتى عاد المسلمون إلى مواقعهم الأساسية، بعد دحر جناحي الرومان وتراجع قلبهم إلى مواقعهم التي انطلقوا منها في الصباح. على أية حال دار القتال دفاعيا من جانب المسلمين كما خطط له، ولم تكن الهجمات المعاكسة التي قاموا بها، سوى جزء من الاجراءات الدفاعية العامة. كانت الروح المعنوية لدى الجيش الإسلامي عاليه، ليس فقط بتعرضهم لهجوم رئيسي وصمودهم ضده بل أنهم استعادوا زمام المباداه مع انتهاء ذلك اليوم واستعادوا ما فقدوه من أرض.

في الجانب الروماني لم تكن الروح بنفس ارتفاع روح المسلمين، وذلك لفشل هجومهم الرئيسي ودحره من قبل المسلمين، أضف إلى ذلك الهجمة الجريئة التي قام بها ضرار أودت بحياة ترجان أحد القاده البارزين في الجيش الروماني، عدا عن الآف القتلى الذين تجندلوا على سهل اليرموك ذلك اليوم. نصب ماهان قائدا جديدا بدلا من تراجان هو (قورين) وعين قناتير على رأس الجيش الأرمني أيضا، ذلك لنيته بتوجيه الضربة الرئيسه في اليوم التالي على جناح المسلمين الأيمن وعلى الجزء الأيمن من قلبهم.

حتى هذا الوقت لم تصل المعركة إلى أوج قوتها. مع دخول اليوم الثالث اشتد لهيب المعركة شيئا فشيئا وكان للمسلمين فيه اليد الطولى على أعدائهم خلال هذا اليوم، لم يتحرك جيش السلاسل لكثرة الخسائر التي عانها في اليوم السابق. أما جيش قناتير فقد قام بجهد محدود ضد جبهة أبي عبيدة، كأجراء تثبيتي لاحتياط المسلمين العام، الذي ينفتح خلف فيلق أبي عبيدة،

أما الأرمن الجناح الأيمن فوجهوا ضربتهم ضد الجناح الأيمن للمسلمين، متخذين الحدود بين فيلق عمرو وفيلق شرحبيل مركز دائرة هجومهم. وكما حدث بالأمس فقد صدت الموجه الأولى من الهجوم، إلا أن ميزان التفوق العددي في جانب الرومان، وهكذا وقبل حلول منتصف النهار، استطاع قناتير اختراق صفوف المسلمين من خلال عدة ثغرات واندحر فيلق عمرو باتجاه المخيم وكذلك فصل قسم من فيلق شرحبيل الذي تعرض لهذه الهجمة العنيفة. ومره أخرى تلقتهم النسوه بأسلحتهن، أعمدة الخيام والحجارة والسنه ماضية، مما أجبر المسلمين على تفاديهم ومواجهة الرومان.

أوج المعركة

شكل الجزء الأكبر من القوات المندحرة، خطا دفاعيا ثانيا لايقاف الرومان، وشن عمرو هجوما ضد الرومان بفرسانه ومشاته، لدحرهم للخلف إلا أن نجاحه كان محدوداً في تلك الأثناء تفاجأ خالد بسيدة مسلمة قادمة إليه لتنقل إليه فكرة اختمرت في ذهنها، فقالت: يا ابن الوليد، يا أحد أنبل شجعان العرب، أعلم أن الرجال يبقون مع قادتهم في القتال، وإن ثبت القادة ثبت الجند، أما إذا هزم القادة فسيتبعهم جنودهم. شكر خالد تلك السيدة النبيلة وشكرها بأدب لنصيحتها تلك وأكد لها أن قادة هذا الجيش لن يهزموا بعون الله.

بدأ خالد يشن هجوما معاكسا مركزا بقوة الإحتياط المحموله على الخيل ووجهها ضد جناح قناتير الأيمن، وفي نفس الوقت، التف عمرو بن العاص بكتيبة فرسانه، وهاجم جناح قناتير الأيسرـ بينما قامت مشاته ومشاة شرحبيل بهجوم معاكس جبهوي رغم شدة ذلك الهجوم إلا أن الرومان صمدوا صمود الأبطال. ومع مغيب الشمس استطاع المسلمون دحرهم إلى

مواقعهم الأساسية، واستعيدت المواقع كما كانت في بداية المعركة، ولكن ثمن ذلك كان باهظا في صفوف المسلمين.

لقد كان هذا اليوم أقسى ـ من سابقيه، وتكبد الرومان خسائر تفوق كثيرا خسائر المسلمين، مما أثر على الروح المعنوية للجيش الروماني، إذ رغم الهجمات المتكررة لم يحقق القاده الرومان أي انتصارات، بالإضافة إلى الأثمان الباهظة لتلك الهجمات. كما أنهم لم يكونوا بأحسن حال عما كان عليه الموقف في بداية المعركة، مما جعل ما هان يوبخ قادته توبيخاً شديداً، ووعدوه بالنجاح خلال اليوم التالي للقتال، والذي كان في الواقع أكثر الأيام حساسية للمعركة،اليوم الرابع.

أمضى خالد وأبو عبيدة تلك الليلة، بالتجول على معسكرات المسلمين موجهين ومشجعين، وتفقدوا الجرحى وواسوهم وأمروهم بالاستمرار في القتال على المسلم أن يتعرض لإصابة بليغة ليخلى إلى الخلف للمعالجة ما عدا ذلك فإن المصابين الآخرين يمضون سويعات قليلة لتضميد الجراح وبعدها يعودون إلى ركب الشرف والجهاد.

تميَز فجر اليوم الرابع للمعركة بالتخوف والرهبة من النتائج، واعتبر الرومان هذا اليوم هو اليوم الحاسم، ذلك لأن جميع هجماتهم حتى ذلك الوقت لم تؤت ثمارها، تحقق خالد من أن المعركة وصلت ذروتها، وأن نتائج عمليات ذلك اليوم ستقرر مصيرها كما أن تكبيد الرومان خسائر كبيره، بالإضافة إلى الآلاف التي تكبدوها، سيؤدي إلى أخذ زمام المبادرة من أيديهم، وذلك بشن عمليات التعرض المعاكسة من قبل المسلمين. أما معظم خسائر المسلمين حتى ذلك اليوم، فقد وقعت في صفوف رماة السهام المنتشرين في الصف الأول، ولم يبق منهم سوى ألفين ملائمين للقتال وقد أعيد توزيعهم

بمعـدل (٥٠٠) لكـل فيلـق. يضـاف إلى ذلـك التعـب والإرهـاق الـذي لحـق بالمسلمين نتيجة القتال المستمر دون تبديل، لقلة عددهم.

كان اهتمام خالد منصبا عـلى الجنـاح الأيمـن الـذي يقـوده عمـرو بـن العـاص والذي يأتي بعد خالد من حيث المقدره القتالية، بالإضافة إلى صفة الدهاء التي امتاز بها بين العرب، مما جعله أكثر من كفؤ لمواجهة جنرالات الرومان.

قرر ماهان بدء عمليات اليوم الرابع، بشن هجـوم عـلى نصـف جبهـة الجـيش الإسلامي الأيمن، كما فعل في اليوم السابق، وبعد دفع ذلك النصـف إلى الـوراء، يقـوم بمهاجمة النصـف الأيسر لتـدميره. تقـدم الجـنرال قنـاتير بجيشـه السـلافي والأرمنـي، وهاجم جبهة عمرو بن العاص وشرحبيل بن حسنة. أدت هذه الهجمة إلى دفع فيلق عمرو للوراء ولكن ليس لمسافة طويلة رهبة من النساء اللـواتي تهيـأن لهـم بالمرصـاد. توقف عمرو وفيلقه واستلوا سيوفهم وعملوا في رقاب السلاف الذين تكبـدوا خسـائر كبيرة في ذلك اليوم. أما جبهة شرحبيل، فقد هاجمها الجيش الأرمنـي مسـندا بجـيش جبلة. واستطاع أحداث أخطـر خـرق في صـفوف المسـلمين، مـما أجـبر الآخـرين عـلى التقهقر للخلف بعملية اعاقة وتأخير نجح في ذلك، لكنه لم ينجح في دحرهم للخلـف. هنا تحقق خالد من ضرورة تدخل الاحتياط ضد هذا الخرق.

لقد خشي خالد أن يكون هجوم الرومان بقوة على طـول الجبهـة في آن واحـد لأن احتياطه في هذه الحالة غـير قـادر عـلى مجابهـة جميـع الثغـرات التـي يمكـن أن يحققها العدو في صفوف المسلمين، ففي اليوم الثـاني للقتـال اسـتطاع خالـد اسـتعادة الموقف على الجناحين، بضربة قوات العدو وعلى الجناح الأيمـن أولا، حتـى إذا انهـار، استدار إلى الجناح الأيسر بناء على ذلك وعندما رأى- تضعضع موقف عمرو وشرحبيل أمر أبا عبيدة ويزيد، بالقيام بعملية هجوم

تخريبي على جناح الرومان الأيمن. وهكذا عندما قارب النهار على الانتصاف كان الفيلقان ملتحمين مع جيش قورين وجيش جريجوري.

بعد أن اطمأن خالد على ميسرته، قرر ضرب الأرمن الذي حققوا بعض النجاحات على ميمنته، وقسم قوته الاحتياطية إلى جزئين متوازنين، الأول تحت قيادة قيس بين هبيرة، وأبقى الجزء الثاني تحت قيادته هو وفي الحال تقدم مسرعا بقوته والتف خلف فيلق شرحبيل، وبرز ضد الجناح الشمالي للجيش الأرمني، وهنا تشكل ٣ هجمات معاكسة ضد الجيش الأرمني وجيش المسيحيين العرب. خالد من الشمال فقيس من الجنوب وشرحبيل من الوسط.

دار قتال مرير في هذا القاطع من ساحة المعركة، اسفر عن تقهقرات قوات الأرمن حتى وصلوا إلى مواقعهم السابقه، تاركين وراءهم خسائر كبيرة إلا أن الخسائر الأكبر وقعت بين صفوف جيش جبلة. عندما كان الأرمن يتقهقرون فزعين،تحول عمرو بن العاص إلى السلاف الذين سرعان ما لحقوا بزملائهم لانكشاف جناحهم الأيمن بسبب تراجع الأرمن.[١]

وبهذا تكون مواقع عمرو وشرحبيل مع مساء ذلك اليوم قد استعيدت كما كانت في الصباح. في نفس الوقت، كان القتال على أشده على الجناح الأيسر للمسلمين، ومما زاد في حراجة الموقف أن جميع الاحتياط العام الإسلامي اشغل على الجناح الأيمن، ولم يتسن لأبي عبيدة ويزيد أن يحصلا على أي دعم منه. مع ذلك كان النجاح حليفهما عندما بدءا عملياتهما وتعمقا في مواقع العدو، إلا أن جيشاهما اصطدما بسد منيع من رماة السهام الرومان الذي امطروا ساحة المعركة بالآف مؤلفه من السهام والتي كانت أبعد مدى من أقواس المسلمين، مما أوقع إصابات كثيرة بين صفوف المسلمين. ومن بين تلك الإصابات (٧٠٠) مسلم فقدوا أحدى عيونهم، ومن بينهم كان

[١] الواقدي، ص١٥٣

أبو سفيان. كان هذا اليوم حقا هو أسوأ يوم للمسلمين، مما أجبر جناحهم الأيسر على التراجع تخلصاً من تأثير سهام الرومان وبأمر من قائدي الفيلقين.

إلا أن ماهان والقادة الرومان، وبعد أن رأوا ما حل بجناح المسلمين الأيسر، أرادوا استثمار الفوز، فاستمروا في التعرّض ضد ذلك الجناح، وهكذا التحم جيشا الجناح الأيمن الروماني بفيلقي الجناح الأيسر ـ للمسلمين، أدى ذلك إلى مزيد من التراجع من جانب المسلمين، ما عدا كتيبة عكرمة التي صمدت وكانت تعمل مع جناح أبي عبيدة الأيسر. عندما رأى هذا القائد الشجاع ما حل بجيشه، نادى الأبطال، لأداء قسم الموت، فتقدم منه (٤٠٠) مقاتل واقسموا يمين الهلاك، وأنقضوا على الجيش الروماني كالذئاب الجائعه، وقد اسفر ذلك عن إصابة عكرمة وابنه عمرو بجروح قاتله.

لم يصل فيلقا أبي عبيدة وزيد أثناء تراجعهما إلى معسكر المسلمين ذلك لأن نساءهم قد هرعن إلى المعركة وقد حمل قسم كبير منهن السيوف للتشرف في طلب الشهادة، حتى النساء، عرفن أن هذه المرحلة من المعركة، هي أشد المراحل حساسية وتأثيراً على مستقبل القتال. تقدمت النسوة وقد تسلحن بالسيوف والأعمده لمقاتلة الرومان وبالمياه والعقاقير لأرواء ظمأ المسلمين ومعالجتهم من بين أولئك النسوة خولة بينت الأزور، وزوجة الزبير، وأم حكيم، وقد تخطين الصفوف إلى صف المسلمين الأول القتالي، وقد أدى ذلك كله، إلى تحول مجرى المعركة جذريا، ذلك أن المسلمين عندما رأوا نساءهم يقاتلن جنبا إلى جنب معهم، بل في بعض الحالات أمامهم، تحولوا إلى أسود والتحموا مع الرومان مستخدمين السيوف والخناجر، ولم يبق دور للاستراتيجية ولا المناورة، بل أصبح الموقف يتطلب الجهد الفردي، لامتحان الصبر والشجاعة والمهارة في استخدام السلاح. وبرز مدى عمق الإيمان بالعقيدة والهدف، واختلط الحابل بالنابل وانشغل القادة بقتال فردي كجنودهم، ووصلت المعركة

السابقة بخسائر فادحة، ولم يكن نصيب المسلمين بأقل منهم نسبيا، إذ ندر أن سلم المقاتلون من أي إصابة في ذلك اليوم، لكن قلوبهم كانت جذلة للنتيجة التي وصل إليها القتال، وفشل الانتصار الروماني الذي كاد يؤدي بهم إلى الهلاك. كان أكثرهم جذلا هو خالد الذي عرف أن ساعة الخطر قد فاتت وأن نجاح المسلمين أصبح أكثر منالا.[1]

مع حلول الظلام وسكون الليل، انصرف الجمع إلى مواقعهم لإعادة التنظيم والمعالجة والاطعام، في تلك الأثناء، وفي ركن قاطع فيلق أبي عبيدة الأيسر جلس خالد بن الوليد القائد العام للمسلمين، جلس على ركبتيه وقد وضع على أحداهما رأس عكرمة وعلى الثانية رأس ابنه عمرو، يعانيان من سكرات الموت الأخيره. وخالد بين الفينة والأخرى يسكب قطرات ماء في فم الأب وابنه ويواسيهما ويبشرهما بأريج الجنة مأوى الشهداء والصالحين. وما هي الا لحظات حزينة مرت حتى أسلما روحيهما الطاهرتين إلى بارئهما عز وجل، بين يدي قائدهم الشجاع الحبيب، سيف الله ونبيه محمد صلى الله عليه وسلم اللذان استلاه ضد الطغاة الظالمين.

مرت تلك الليلة بسلام، إن استطعنا مجازا استخدام هذا التعبير على رجال اثخنتهم الجراح وأرهقهم القتال. عادة ما كان أبو عبيدة يعين أحد القاده وعددا من الضباط ليقومو ا بجولات على الوحدات والخفارات للتأكيد من التهيؤ والترقب، إلا أنه في تلك الليلة ولقبه الرحيم، لم يشأ أن يعمل ذلك بل قام هو نفسه، يرافقه رهط من أصحاب رسول الله صلى الله عليه وسلم بالقيام بواجبات ضابط الخفر، وسرعان ما تلاشت تخوفاته إذ رأى القاده الآخرين يقومون بنفس العمل، ومن بينهم الزبير وزوجته التي كانت ترافقه ممتطية جوادا كزوجها.

---

[1] الواقدي، ص١٥٢

اصطف الجيشان في مواقعهما القتالية مع ظهور تباشير صباح اليوم الخامس، ولكن الجند لم يكونوا بحالة من النشاط واليقظة في شيء، ذلك لأن يجانب كل جندي غير جريح زميلا له يعاني من الالام والإرهاق. أمعن خالد النظر باتجاه الجيش الروماني، واحتار لعدم ظهور أي حركة تدل على التعرض أو القتال، وبعد ساعات قليلة تقدم الصفوف أحد الرومان متجها نحو المسلمين. كان ذلك رسولا من ماهان يعرض عقد هدنة لعدة أيام، وقد طابت الفكرة لدى أبو عبيدة، إلا أن خالد أعاده بجواب سلبي. كان حدس خالد أن رغبة القتال لدى الرومان قد تلاشت، وكان حدسه في مكانه، أعيد تجميع كتائب الفرسان بقوة واحدة متكاملة وصل عددها إلى (٨) آلاف فارس تقريبا.

بزغ فجر اليوم السادس للمعركة صافيا ناصعا -الأسبوع الرابع من آب عام ٦٣٦(الأسبوع الثالث من رجب عام ١٥ هـ) وقد تهيأ المسلمون وكلهم أمل في تحقيق مهام الخطة، التي رستمها لهم قادتهم وامتدت أمامهم صفوف الرومان المتراصة، الذين كانوا أقل أملا ولكن لم تنقصهم الشجاعة أو رغبة متبقية للقتال.

ما أن ارتفعت الشمس من فوق جبل الدروز، وبسطت اشعتها الذهبية على سهول حوران حتى تقدم جريجوري على رأس جيش السلاسل من قلب الجيش الامبراطوري قدم هذا القائد ومهمته قتل قائد المسلمين، والتأثير على معنوياتهم. ما أن وصل حتى نادى للمبارزة في أعلى صوته، وطلب بالذات قائد المسلمين. وسرعان ما اندفع أبو عبيدة رغم الحاح خالد وبقية القاده عليه بالعدول، لما اشتهر عن جريجوري من قوة فائقة، ومهارة قتالية ممتازة. بدأت المبارزة بالسيوف بين القائدين وهما ممتطين جواديهما، وقد أذهلا الجميع لبراعتهما في مبارزة السيوف، وما هي إلا لحظات حتى انكفا جريجوري عائدا باتجاه جيش الرومان مسرعاً، وتبعه أبو عبيدة، الذي لم يجد صعوبة في اللحاق

به، فما كان من جريجوري الذي تام عمدا بتلك المناورة البارعة، إلا أن وجه ضربة بسيفه كادت أن تكون قاتلة، إلا أن أبا عبيدة تفاداها بسرعة ووجه ضربة مماثلة إلى أسفل عنق جريجوري، فجندله مترنحا إلى الأرض يتخبط بدمائه عاد بعدها أبو عبيدة إلى صف المسلمين مزهواً بالفخار والنصر.

حال عودة أبي عبيدة من المبارزة، أسرع خالد بحصانة نحو فرسان المسلمين – القوة الاحتياطيه-الذين كانوا يتمركزون خلف فيلق عمرو بن العاص وأعطى الإشارة إلى فيالق المسلمين بالهجوم. تقدم المسلمون للأمام واشتبك قلب وميسرة المسلمين مع الجبهة الرومانية، أما الفرسان فأسرعوا بمهاجمة جناح ميسرة الرومان الشمالي، ومن هناك أفرز خالد كتيبة فرسان لمشاغلة وتثبيت فرسان الرومان لتلك الميسرة، ووجه بقية القوة بهجمة قوية على الجناح الأيسر الروماني، في نفس الوقت الذي قام به عمرو بمهاجمة ميسرة الرومان السلاف جبهويا. أبدى السلاف مقاومة شجاعة، إلا أنهم تحت ضربات خالد وعمرو وعدم إسنادهم من بقية فرسان الرومان كل ذلك أدى إلى تقهقرهم للخلف، باتجاه قلب الجيش الروماني-الأرمن.

بعد أن تحطم الجناح الأيسر للرومان، استمر عمرو بضغطه باتجاه اليسار وهاجم جناح الأرمن الأيسر المكشوف، الذي دبت به الفوضى حال وصول السلاف المكسورين اليهم. في تلك الأثناء، اتجه خالد بفرسانه نحو اليسار، واشتبك مع فرسان الرومان أيضا الذين ثبتوا من قبل كتيبة فرسان مسلمه التي أفرزها خالد في بداية الهجوم كما سبق أن ذكر.

بدأت المرحلة الثانية من تعرض المسلمين، بتقدم شرحبيل وفيلقه لمهاجمة جبهة الجيش الأرمني في نفس الوقت الذي كان فيه عمرو بن العاص يهاجم جناحيهم الأيسر. أما خالد فاستمر في هجومه ضد فرسان الرومان

بشدة مما أجبرهم على التقهقر، والذي تحول بعد بعض الوقت إلى هزيمة باتجاه الشمال، طالبين النجاة بأرواحهم –لقد ملوا القتال وعانوا الأمرين منه.

لقد كان قصد خالد من تلك المناورة البارعة. هو عزل ساحة المعركة الرومانية والتي يشغل معظمها المشاة، عزلها من الفرسان الذين يعتبرون عاملا حاسما في تغيير سير المعارك.

لما رأى ماهان ما حل بفرسان الميسرة، أمر بحشد الفرسان كقوة متكاملة خلف قلب الجيش الروماني، لشن هجوم معاكس وأعادة احتلال المواقع المفقودة، إلا أن الوقت كان قصيرا سرعان ما تعرضت هذه القوة وقبل تكاملها إلى هجوم جبهوي وجانبي من قبل فرسان المسلمين الأخف حركة والأكثر مرونة في المناورة، مما جعلها بعد هنيهات تولي الأدبار باتجاه الشمال آخذة معها ماهان قائدها وراعي صمودها قبل لحظات. وهكذا عزلت المشاة بهروب (٤٠) ألف على رأسهم ماهان وكان معظمهم من الفرسان النظاميين في الجيش الإمبراطوري.

في تلك الأثناء كان الأرمن يقاومون عمرو وشرحبيل بكل شراسة ورغم محاولتي اقتحام قام بهما القائدان حتى الآن، ولم يكن هذا غريبا على محاربي الأرمن الأشداء الذين كانوا من أشجع وأمهر رعايا الإمبراطورية الرومانية، كان أبو عبيدة ويزيد أيضا يهاجمون جبهة الرومان ولكن دورهم كان تثبيت تلك الجبهة فقط أي تثبيت جيش قورين وجيش السلاسل بقيادة جريجوري.

بعد أن أنهى خالد أمر الفرسان الرومان، شن هجومه التالي على مؤخرة الجيش الأرمني.

وفي هذا الموقف العصيب وبعد مهاجمتهم من ثلاث جهات، لم يبق للأرمن إلا أن يطلبوا السلامة في الاتجاه الجنوب الغربي، وهذا ما خطط له قائد المسلمين - خالد.

بعد انهيار الجيش الأرمني وانسحابه بطريقة فوضوية مع بقايا السلاف هرب الجميع باتجاه وادي الرقاد. أما بقية الجيش الروماني فعندما رأوا ما حل في جناحهم الأيسر ومؤخرتهم، بدأوا بانسحاب منظم باتجاه الغرب. ما أن انتهى نهار ذلك اليوم حتى كانت المشاة الرومانية في تقهقر وانسحاب، بعضها كان الفزع يسيطر عليه، والبعض الآخر كان ينسحب بكل نظام واتزان. أما فرسان المسلمين، فقد تقدموا من شمال الجيش الروماني لقطع الطريق أمام المنسحبين بالرغم من تأخرهم في هذا الإجراء، مما أفسح المجال أمام الآف من السلاف والأرمن بالهروب كما مر.

كان هدف الرومان المنسحبين هو الحصول على أطول مسافة فاصلة ممكنة بينهم وبين الجيش الإسلامي، لإنقاذ أرواحهم ولعلمهم بأن طريق الهروب الشمالي سد من قبل فرسان المسلمين، اتجه معظمهم غربا حيث يعترضهم وادي الرقاد، وكان القادة يتقدمون جنودهم باتجاه مخاضة معروفة على ذلك النهر وحيث تتوفر الطرق الجيدة نسبيا. كانت طريق النزول إلى ذلك الوادي من الجهة الشرقية سهلة نسبيا وكذلك العبور، أما قمة الضفة الغربية له فهي صعبة تماما وتشكل مضيقا خطرا ويكفي ثلّة من الشجعان أن تقف في وجه قوة كبيرة تفوقها أضعافا.

استطاعت أعداد كبيرة عبور النهر للغرب، إلا أن مقدمتهم سرعان ما فوجئت عند قمة الضفة الغربية بوجود مجموعة من المسلمين مستلين سيوفهم ومتحفزين للقتال، يتقدمهم محارب يافع عاري الصدر، ذلك هو ضرار بن الأزور، الذي كان قد أرسله خالد على رأس (٥٠٠) فارس في الليلة السابقة

للقيام بعملية التفاف واسعة من شمال ميسرة الرومان، والتقدّم خلف قواتهم، على ذلك المضيق المشار إليه، وكانوا مهيئين لاستقبال فلول الروم الذين أخذ منهم الخوف والتعب كل مأخذ. وما أن دنت مقدّمة فلول الروم حتى بدأت مجموعة ضرار تمطرهم بالحجارة رميا ودحرجة مما أدى إلى تساقط تلك الفلول إلى الخلف، وكل مجموعة تسبب في سقوط ما بعدها وكأنه انهيار بشري متجه إلى أسفل الوادي مقرونا بالصياح والأنين والصراخ والعويل.[1]

لما رأى القادة الرومان ما حل بمقدمتهم، ولصعوبة المناورة للقضاء على كتيبة ضرار، وهي طريق الانسحاب الأمين والوحيد أمامهم، لم يكن لهم خيار سوى الدفاع عن أنفسهم ضد فيالق المسلمين المهاجمة من الشرق، فاتخذوا من قمة الضفة الشرقية موقعا دفاعيا يستند يمينه على حافة وادي اليرموك وظهره إلى وادي الرقاد، ووقعوا بين فكي الكماشة.

وهكذا في ساعات ما بعد ظهر اليوم السادس من القتال، بدأت المرحلة الثالثة من الرومان التي احتشدت في بدأية المعركة. تقدم المسلمون الآن على شكل نصف دائرة مترابطة بعدد يقارب (٣٠) ألفا، وهنا انتهى دور القائد الذي أوصل جنده إلى هذا الموقف المثالي للقتال وبقي الدور للفرد لإظهار قوته وبراعته في القتال الفردي وهكذا استل القاده سيوفهم وتحولوا إلى محاربين فرديين كبقية جندهم، وأطبقت أسود الصحراء على فريستها الشرسة وساد الجو صرير السيوف وقعقعة الرماح وصياح الحرب من قبل المسلمين والولولة والعويل من الرومان. وبدأت المجزرة لفلول جيش الرومان في ذلك الوادي ونظرا لصعوبة الأرض وشدة انحدارها وهلع الرومان وتراجعهم، أدى ذلك إلى وقوع خسائر كبيرة بينهم نتيجة تلاصق كتلهم البشرية وتدحرجهم باتجاه قعر الوادي وضغط صفوفهم الأمامية على الخلفيه. وهكذا أخذت الأمواج

---

[1] الطبري، ج٣، ص١٠٠/ البلاذري، ص١٤٢

البشرية تتهاوى باتجاه الوادي موجة بعد أخرى حتى أرخى الليل سدوله وأصبحت الرؤيا عديمة لا تسمح بالمزيد من القتال.[1]

وهكذا انتهت معركة اليرموك أعظم نصر حققه خالد بين الوليد-سيف الله المسلول في صباح اليوم التالي، بينما كان المسلمون يدفنون شهداءهم ويحصدون الغنائم، قام خالد على رأس فرسانه بعملية مطارده لماهان على طريق دمشق وكقائد كسير القلب، أبيد جيشه، كان ماهان يسير على مهل نحو دمشق، كما أنه لم يتوقع أن يقوم المسلمون بمطاردته بتلك السرعة، ولكن سرعان ما اتصل خالد وفرسانه بمؤخرة قوات ماهان المنسحبه، وهاجمها على الفور، مما أجبر ماهان على الرجوع إلى المؤخرة ليستطلع الأمر. فكان منية ملك أرمينيا، والقائد العام للجيوش الامبراطورية الرومانية الشرقية قادته إلى حتفه.

وهكذا تم قتله على يدي أحد فرسان المسلمين. وبعد موته تفرق فرسان الروم جماعات صغيرة تطلب النجاة لأرواحها باتجاه الشمال والغرب للافلات من قبضة المسلمين تقدم خالد إلى دمشق التي استقبلته بزهو وافتخار بالاتفاقية السابقة معه فوعدهم ذلك، ثم عاد وانضم إلى بقية الجيش في سهل اليرموك.

كانت معركة اليرموك أسوأ هزيمة منيت بها الامبراطورية الرومانية الشرقية وأدت إلى انتهاء الحكم الروماني على سوريا إلى الأبد، حيث غادرها هرقل بعد شهر من انطاكيا بطريق البر إلى القسطنطينيه مودعا سوريا وقلبه ينزف دما ويعصره الحزن، بوداعه الشهير " وداعا يا سوريا الجميلة وداعا لا لقاء بعده ".

---

[1] الطبري، ج٣، ص٩٨

كمثل جيد من أمثلة العمليات العسكرية تعتبر معركة اليرموك غنية بالدروس والعبر العسكرية لقد شملت تلك المعركة عدة أشكال للمناورات التعبوية مثل معركة التصادم أو التصادم الجبهوي والاختراق الجبهوي والهجوم المعاكس والتصدي بعناد للهجمات. كذلك شملت هجمات جانبية، وهجمات خلفية ومناورات إحاطة والتفاف. ثبات خالد واكتفاؤه خلال المرحلة الدفاعية التي استمرت اربعة أيام، بهجمات معاكسة محدودة هدف منها إلى استعادة التوازن التعبوي الدفاعي وأدى ذلك كله إلى امتصاص قوة الرومان تدريجيا ولم يقم بشن تعرضه العام إلا بعد أن تأكد من أن الرومان فعلا وصلوا إلى مرحلة حرجة وموقف ضعيف، مما أدى إلى أفضل النتائج وذلك في اليوم الأخير للقتال. خلال هذا اليوم طوى خالد الجيوش الرومانية من الجوانب باتجاه القلب طيا، ولكن ذلك تم بعد عزل القوة المتحركة فيه- الفرسان- وأخراجها من المعركة مما جعل مشاتهم في موقف أشد حراجة وضعفا، بدأ بعدها بهجومه التدميري، لاستثمار فوز تلك المعركة في احتلال جميع سوريا دون التعرض لقتال جدي. وهكذا سحق الجيش الروماني بين سندان وادي الرقاد ومطرقة المسلمين وتحول إلى رماد ذرته رياح التاريخ إلى غير رجعة.

كما كانت معركة اليرموك هي الفاصلة بالنسبة للحرب ضد الروم في سوريا،
فقد كانت معركة القادسية هي الأخرى فاصلة بالنسبة للحرب ضد الإمبراطورية
الفارسية، لقد قررت هذه المعركة في خلال أربعة أيام مصير أكبر امبراطورية في الشرق
(فارس) فقوضت بنيانها وحطمت أركانها ورفعت أعلام العرب فوق إيوانها. لقد
كانت تلك المعركة جديرة بأن تكون عبر التاريخ لأنها خاتمة عصر وفاتحة عصر رفعت
دولة فتية إلا وهي الدولة الإسلامية المجيدة على أنقاض مملكة عجزت فغيرت وجه
الشرق القديم. وفيها تجلت عبقرية القائد الفذ سعد بن ابي وقاص الذي استطاع
بحنكته وحسن إدارته للقوات أن يثبت إقدام الدولة الإسلامية في بلاد فارس.

الموقف العام

ذكرنا في حملة خالد بن الوليد على العراق أنه قام بتدويخ دولة الفرس ولم
تكن الضربة قاضية للفرس لأنها كانت دولة عظيمة لكثرة مواردها ووفرة السلاح
وقوة ومنعة جيشها.

تولى المثنى بن حارثة الشيباني أمور البلاد المفتوحة في العراق بعد سفر خالد
لمنازلة دولة الروم كما مر سابقا في معركة اليرموك. تنبه الفرس إلى فتوحات خالد في
بلادهم والخطر الذي يهددهم فاتخذوا كافة التدابير ووحدوا صفوفهم وأعدوا تنظيم
في الداخل وأخذوا يستعدون لمبادرة العرب بالقتال والقضاء عليهم قبل أن يتمكنوا
من قهر الفرس وقد عيّن رستم قائدا للجيش الفارسي ومنح سلطات واسعة لاتخاذ ما
يراه مناسبا من التدابير لقتال

المسلمين، فحشد قوات عظيمة وحرض زعماء البلاد التي فتحها المسلمون على الثورة وبدأوا بالتحرش بالمسلمين.

جلا المسلمون عن بعض الأماكن التي فتحوها وأسندوا ظهورهم إلى الصحراء لأن القوى التي بقيت لم تعد تكفي لصد الفرس، وأخذوا يحاربون حربا غير نظامية مكتفين بشن الغارات على مراكز أعدائهم وإزعاجهم دون أن يشتبكوا في معركة فاصلة لعدم تكافؤ القوى.

سافر المثنى إلى المدينة واطلع الخليفة على الموقف وعلى تدابير الفرس وطلب النجدة وبعدها عاد إلى الحيرة وبرفقته أبو عبيدة بن مسعود الثقفي وبعض الصحابة من الجند، وقد تولى أبو عبيدة قيادة ميدان العراق، واشتبك مع الفرس في معركتين هزمهم في الأولى واستشهد في المعركة الثانية وانهزم جيش المسلمين بخسائر فادحة، فتولى المثنى القيادة واستعاد السيطرة على الموقف وكتب إلى الخليفة يشرح له الموقف وطلب النجدة.

تجمع الجند من جميع البلاد وتم حشد قوة كبيرة في المدينة فغادرها الخليفة عمر على رأس هذه القوة وكتم أمرها عن كل إنسان. وبعد أن صلى الخليفة بالجموع المحتشدة شرقي المدينة أبلغهم بقصده ورغبته في إنجاز أمر دولة الفرس وبعدها قالوا له " سر بنا اليهم فنحن على استعداد للقائهم"، فقال لهم:" استعدوا واعدوا وبعد ذلك الاجتماع دعا عمر بن الخطاب رضي الله عنه وجوه الصحابة وأهل الرأي وهم رجال الدولة واقطابها وأجمع الكثيرون على أن لا يسير الخليفة بنفسه بل عليه أن ينتدب غيره لقيادة الجيش وأن يبقى هو في المدينة. وأشاروا عليه بانتداب سعد بن أبي وقاص وقال (إنه الأسد عاديا) فأقرت القيادة لجند العراق إلى القائد سعد بن أبي وقاص.

الموقف الخاص:

سار سعد بجيشه حسب تعليمات الخليفة حتى وصل زرود (هي رمال بين المدينة والكوفة وتبعد عن الكوفة نحو ٥٠كم) ونزل فيها حيث تلاحقت به بعض القوات العربية وهناك جاءه نعي المثنى بن حارثة متأثراً من جراحه وقد ترك المثنى لسعد كتابا ضمنه خلاصة تجاربه في الحرب الطويلة ضد الفرس.

أتم سعد تعبئة قواته في زرود، ثم تابع الزحف وأخذ ينظم قواته استعداد لخوض المعركة. وفي هذا المكان وصلت تعليمات جديدة من الخليفة عن كيفية تنظيم الجيش إلى حظائر كل منها مؤلف من عشرة رجال وتأليف الكتائب من عدة عشرات، وقال عمر في تعليماته " بعد أن يعرف كل جندي عريفه وكل عريف قائده، وكل كتيبة رئيسها وتنتهي من التعبئة سير كتائبك وهي على أتم نظام وواعدها الاجتماع في القادسية وقد اختيرت القادسية بأن تكون قاعدة لجيش المسلمين في هذه المرحلة.

أما الفرس فقد حشدوا كل ما استطاعوا من قوة في الفترة الواقعة بين ارتداد المسلمين إلى حدود حراء وبين قدوم سعد، لأنهم أدركوا أنهم على أبواب معركة فاصلة ربما يقضي على دولتهم. وتقدر القوات التي حشدها الفرس في القادسية بمائة وعشرين ألف جندي بقيادة رستم أكبر قوادهم وأعظم رجالهم، وغادر المدائن إلى الحيرة حينما علم بسير سعد من المدينة وباستعداد العرب للحرب.

عهد يزدجرد إلى أكبر قواده وهو رستم بقيادة الجيش الفارسي وكانت عدته مائة وعشرين ألفا، معهم (٣٣) فيلا، وكانت الفيلة في ذلك الوقت أشبه بالدبابات في وقتنا هذا. فسار رستم من الحيرة حينما علم باقتراب جيش سعد وعكف يتهيأ ويعد العدة للمعركة الفاصلة. فرتب رستم جيشه وبعث على

مقدمته (الجـالينوس) في (٤٠) ألف وجعـل عـلى ميمنته (الهرمـزان) وعـلى ميسرته (مهران) بن (بهرام) الرازي وعلى مؤخرة الجـيش (البيرزن) وكان جميعهم عدة فارس من قوادها وضباطها دفعت بهم جميعهم إلى المعركة. واتخذ رستم كافة التدابير الحاسمة لتضـمن لـه النصر ـ فرتب نقاط الأخبـار للاستطلاع عـن المسلمين وكذلك فعل سعد وبقي يطلع الخليفة (عمر) عن أحوال وتطورات الموقف.

لقد وصلت سعد أوامر من الخليفة أن يرسل وفداً إلى كسرى لتبشـير الفرس ودعوتهم إلى الدخول في الإسلام، وذلك حقنا للدماء وتجنبا للحرب. أرسل سـعد إلى كسرى وجرت مفاوضات ولكن كسرى طرد الوفد. وبعـد ذلك جرت مفاوضات بـين سعد ورستم نفسه تجنبا للحرب ولكنها لم تصل إلى النجاح في مهمتها وبذلك أصبحت الحرب فهي القول الفصل بين الطرفين.

سير المعركة

لما لم تثمر الوسائل السلمية لمنع الحرب واستنفذها المسلمون أصـدر سعد انذارا إلى قادة جيشه بالتأهب للقتال وشمل الأمر كيفية ترتيب الصفوف وإضرام نار في صدور الجند وقد حث خطباء المسلمين الجيش على الصبر والثبات وبينوا لهم أجر الجهاد. وبعد تعبئة الجند صلى الناس صلاة الظهـر وبعـد ذلك بـدأ سعد في التكبير وقد اتفق مع قواد جيشه على أن تكون التكبيرة الرابعة إيذانا بابتداء القتال وعنـدما أخذ سعد في التكبير وكانت انظار المسلمين مشرئبه إليه والقلوب خافقة وعنـدما كبر التكبيرة الثالثة برز أهل النجـدات وانشبوا القتـال مع الفرس وحينما كبّر التكبيرة الرابعة حمل جيش المسلمين حملـة عامـة. وقد مـرت معركة القادسية في المراحـل التالية:

أ- **عمليات اليوم الأول**: بدأ القتال عند الظهر واستمر حيث الهزيع الأول مـن الليل وقد رجحت كفة الفرس، حيث أجفلت خيل العرب من فيلـة الفرس في ابتـداء القتال، ولم يستطيع أصحاب الخيل على ردها وبذلك تعرقلت حركاتهم، ولكـن رمـاة المسلمين سدوا جانبا من النقص، إذ انصرفوا إلى متابعـة ركاب الفيلة فقتلـوا عـددا منهم، فشردت الفيلة وعادت إلى اماكنها وخفف ذلك عن خيالة المسلمين. وقد سمي العرب هذا اليوم بيوم (آرماث) وقد أدار سعد المعركة مـن شرفة قلعتـه لأنه كان مصابا بدمامل في جسمه، وكان يوجه أوامره بواسطة أوراق صغيرة يكتبها فتبلـغ إلى قادته للعمل بموجبها.

ب- **عمليات اليوم الثاني**: في اليوم الثاني جلل العرب الإبل وبرقعوها حتى صـار شكلها غريبا وأنزلوها في الميدان فخافتها الفيلة ونفرت منهـا، لأنهـا لم تـألف هـذا المنظر، ولقي أصحابها عبئا كبيرة في السيطرة عليها وبناء عـلى أمر الخليفـة وصـل في هذا اليوم إلى المسلمين مدد من الشام عدته عشرة الآف مقاتل على رأسهم هشام بن عتبة بن أبي وقاص فاشتدت عزائم المسلمين بوصول هذا المدد وحملوا حملة صادقة ودام القتال حتى نصف الليل. وسمي ذلك اليوم بيوم (أغـواث) لأن الغـوث جاءهم فيه من الشام فافترق الفريقان وكانت الكفة الراجحة للمسلمين ومعنوياتهم عاليـة، كما كان سعد يدير المعركة من شرفة قصره.

جـ- **عمليات اليوم الثالث**: استؤنف القتال ضحى اليوم الثالث بحملة شـديدة من المسلمين آملين إنهاء أمر الفرس، فقابلهم هـؤلاء بحملـة مثلهـا لأنهـم ادركـوا أن انهزامهم يعني فناءهم ثم ظهر بعض الفـدائيين العرب وصـوبوا رمـاحهم إلى عيـون الفيلة وأدخلوها فيها، فبدأت الفيلة بالارتداد مذعورة فأوقعت الأضطراب والـذعر في صفوف الفرس واندفع العرب بحملة قوية

واستمر القتال طول الليل وكان كل جانب يرجو الفوز والنصر ـ وسمي هذا اليوم بيوم (عماس).

د- **عمليات اليوم الرابع:** قام خطباء المسلمين في صباح هذا اليوم يحضون على الثبات والنصر فشدد المسلمون الحملة على جناحي الفرس وصدقوا في حملتها وعند الظهر تقهقر جناحا الفرس وثبت الفرس في القلب وكان فيه رستم وعلى رأسه راية فارس الكبرى، فحول سعد ثقل الهجوم إلى القلب وأصدر أوامر بأن تشترك قوى المسلمين كلها في الحملة على القلب فهجموا هجمة شديدة اضطرب معها جيش الفرس، وتسابق الفدائيون العرب إلى سرادق رستم الذي حاول الفرار حينما شعر بوصولهم، فلحق به (هلال بن علقمة) فقبض على رستم وقتله ثم صعد سريره وقال: (لقد قتلت رستم ورب الكعبة) فهلل المسلمون وكبروا وتضاعفت معنوياتهم فإندفعوا بحملتهم بكل حماس فولى من بقي من جيش الفرس الأدبار. وغنم ضرار بن الخطاب راية الفرس وبدأت عملية المطاردة فقتل قسم من الفرس وأسر القسم الآخر. وقد قدرت خسائر المسلمين في القادسية بـ(٧٥٠٠) وقتلى الفرس أضعاف ذلك، وكان جيش سعد لا يتجاوز الـ (٤٠) ألفا والأرجح أن واقعة القادسية أنها حدثت في شهر شعبان سنة ١٤هـ(٦٣٧م).

الدروس المستفادة:

كانت خطة منازلة الفرس تعرضية من أعلى مستوى في القيادة منذ أعلن الخليفة عن التعبئة العامة في بلاد العرب والتصميم على إنهاء أمر دولة الفرس. وكان القائد العام للجيش هو الخليفة نفسه وكان يتدخل في الجيش تدخلا ظاهرا ولا يتحرك القواد إلا بأمره ولا يحاربون إلا بإذنه وكان

وهو في المدينة يدير القطاعات الإسلامية في خضم المعركة وبذلك كانت أوامر الخليفة إلى سعد واضحة وخصوصا عن أخذ الحيطة وتنظيم وتعبئة الجيش الإسلامي على أحسن ما يمكن. وبذلك حرص سعد على تنفيذ الواجب الملقى على عاتقه وهو إنهاء أمر فارس، وبذلك برز المبدأ الأول من مبادئ الحرب وهو انتخاب الهدف وبالإضافة لهذا طبق سعد المبادئ التالية:

١- التعرض والمبادرة: وضع سعد مبدأ التعرض نصب عينيه، وركز على هذا المبدأ منذ دخوله حدود العراق وأخذ بزمام المبادرة من أول المعركة حتى نهايتها. فكان جيشه هو البادئ بالهجوم دائما خلال أيام القتال.

٢- المرونة: عندما انكشف جناحا الفرس في اليوم الرابع شدد سعد على مبدأ المرونة وركّز هجومه على قلب العدو وحول ثقل المعركة إلى هذه الجهة فعرف بعقليته كقائد مكان الضربة الحاسمة في الوقت الحاسم، وقد كانت خطته وأوامره بسيطة لذا جرى تنفيذها وتحويرها لما كان يراه في المعركة وبوقت قصير. والبساطة تضمن سهولة التنفيذ وتساعد كثيرا على كسب النصر.

٣- المفاجأة: إن المرونة التي عمل بها في المعركة والبساطة في الخطة والأوامر جعلته يسبق أعدائه دوما ومفاجأتهم بصورة تعبوية حتى في أثناء احتدام المعركة. وكان إظهار شكل الإبل غريبا لتخويف الفيله في اليوم الثاني مفاجأة في التنظيم والمفاجأة من أشد العوامل تأثيرا في الحرب وأقواها إذ بها يمكن الحصول على نتائج خطيرة والفوز بالنصر.

٤- المعنويات: أولى سعد ادامة المعنويات اهتمامه فكان خطباء المسلمين يثيرون حماس الجند كل يوم قبل بدء القتال وكان لوصول المدد من الشام وغارات الفدائيين العرب على فيلة الفرس الأثر الأعظم في رفع المعنويات.

٥- الإدارة: أصدر سعد التعليمات الوافية سلفاء لنساء العرب في القادسية للعناية بالجرحى وتجهيز الطعام والماء للمقاتلين وكذلك خصص أماكن دفن الشهداء الذي كان يجري كل يوم بعد انتهاء القتال. والناحية الإدارية مهمة للغاية وينبغي أن تعطي نفس الأهمية المعطاة للعمليات فكلتا الناحيتان خطيرتان وحيويتان وبدونهما معا لا يحرز النصر.

٦- أما صفات القيادة البارزة في سعد فقد ظهرت فيه الشجاعة وخصوصا عندما كان يدير المعركة وهو مريض وكان يتصف بالعزم والتصميم لأنه كان مصمماً على كسب النصر. وكذلك اتصف سعد بالإبداع الذاتي وخصوصا في تعديل خططه وعمل الحيلة ولتخويف فيلة العدو. وبالإضافة لما تقدم كانت صفات المثابرة والثبات والكفاءة والمعرفة والحماس والنشاط لإنجاز الواجب المطلوب منه أمثلة بارزة في هذه المعركة الخالدة.

الفائدة

كانت معركة القادسية معركة تاريخية فاصلة، ثبتت أركان الامبراطورية الإسلامية كما ثبتتها موقعة بدر الكبرى في الجزيرة العربية. وقد تمَّ للمسلمين من بعد القادسية احتلال فارس والقضاء نهائيا على سلطة الأكاسرة وعظمة الدولة الفارسية ويمكن القول بأن القائد سعد بن أبي وقاص كان يعتمد على حكمته الجبارة على إيمانه الصحيح الأكيد بتنفيذ الواجب المعطى له من قبل الخليفة عمر بن الخطاب للمحافظة على المدن الإسلامية وحدود المسلمين آنذاك. لقد اعتمد سعد في تعبئة جنده وجيشه على حسن النية والتصميم القائم على هزيمة دولة الأكاسرة الطغاة، ولكن جاء الوقت

الذي قضي فيه على أسم أي خارج على الإسلام فلنأخذ من عبرة الماضي
وننتصح بأنظمة وتخطيط القادة المسلمين الذين لمعت شهرتهم في ميادين الحروب
الحاسمة وفي عنفوان الدولة الإسلامية.

معركة حطين

تمكن الصليبيين نتيجة حملاتهم المتتالية على بلاد الشام من إقامة مملكة بيت المقدس التي امتدت من لبنان شمالا حتى العقبة جنوبا يتبعها الامارات التالية: كونتية الرّها، إمارة أنطاكية، إمارة طرابلس، وهكذا أصبح لهم عددا من الإمارات تتبع مملكة بيت المقدس منتشرة بشكل عام على الساحل السوري بأكمله فاصلة بذلك المشرق العربي عن غربيه ومسيطرة على عقد المواصلات التجارية الهامة في ملتقى قارات العالم القديم.

لم يتمكن الصليبيون رغم قوتهم وعددهم وضعف المسلمين وتفرقهم لم يتمكنوا من احتلال المناطق الداخلية لبلاد الشام رغم محاولاتهم المتكررة - مثل دمشق وحلب وحمص وحماة. لكنهم تحكموا في المنطقة بأسرها وأخذوا يهددون الديار المقدسة الإسلامية في الحجاز، تمثل ذلك بغارات اسطولهم في البحر الأحمر على الموانئ الحجازية. كذلك اتجهوا نحو مصر وحاولوا مرارا احتلالها ومع أنهم باءوا بالفشل إلا أنهم أرغموها على فتح أبوابها التجارية واستخدام موانئها وفرضهم للجزية والأتاوه.

أمام هذا الخطر الداهم وأمام الأعمال البربرية التي ارتكبتها قوات الصليبيين استيقظ الوطن العربي بعد سبات عميق وطويل واستهوت الشباب الإسلامي آنذاك صفات الفروسية الشجاعة لدى فرسان الفرنج لكنها فروسية من نوع آخر أكثر اصالة من تلك المقلدة، اعتمدت روح الفروسية الاسلامية على عشرة خصال هي: التقوى،والشجاعة، ورقة الشمائل، والصبر، ومراعاة الجوار، والمروءة،والكرم، وحسن الضيافة، ومساعدة النساء، والوفاء بالعهد.

وبهذا النوع من الفروسية أخذ الوطن العربي يستعد لتطهير أجزائه المغتصبة من الظالمين والتصدي لأي حملات صليبية قد ترسلها أوروبا.

اليقظة

في عام ١١٢٧ ظهر عماد الدين زنكي حاكم الموصل وأخذ يدعو إلى توحيد كلمة المسلمين ضد اعدائهم، وقد استولى على حلب وحمص وحماة وحران وضمها إلى ملكه. هاجم بعد ذلك كونتية (إمارة الرها) واستردها إلى حياض المسلمين.

قاد المسيرة بعده ابنه نور الدين حاكم حلب وانتزع دمشق من حاكمها السلجوقي وأغار على امارتي طرابلس وانطاكية. في تلك الأثناء وصلت الدولة الفاطمية في مصر إلى مرحلة الضعف والانحلال نتيجة للانقسامات الداخلية والصراع على الحكم وتهديد الصليبيين المستمر لها. فجهز جيشا بقيادة (أسد الدين شيركو) وسيره نحو مصر بعد تسلمه رسالة استغاثه من الخليفة الفاطمي(العاضد) على إثر قرار الصليبيين احتلال مصر عام ١١٦٨م.

اصطحب أسد الدين ابن اخيه صلاح الدين- هو يوسف صلاح الدين بن نجم الدين أيوب ينتمي إلى أسرة كردية. ولد في تكريت التي كان والده حاكما لها- وكان عمره آنذاك ٣١ عاما، وصلاح الدين يعتبر من أفذاذ القادة العظام في التاريخ.

تمكن شيركو وصلاح الدين من صد الغزو الصليبي عن مصر- واستلم الأول منصب الوزير للخليفة (العاضد) وبعد شهرين تسلم هذا المنصب صلاح الدين بعد وفاة عمه أسد الدين.

بعد أن استتبت اليه الأمور وقرر بناء دولة قوية في مصر تابعة لنـور الـدين في الشام لاستكمال الطوق حول المملكة الصليبية فقـد حـاول ملـك القدس وامبراطور بيزنطيه تـدمير هـذه القـوة قبـل أن يقـوى عضـدها إلا أن حملتهم فشلت وتـدمر اسطولها في دمياط.

التعرض الأول:

قوى موقف صلاح الدين بعد انتصاره في دمياط وأخذ يعد العدة للفتح الأكبر فقام بعدد من الحملات استهدفت تطهيـر المنـاطق التـي تفصل الشام عـن مصـر، فحاصر قلعة الداروم –جنوبي غزة عام ١١٧٠ ولم يتمكن من احتلالها فتوجه إلى ميناء العقبة ونجح في احتلاله ثم تحول إلى حصني الشوبك والكرك المنيعين والمسـيطرين على الطرق الموصله بالحجاز ومصر إلا أنه لم يتمكن من احتلالهما.

وفي عام ١١٧١ الغى صلاح الدين الخلافة الفاطمية وحل اسم الخليفة العباسي (المستضيء) وكان في خطب الجمعة بناء على أوامـر نـور الـدين. في عـام ١١٧٢ ضـم صلاح الدين بلاد النوبة لمصر بواسطة أخيه (نوران شاه) الذي ضم اليمن أيضا بعـد ذلك.

أعلن صلاح الدين اسـتقلال مصـر بعـد وفـاة نـور الـدين عـام ١١٧٤م بسـبب انقسام الدولة الزنكية، وقرر توحيد البلاد العربية أولا قبل الدخول في معـارك فاصـلة مع الصليبيين، فتوجه إلى دمشق واحتلها ثم اتبع ذلك بحمص وحماة واستحصل على موافقة الخليفة العباسي بتمليكه الشام ومصر والنوبة وغربي الجزيرة العربية.

عاد في عام ١١٧٧ إلى مصر لتهديد الصليبيين لمصر تحرك بعدها شمالا مستهدفا عسقلان ثم اللد والرملة ثم نابلس إلا أن الصليبيين انتصروا عليه بقيادة(بلود وين الرابع) في معركة تل الصافية انتصارا باهرا نجا صلاح الدين منها باعجوبة.

وفي عام ١١٧٨م خاض صلاح الدين معركة قرب بانياس انتصر فيها المسلمون انتصارا عظيما. كذلك في عام ١١٧٩م دارت معركة أخرى بين صلاح الدين وبلودوين قرب تل القاضي- جنوب شرق مرج عيون- كان انتصار صلاح الدين سدادا لهزيمته في معركة تل الصافية سابقة الذكر.

أغار صلاح الدين بعدها على صور وصيدا وبيروت وبيسان وجنين ودمر حصن الأحزان المنيع قرب جسر بنات يعقوب على نهر الأردن كذلك أوعز لاسطوله بالاغارة على عكا. كل هذه الضربات المتلاحقة كانت تهدف إلى استنزاف جهد العدو وادخال الرهبة الى قلبه ليتسنى له الحشد الرئيسي للمعركة الفاصلة، وقد أثر ذلك بتوقيع (بلودوين) على معاهدة صلح عام ١١٨٠م.

تحول صلاح الدين بعدها على توحيد الجبهة الداخلية وتوحيد كلمة الأمراء تطوعا أو قصرا كما حدث لأمير حلب عندما انتزع منه ولايته عام ١١٨٣م كذلك قضى على حركات التمرد في مصر والتي قام بها مؤيدو الخلافة الفاطمية فاستقرت له بذلك الأمور وأخذ يتهيأ ليوم الفصل.

في بدأية عام ١١٨٢م غادر صلاح الدين مصر ليستقر في دمشق قريبا من ساحة العمليات المنتظرة. وفي شهر تموز جدد نشاط عملياته فأرسل ابن أخيه (فرخ شاه) للإغارة على غور الأردن. ونجح هذا في الاستيلاء على بيسان ثم انضم إليه صلاح الدين وهاجما سوية حصن كوكب الهوى السيطرة على

طريق بيسان- الناصرة واشتبك جيش المسلمين بمعركة ضارية مع الفرنجة كانت الغلبة فيها للمسلمين. في نهاية تلك السنة حاصر بيروت برا وبحرا إلا أنه لم يوفق في الاستيلاء عليها.

ضم صلاح الدين في مطلع عام ١١٨٣ مدينة حلب لملكة وهكذا امتدت دولته من جبال طوروس شمالا حتى بلاد النوبة جنوبا. وفي أواخر ذلك العام تعزز موقفه تماما فكان الخليفة العباسي يؤيده وعز الدين مسعود حاكم الموصل يخافه والسلطان السلجوقي يخطب وده حتى أن الامبراطورية البيزنطية عقدت الصلح معه. وهكذا أصبحت الأمور تستتب له والظروف تهيء له القيام بدوره التاريخي العظيم.

في خضم هذه الأحداث كان لا يزال هنالك جيب للأعداء شرس يسيطر على الطريق التي تربط بلاد الشام بالحجاز ومصر، ذلك هو حصن الكرك المنيع وأميره (رينودي شاتيون) الذي يسميه العرب أرناط الذي كان شوكة في حلق صلاح الدين اذ جهز هذا الدخيل اسطولا بعد أن استولى على العقبة وبدأ يهاجم الشواطئ الحجازية مستهدفا الاستيلاء على المدينة المنورة مثوى الرسول الكريم صلى الله عليه وسلم إلا أن الملك العادل حاكم مصر وشقيق صلاح الدين فوت عليه الفرصة ورد كيده لنحره بهزيمته في معركة بحرية في البحر الأحمر. ولقد حاول صلاح الدين الاستيلاء على حصن الكرك مرتين إلا أنه لم يوفق في ذلك.[١]

في سنة ١١٨٦ وافق أتابك الموصل عز الدين مسعود على انضواء تحت لواء صلاح الدين وهكذا اصبحت اقطار مصر وسوريا والعراق والحجاز يدا واحدة لتطهير أرض الإسلام من الغاصبين. في تلك السنة مات الملك (بلودوين الخامس) وبعد صراعات على السلطة عينت (سيبل) وزوجها (غي) ملكين على

_____

[١] نويهض، صلاح الدين الأيوبي - سقوط القدس وتحريرها، ص١٧٢

بيت المقدس مما أغاظ أمير طرابلس (ريموند) فأخذ هـذا يتقرب مـن صـلاح الدين.

سارع في استعدادات صلاح الدين للمعركة الفاصلة الغارة التي شـنها الأمير أرناط امير الكرك على قافلة اسلامية كانت متجهة من مصر إلى الشام واستولى عليها كاملة وأسر حراسها، ولم يذعن للملك (غي) باطلاق سراح الأسرى بعد مكاتبة صلاح الدين له بهذا الخصوص. حدث ذلك في أوائل عام ١١٨٧م.

الاستعداد للمعركة

على أثر غارة أرناط أخـذ صـلاح الـدين يسـتعد للقـاء الرئيس وأعلـن التعبئـة العامة، وأرسل إلى قادته وحكامه طالبا تجهيز وارسال القوا ت اللازمة لخوض معركة الكرامة وقد عين منطقة (رأس الماء) الواقعة في شمال غـربي حوران منطقـة الحشد لقواته، ترك جنودا من قواته تحت قيادة ابنه (الأفضل) وسار هـو عـلى رأس قـوة إلى بصرى لحماية قافلة الحجاج القادمة من الحجاز.

في ١١ أيـار ١١٨٧م تحـرك بقوتـه مسـتهدفا الهجـوم عـلى حصـن الكرك منعـا لتدخل ارناط ضد القوات القادمة للتحتشد من مصر فاحبط مسعاه وباءت بالفشل.

كان صلاح الدين حريصا على عملياته على مستوى محدود حتى يحـين موعـد يوم الفصل فأوعز إلى حاكم حلب بمهادنة (بوهيموند) أمير أنطاكية، كما أنه كـما سبق أمن حياد أمير طرابلس، مؤقتا على الأقل.

في ربيع ١١٨٧م قرر صلاح الدين ارسال قوة لاستطلاع قوة واستعداد الصليبيين في منطقة عكا أحد الموانئ الرئيسية على المتوسط وعين (مظفر الدين كوكبري) حاكم الرها قائدا على تلك القوة، ولكي يختبر صدق حياد (ريموند) أمير طرابلس طلب منه السماح لمرور تلك القوة من أراضي الجليل فسمح هذا ممتعظا. تصدى لهذه القوة قائد فرسان الداوية الصليبي (جيرار دي ريدفورد) بعد أن جمع معه قوة من فرسان الاسبتارية والتقى بمظفر الدين في منطقة صفورية، اسفرت المعركة - معركة صفورية عن هزيمة منكرة بقوات الفرنج ونجا جيرار بأعجوبة، على أثر هذه المعركة خشي ريموند العاقبة وقدم الولاء للملك (غي) ونقض عهده مع صلاح الدين.

تقدّم صلاح الدين

أ-استعرض صلاح الدين قواته المتحشدة في منطقة حوران يوم الجمعة ٢٦ حزيران ١١٨٧ وقد بلغ عدد مشاته ١٣ ألف مقاتل وفرسانه ١٢ ألف، وقد قسم قوته إلى ثلاثة أقسام: القلب- تحت قيادته، الميمنة تحت قيادة ابن أخيه ٠تقي الدين) والميسرة بقيادة (مظفر الدين كوكبري).

ب-بعد أن تأكد من انجاز الاستعدادات تحرك بقواته فعسكر ليلة في خسفين ثم عبر نهر الأردن في ١ تموز وعسكر عند ثغر (الأقحوانة) جنوبي بحيرة طبريا لمدة خمسة أيام. تحرك بعدها إلى كفر سبته - تقع على بعد خمسة أميال غربي طبريا.

جـ- علم صلاح الدين بغدر ريموند فأرسل قوة لمهاجمة طبريا التي دخلتها بعد قتال ساعة من الزمن وقد احتمت زوجة ريموند مع ثلة من حرسها داخل قلعة طبريا وأرسلت للاستنجاد بزوجها.

د- كان صلاح الدين قد خطط لخوض معركته في منطقة ملائمة لاطالة خطوط قتال ومواصلات الصليبيين ولمنعهم من التعسكر بالقرب من مصادر المياه ولاخراجهم من قلاعهم وحصونهم وقتالهم في العراء لاستغلال عاملي الشجاعة والمرونة المتوفرين في قواته.

موقف الفرنجة وتحركهم

أ. وصلت أنباء عبور المسلمين لنهر الأردن إلى ملك وقادة الصليبيين في عكا فثارت ثائرتهم وقرروا التقدّم بقواتهم البالغة (٦٣) ألف مقاتل بين مشاة وفرسان إلى الشرق لدحر صلاح الدين عند طبريا وكان أقلهم حماسا(ريموند) الذي فطن لاستراتيجية صلاح الدين الاستدراجية الا أن اعتراضاته باءت بالفشل بل واتهموه قومه بالخيانة والتواطؤ مع المسلمين بل وبالجبن رغم قوة حجته وكان أشدهم انتقادا له أرناط، وجيرارد، وشاتيلون الذين نجحوا في إحباط وجهة نظره.

ب. كانت حجة أرناط أن الفصل شديد الحرارة وقبول الدفاع مؤقتا حتى انتهائه زيادة في تصعيب الأمور على صلاح الدين وتوقعه بعجز صلاح الدين من إدامة القوة الكبيرة المنضوية تحت لوائه. ومن أقواله في تلك المناقشات: أن طبرية مدينتي والكونتيس زوجتي وأنا على استعداد لأن أخسر طبريا ومن فيها على أن أدمر المملكة برمتها.

جـ كان هنالك طريقان يؤديان إلى بحيرة طبريا من الغرب: افضلهما هو الطريق المؤدي إلى الشمال الشرقي عبر جبال الجليل الذي ينحدر في نهايته من الشمال للجنوب نحو مدينة طبريا بميل واحد والثاني كان يمر عبر العنبرة بالقرب من معسكر صلاح الدين في كفر سبته.

د. قرر الملك اتباع الطريق الأول تحاشيا للاصطدام المباشر بالمسلمين وللوصول للمياه. وقد بـدأت حـركتهم مـن صفورية في ٣ تمـوز وكـان اليـوم شـديد الحـر. قاد المقدمة (ريموند) والملك (غي لازنجان) الجسم الرئيسي أمـا أرنـاط وبالين فقـد عينـا على حرس المؤخرة.

المعركة:

حال علم صلاح الدين بالطريق التي سـلكتها قـوات الصليبين تحـرك بالقسـم الأكبر من قواته عبر التلال شمالا لمسافة خمسة أميال ليحول بين العدو والمـاء واتخـذ مواضعه قرب قرية (حطين) التي تقع على بدء الطريق بـالهبوط نحـو بحـيرة طبريا وحيث تتوفر المياه والمراعي، وقد ترك قسما بسيطا مـن قواتـه لإدامـة الحصار عـلى قلعة طبريا.

لم يكد جيش الفرنجة يصل لمنتصف الطريق حتى أخذ الرجال والخيول يعانون من شدة العطش وأخذت دوريات المسلمين تهاجم مقدمة ومؤخرة جيشهم بالسهام على شكل غارات سريعة متحاشية الاصطدام الرئيسي بهـم. وعنـد ظهر يوم الخميس ٣ تموز ١١٨٧ وصل جيش الفرنجة إلى الهضبة الكائنة فـوق حطين التي ترتفع عن البحر (٣٠٠) مـتر وتحوي قمتين ارتفاعهما (١٠٠) قدم تسميان بقرون حطين.

ما أن شاهد الفرنجة معسكر المسلمين حتـى توقفـوا لتـدارس أمـرهم فنصح بعضهم بالهجوم فورا والوصول للبحيرة ونصح البعض الآخر بالتوقف لاستئناف القتال في اليوم التالي ونجح اصحاب الرأي الثاني وقد أثلج ذلك صدر صلاح الـدين واستبشر ـ خيراً وأمر بحرق الأعشاب والأشواك المحيطه بالتل لزيادة عطش الأعداء مما كـان لـه أسوأ العواقب عليهم من عطش وهلاك.

ما أن حل الظلام حتى حرك صلاح الدين قواته للإحاطة بالأعداء وتطويقهم قبل حلول الصباح. وما كاد صبح الجمعة ٤ تموز ينبلج حتى كان الطوق محكما ومع الضوء الأول بدأ المسلمون هجومهم وبدأت المعركة الرهيبة واستبسل الفرنجة إلا أنه كان استبسال اليائس الذي لا أمل له في النجاة.

استطاع قسم من فرسان الفرنجة بهجوم على قلب جيش صلاح الدين من دفع المسلمين إلى الوراء إلا أنه سرعان ما تقهقروا تحت ضربات الحق والإيمان فاعادوا الكرة مرات إلا أنهم كانوا ينكفئون على أعقابهم وفي كل مرة كان الأفضل بن صلاح الدين يصيح... هزمناهم تسرعا منه في معرفة النتائج ولكن أباه نهره وقال مشيراً إلى خيمة الملك (غي) أسكت... لا نهزمهم إلا بسقوط خيمة الملك.

استمر القتال طيلة يوم جمعة قتالا مريراً شرساً زاد في شدته لهيب شمس تموز الحارقة وخاصة على جند الفرنجة وما أن حل الظلام حتى أوقف الطرفان القتال. وبقي صلاح الدين ليله متفقدا جنده مواسياً جرحاه حتى بدأ صباح اليوم التالي بقتال بدأه مملوكه (منكورس) الذي قفز بجواده إلى قلب صفوف الأعداء يعمل بهم السيف وطالبا الشهادة فكتبت له كأروع ما تكتب لمقاتل مؤمن.

اسفرت المعركة عن هزيمة ساحقة للفرنجة وخسائر فادحة في صفوفهم إذ قتل ما يقارب الثلاثين ألفا وأسر الباقون وكان على رأس الأسرى الملك (غي) وشقيقه (جفرى) والأمير (أرناط) صاحب الكرك والأمير (أوك) صاحب جبيل وابن أمير الاسكندرونه وأمير (مرقية) وأمير الشوبك وابن أمير طبريا وقادة فرسان الهيكل (الداوية) وفرسان الاسبتارية (الهسبتاليين).

أوتي بالملك وصحبه إلى صلاح الدين الذي أحسن استقبالهم وناول بيده للملك كأس ماء علامة على الأمان ولما شرب الملك ناول الكأس إلى أرناط، فإنتبه صلاح الدين وقال للملك" أني لم أناوله الكأس، لذلك ليس له عندي أمان " فأمر بقتله لغدره وظلمه وكذلك عددا من فرسان الهيكل والاسبتارية جزاء لما اقترفوه من فظائع ضد المسلمين بذبح أطفالهم وشيوخهم تقريبا على حد اعتقادهم، وعفا عن الآخرين.

بعد انتهاء المعركة قسم صلاح الدين قواته لتحرير بقية المدن والقلاع في طول فلسطين وعرضها ومن أهم تلك الأماكن: الناصرة، قيساريا، حيفا، الفولة، جنين، البيرة، صرفند، سبسطية، يافا، صيدا، نابلس، الرملة، اللطرون، واللد محكما الخناق لاجتثاث قاعدة الوباء والطغيان في بيت المقدس الشريف.

دروس مستفادة:

تحوي معركة حطين وفترة التهيئة لها دروسا كثيرة يصعب سردها في هذا الكتاب،وفيما يلي بعض من هذه الدروس:

أ.الحشد: كل عمل عسكري يحتاج إلى حشد أقصى- ما يمكن من الطاقات المختلفة لتأمين أفضل فرص ممكنة للنجاح. تمثل الحشد في تهيئة الأمة ليوم مصيري بدأه صلاح الدين منذ استلامه مقاليد الحكم في مصر فوحد جهد البلدان التي ضمتها مملكته. كذلك تمثل في حشد القوات العسكرية الضرورية لاحراز النصر- من جميع أمصار مملكته و تجمعهم كلمة الله والاستشهاد في سبيله،فلقد اشترك جند مصر- مع جند الشام مع جند حلب ضد عدو غاشم أصابهم منه على اختلاف مذاهبهم الوان شتى من الظلم

والطغيان. تمثل هذا المبدأ في حصر عملياته على أقل جبهات ممكنة ومهادنة ومصالحة الدول المجاورة ليأمن خطرها وتدخلها في غير صالحه.

ب.التعرض والمبادأة: منذ أن تقلد صلاح الدين امرة المسلمين وهو في صراع مستمر مع الأعداء وبغارات لا تنقطع على قلاعهم وجيوشهم أينما وجدهم من مصر جنوبا حتى طوروس شمالا ولم يهدأ أو يوقف الجهاد إلا للتحضير لجهاد آخر مكمل حتى المعركة الحاسمة، بذلك لم يدع مجالا للأعداء للهدوء والاستعداد القادر على صده. كان هو البادئ في معظم عملياته وكان يتخذ جانب التعرض إلا إذا إضطر لسبب أو لآخر لإتخاذ الدفاع مؤقتا.

جـ.انتخاب الهدف وإدامته: كان الهدف الذي سعى إليه صلاح الدين هو طرد الغاصبين من مقدسات وبلاد المسلمين المحتلة وما عملياته الثانوية التي سبقت معركة حطين إلا معارك قادته في النهاية إلى تحقيق هدفه الأساسي الذي لم يحد عنه.

د. وحدة القيادة: كان موقف المسلمين موحداً يأتمرون بأمرة قائد واحد ينفذون ما يأمرهم به واثقين به بينما كان الفرنجة شيعاً وأحزاباً وخاصة في المراحل الأخيرة من التهيؤ للقتال إذ كانوا ينقسمون على أنفسهم حتى في الأمور التكتيكية على مستوى المعركة مما أوقعهم في موقف لا يحسدون عليه.

هـ. الإدارة والتزويد. كانت المياه والأرزاق وما زالت من أهم المواد التموينية للجندي في ساحة المعركة ولقد أمن صلاح الدين هاتين المادتين لجنده وحرم عدوه منهما باختياره ذلك الموقع الحساس لخوض معركته الرئيسية كما أن تلك المنطقة كانت تتوفر بها الأعشاب الجافة لإطعام الخيول والدواب.

و. الصبر وعدم التسرّع في اتخاذ القرارات: انتصر صلاح الدين في معارك سبقت حطين انتصارات باهرة قضت على قوات أعدائه فلم يغتر أو تصيبه الخيلاء والثقة الزائدة بالنفس بل كان يتراجع بعدها إلى قواعده للاستعداد من جديد وتهيئة الجو الملائم وحشد الطاقات المطلوبة للمعركة الفاصلة.

ز. الشجاعة والتسامح: إنهما صفتان ملازمتان بشكل لخاص للقادة المسلمين البارزين في التاريخ وقد تجليا كأروع مثل يحتذى في تسامح صلاح الدين مع أعدائه وتقديمه العون والمساعدة لهم رغم ما اقترفوه من حق الأمة الإسلامية من مجازر بشرية رهيبة غير مميزين بين مقاتل أو مسالم بين شيخ أو صغير ومع ذلك كما هو أرفع من أن ينفتح صدره بالغلّ الأحمق والثأر الجاهلي بل كان يتصرف كما علّمه معلّمه الأكبر سيد القادة محمد صلى الله عليه وسلم.

لدراسة أية معركة لا بد من التطرق إلى الموقف العام السائد الذي سبقها كما أن استعراض التحضيرات للمعركة والتي تشكل الجهد الأكبر المبذل أمر ضروري لاستخلاص الدروس والعبر.

على أثر وفاة سلطان مصر الملك الصالح ومقتل ولده الملك المعظم نصبت أرملة الملك الصالح (شجرة الدر) على عرش مصر، أول وآخر ملكية اسلامية اعتلت عرش مصر. عين الأمير عز الدين ابيك كبير المماليك البحرية نائبا للسلطنة لمساعدة شجرة الدر. ورغم حزم ومقدرة شجرة الدر الا أن جلوسها على العرش كامرأة لم يرق لمعظم الأمراء الذين أبوا أن يبايعونها، مما أجبرها على التزوج بالأمير عز الدين الذي نصب ملكا باسم الملك المعز. كان ذلك في أواخر ربيع الثاني عام ٦٤٨هـ(١٢٥٠م).

اغتالت شجرة الدر زوجها على أثر اعزامه الزواج بعد سبع سنوات من زواجهما، وتولى الملك المنصور (١٥ سنة) الملك بعده.

في تلك الأثناء كان العالم الإسلامي مهددا بخطرين ماحقين خطر التهديد الأوروبي(الصليبي) وخطر المغول التي ظهرت قوتهم الكاسحة في أواسط آسيا والتي تكونت من قبائل وثنية بربرية اتخذت من تدمير الحضارات وتخريب المدن وقتل البشر صنعه لها.

كان المغول يستهدفون أوروبا في حملاتهم المسعورة وهنا بذلت أوروبا وعلى راسها البابا (اينوسنت الرابع) جهودها المضنية لتوجيه الزحف المغولي إلى بلاد العرب والمسلمين تفاديا لتلك الموجات المتوحشة المتوقعة. ففي عام ١٢٤٥ميلادية أرسل البابا بعثة إلى (قراقورم) عاصمة دولة التتار لمباحثتهم في

هذا الشأن، في عام ١٢٤٨ وعندما كانت الحملة الصليبية بقيادة لويس التاسع تتحشد في قبرص تمهيدا لغزو مصر، جاءت بعثة تتارية من قبل خاقان التتار (جغطاي) للاتفاق على الخطوط النهائية لخطة غزو العالم العربي في آن واحد، وذلك لتشتيت جهد العالم الإسلامي وعزل مصر عن الجهد المشترك.

في عام ١٢٥٢م وبعد فشل لويس التاسع وهزيمته المنكرة في دمياط جدد الصليبيين محاولاتهم في غزو وتدمير العالم الإسلامي بواسطة قوة التتار - القوة الجديدة المدمرة-، اذ خرجت بعثة فرنسية من حصن عكا برئاسة رجل دين هو (جليوم ردبروك) الى التتار لمفاوضة الخان (منكوقا آن). بذلت البعثات المتكررة جهودا مضنية، حتى تكللت مساعيها الشيطانية بالنجاح ومساعدة الأقلية المسيحية (النسطورية) المغولية وأحدى زوجات (هولاكو) المسماة (دوقوز خاتون) وكان الوفد الأخير برئاسة الأمير الصليبي (هيتوم) أمير أرمينيا. كذلك نجح الوفد في تعيين القائد التتري (كتبغا) الذي اعتنق المسيحية على مذهب النسطوريين.

أمام هذه الأخطار المحدقة بالأمة الإسلامية ولحداثة سن وضعف الملك المنصور وبعد سنتين من حكمه أي في عام ١٢٥٩م أقر أهل الرأى والقيادة في مصر تسليم زمام الملك وقيادة الأمة إلى الأمير قطز باسم الملك المظفر- هو سيف الدين قطز المعزى.

استهدف الملك المظفر قطز منذ توليه السلطة حرب التتار الذين بدأوا غزوهم للبلاد الاسلامية لانقاذ مصر والبلاد العربية من خطرهم، وهذه مسؤولية تاريخية تقبلها الملك المظفر والأمة في أشد وأحلك ساعات تاريخها. بدأ أعماله بالقضاء على الأرتباك الداخلي والمنافسات على السلطة لتأسيس القاعدة المتينة القادرة على صد الغزو المدمر- الذي اعتبر من أشد غزوات الأمم فظاعة وتنكيلاً.

الغزو المغولي:

بدأ الزحف المغولي بقيادة (هولاكو) فقضى على الدولة الخوارزمية في بلاد الفرس، واتجه الى بغداد ودخلها في ٧ صفر سنة ٦٥٦هـ(١٣ شباط ١٢٥٨م). وقد نفذت قوات المغول مجزرة بشرية لا تزال على مر الأجيال مضرب الأمثال في بشاعتها وفظاعتها على امتداد اربعين يوما متواصلة، قتلوا مئات الألوف ودمروا مكاتبها ونهبوا خزائنها ونفائسها - قدر عدد القتلى من أهل بغداد بـ٨٠٠ ألف بما فيهم الخليفة العباسي وأهل بيته.

لما فرغ هولاكو من تدمير ونهب بغداد توجه قاصدا حلب وكان حاكمها آنذاك الملك الناصر. وقد حملت الأنباء هول الكارثة ووحشية التتار مما جعل الموسرين امامهم يفرون بأموالهم ومتاعهم النفيس، وقد ارسل الملك الناصر أمواله ونساءه إلى حصن الكرك.

عندما اقتربت جحافل هولاكو من حلب ظهرت تيارات انهزامية في صفوف جند الملك الناصر رهبة من بطش المغول ودعوا الى الدخول في طاعة هولاكو، إلا أن هنالك عدد كبير رفض هذا الموقف المتخاذل وعلى رأس هؤلاء كان الأمير ركن الدين (بيبرس) ولما لم ينجح هؤلاء في شحذ الهمم غادروا برئاسة بيبرس إلى مصر لتوحيد الجهد في محاربة التتار.

أرسل الملك الناصر وفدا يطلب معونة مصر، فعقد اجتماع لبحث الموقف وكان الشيخ الجليل (عز الدين بن عبد السلام) حاضرا الذي كان محور الحديث ومما قاله الشيخ" اذا طرق العدو بلاد الإسلام وجب على العالم الإسلامي قتاله، وجاز لأمرائه أن يأخذوا من الرعية ما يستعينون به على جهادهم بشرط ألا يبقى في بيت المال شيء، ويبيعوا ما لهم من الحوائص (التحف) المذهبة والآلات النفيسة، ويقتصر كل الجند على مركوبه وسلاحه

ويتساووا هم والعامه، أما أخذ الأموال من العامة مع بقاء ما في أيدي الجند من الأموال والآلات الفاخرة فلا ".

تقدم التتار إلى بلاد الجزيرة (جزيرة ابن عمر) في شمال سوريا واستولوا على (حران) و(الرها) و (ديار بكر) وكان ذلك عام ١٢٥٩م، ثم عبروا الفرات ونزلوا على حلب عام ١٢٦٠م واستولوا عليها وأحرقوا المساجد وجرت الدماء في الشوارع لكثرة من قتل فيها. قبل وصول التتار كان الملك الناصر قد رحل إلى دمشق، ولما حل بحلب ما حل رحل إلى غزة وفي نيته الالتجاء إلى مصر، إلا أنه تردد خوفا من الملك المظفر قطز ففضل العودة والاستسلام للتتار بعد أن ترك دمشق لتسقط بيد الأعداء خالية من القوات المقاتلة، وكانت معظم القوات التي معه قد ارتحلت لمصر استعدادا ليوم الثأر مع جند مصر.

استمر التتار في تقدمهم فوصلوا إلى نابلس ثم إلى الكرك وبيت المقدس ثم إلى غزة دون مقاومة تذكر حتى أصبحوا على أبواب مصر يهددونها. إلا أن هولاكو غادر سوريا فجأة بعد ان تسلم أخبار وفاة أخيه الأكبر (منكوقا آن) في الصين ويتنازع أخويه الآخرين (قوبيلاي) و(أريق بوكا) على عرش التتار.

لقد اتصفت عمليات قتال التتار بالسرعة الخاطفة (الحرب الصاعقة) التي كانت تعتمد على سرعة الحركة ومرونة التجهيز والتنظيم كذلك رافق حملاتهم حرب أعصاب يشنونها على الأقاليم الواقعة في طريقهم فتمتلئ القلوب هلعا وبالتالي تفتر مقاومتهم فيتغلب التتار عليهم بسرعة.

الموقف في مصر:

قبل مغادرة هولاكو لسوريا ارسل رسولا من رجاله يرافقه أربعون رجلا لإيصال رسالة تهديد ووعيد إلى الملك (المظفر قطز) وكانت لهجة الرسالة قاسية جدا فلما مثل الوفد بين يدي الملك وهيئته الاستشارية وتليت الرسالة أمر الملك بإعدام الرسل توسيطا (أي بضربهم بالسيف من الوسط فينقسم جسم الرجل إلى قسمين وعلقوا على أبواب القاهرة، وبذلك يكون قد خرق التقاليد المرعية والمتعارف عليها.

لقد فعل الملك قطز ذلك لأنه كان قد عقد العزم هو ورجاله المقربون على حرب التتار وكان قراره ذلك هو لانتزاع آخر أمل من نفوس المترددين والانهزاميين في احتمال رضوخ الملك إلى تهديدات هولاكو وقد تم الاعدام علنا وأمام جنده بالذات لتحقيق نفس الغاية التي رمى إليها.

بدأ الملك المظفر بعد ذلك بتهيئة الأمة للقتال وتجنيد طاقاتها وإمكاناتها لمواجهة غزاة ديار المسلمين، فأخذ يستحث الأمراء والقادة على تقديم ما لديهم والانضواء تحت لواء الجهاد مرة بالترغيب وأخرى بالترهيب وثالثة بالاحراج وهكذا استطاع حشد قوة لا يستهان بها.

نتيجة للحرب النفسية التي كان التتار ينشرونها أمامهم أخذ بعض الأمراء في التردد إلا أن موقف الملك المظفر وشحذه الهمم حالت دون نجاح المتخاذلين ومما قاله لهم " يا أمراء المسلمين... لكم زمان تأكلون أموال بيت المال، وأنتم للغزاة (بفتح الغين) كارهين، وأنا متوجه، فمن اختار الجهاد فليصحبني، ومن لم يختر فليرجع إلى بيته، فإن الله مطلع عليه، وخطيئة حريم المسلمين في رقاب المتأخرين".

لقد كان موقف الأمراء المتخاذلين مبنيا على الأهوال والحقائق التي سمعوها عن المغول فمنذ بدء غزوهم للمماليك عام ١٢١٩ وهم لا يلاقوا جيشا إلا وفتكوا به ولم يدخلوا مدينة إلا وعاثوا فيها سلبا وتدميرا وحرقا وكانوا يقتلون الأسرى من الرجال ويسبون النساء وينهبون الأموال. كل ذلك أثر على معنويات أهل مصر وقاطنيها لدرجة أن جماعات من المغاربة هربوا إلى المغرب وآخرون إلى اليمن والحجاز وبقي الباقون في وجل عظيم وخوف شديد، فكانت معنوياتهم في الحضيض ولذلك فإن موقف الملك كان حرجا للغاية.

كان المماليك هم فرسان الإسلام المحترفين في ذلك الوقت ولفسح المجال أمامهم للتدرب واتقان عملهم كان الشعب يبذل لهم الكثير من الامتيازات والعديد من الاقطاعات، لكن النفير العام الذي أطلقه الملك المظفر للغزو في سبيل الله والوطن جمع عناصر وأجناسا كثيرة ضمت العرب والعجم من الأمم الإسلامية.

وفي مجال الحشد المالي لأداءة الحملة يذكر المؤرخ(ابن اياس) ان الملك المظفر " أخذ في أسباب جمع المال، فأخذ من أهل مصر عن كل رأس من الناس ذكر وأنثى دينار اً واحدا، وأخذ من أجرة الأملاك والأوقاف شهرا واحدا، وأخذ من أغنياء الناس والتجار زكاة أموالهم معجلا، وأخذ من الترك الأهلية (غير المجندين) والتي كانت تشكل الطبقة الثرية الثلث من أموالهم، وأخذ على الغيطان والسواقي أجرة شهر، وهكذا هيأ الملك قطز أسباب النصر لمعركته المصرية.

خرج الملك المظفر قطز بجنده بعد أن استكمل حشدة إلى الريدانية ومنها إلى معسكر الصالحية (شرقي الدلتا) وكان ذلك سنة ٦٥٨هـ (١٢٦٠م)، وكان يصحبه (الملك المنصور) صاحب حماة الذي لجأ بجنده إلى مصر وكذلك أخوه (الأفضل علي). ومن الصالحية تحرك الجيش صوب غزة التي

كان التتار قد احتلوها كما مر معنا. وقد ضرب الملك المظفر المثل لجنده بالتقشف وشظف العيش أيام القتال والشدائد وليتساوى معهم كما علمنا رسولنا الأعظم عليه صلوات الله. وقد عين الأمير بيبرس قائدا لمقدمة الجيش وكانت من المصريين.

كانت جموع التتار تحتل غزة بقيادة (بيدر) ولما علم هذا بتقدم الجيش الاسلامي أخبره قائده العام (كتبغانوين) وهو تركي الجنس كان قد تنصر على مذهب النسطوريين وعينه هولاكو قائداً عاماً ونائباً له عملاً بنصيحة الصليبيين حلفائه!! والذين كانوا لا يزالون يحتلون عددا من الموانئ على ساحل المتوسط. كان(كتبغا) حينذاك في سهل البقاع بالقرب من بعلبك، وعند تسلمه رسالة (بيدر) أمره بالتثبت في غزة بعد أن انقسم رأى مستشاريه بين ملاقاة المسلمين في فلسطين وبين التراجع حتى وصول مدد كاف من هولاكو، وكان هذا أول الوهن في صفوفهم: اختلاف الآراء يؤدي إلى الضعف وتفرق الصفوف.

كان اللقاء الأول في غزة التي سرعان ما تحررت وتنفست الصعداء ورحل عنهم الأعداء شمالا ليعيدوا تنظيمهم استعدادا للمعركة الرئيسية، استمر الجيش الإسلامي يتقدمه بيبرس متخذا طريق الساحل حتى وصلوا عكا حيث التقوا ببقايا الجند الصليبيين الذين هالهم حجم الجيش الزاحف فعرضوا المساعدة على قطز بالانضمام إليه !!! إلا أنه أبى وطلب حيادهم إن كانوا صادقين.

المعركة

التقى الجيشان بالقرب من قرية (عين جالوت) تسمى (جالود) اليوم تقع بالقرب من الناصرة واصطف الجيشان متقابلين جيش ملأ الدنيا رعبا لم يهزم بعد، اسطورة من الأساطير لكنه جيش وثني دخيل، وجيش يدافع عن تراب وطنه ومقدسات دينيه يتأجج حماسا للمعركة ضد تلك الأسطورة مرحبا بقرب لقاء ربه شهيدا أو مكللاً بأكاليل العزة والكرامة. كان ذلك في ٢٥ رمضان المبارك سنة ٦٥٨هـ الموافق ٦ أيلول ١٢٦٠م.

كان التتار يحتلون تلالا مرتفعة تشرف على سهل عين جالوت فإنقضوا على جيش المسلمين بهجوم سريع وخاطف كعادتهم، وقد مكنتهم هجمتهم تلك من اختراق ميسرة جيش المسلمين وتكبدت خسائر كبيرة إلا أن هجوم قلب المسلمين المضاد بقيادة قطز المباشرة وصياحه وا اسلاماه، وا اسلاماه بعد أن القى بخوذته إلى الأرض واقتحم بنفسه صفوف الأعداء حتى رد كيد الكفر إلى نحره.

كانت قوات القلب مؤلفة من المتطوعين المجاهدين، اتباع الطرق الصوفية وغيرهم ممن خرجوا يطلبون الشهادة دفاعا عن الإسلام بايمان – شأنهم في كل زمان ومكان -، وما زال القتال بين كر وفر وقطز يقاتل ويشجع ويوجه المعركة حتى قتل جواده بسهم صبي مغولي كان قد استبقاه قطز من بين حرس الرسول الذين قتلوا في القاهرة، واستمر قطز يقاتل راجلا وممتنعا عن أخذ جواد غيره.

اشتد الموقف على التتار فلجأوا إلى التل لحمايتهم فشن المسلمين عليهم موجة هجوم ثانية قام بها هذه المرة القوة النظامية المؤلفة من المماليك التي كان قد أبقاها قطز للملمات، فمزقت شملهم وأبادت منهم خلقا كثيرا وفر

الباقون باتجاه بيسان، عندها ترجل السلطان (قطز) قبّل الأرض وصلى ركعتين شكرا لله العلي القدير الذي أعانه على هزيمة الأعداء. تماما كما فعل صلاح الدين بعد هزيمته للصليبيين في حطين. إنهما من تلاميذ محمد صلى الله عليه وسلم.

استمر الجيش الإسلامي بمطاردته لفلول المغول الذين تجمعوا في بيسان لخوض معركة ثانية إلا أن الدائرة دارت عليهم أيضا ولم ينج منهم إلا القليل.

جيء بقائد التتار (كتبغا) مكبلا بين يدي السلطان، في حين استمر بيبرس مع ثلة من شجعان المسلمين يطاردون ما تبقى من التتار في الوهاد والبوادي حتى قضى على معظمهم. أخذ كتبغا يهدد قطز بانتقام هولاكو المنتظر فما كان من الأمير جمال الدين بعد أن نفذ صبره من وقاحة ذلك المشرك إلا أن هوى بضربة سيف فصلت رأسه عن جسده كي يطاف به في مختلف أنحاء البلاد.

وهكذا مرة أخرى ينكفئ طامع جديد في الديار العربية الإسلامية على عقبيه مهزوما مدحورا وتبقى هذه البلاد تنعم وستظل بعلم الإسلام الخفاق وتظل في حياض الإسلام مهما تكالبت جند الشيطان وأغراها الفوز المؤقت.

دروس مستفادة:

أسباب النصر: معظم الحسابات ووسائل التقييم العسكري منطقيا تؤدي إلى ترجيح كفة التتار على العرب والمسلمين في معركة عين جالوت للأسباب التالية:

١.   كفاءة القادة التتار. تأتت كفاءتهم من تجارب القتال الواسعة بمقارنتها مع تجارب القادة المسلمين آنذاك.

٢. المقدرة القتالية. كان التتار يتمتعون بمقدرة قتالية فائقة سواء على المستوى الفردي أو الجماعي لطبيعة تكونهم الجسماني والبيئي.

٣. القوة المغولية أتت وهي في عنفوان مجدها قوة كاسحة مدمرة انطلقت بشكل خاطف وسريع تدمر ما في طريقها.

٤. كانت القوة المغولية تتمتع بروح معنوية عالية نظرا للانتصارات السريعة المهلكة حيث لم يهزم جيشهم في أي معركة خاضها حتى ذلك الوقت. وبالمقابل ونتيجة لتلك الانتصارات وعنف بطش تلك القوة ولحرب الاعصاب التي نشرتها أمامها كانت القوة الإسلامية ذات معنويات متدنية بسبب الخوف من تلك القوة الجارفة، اذا استثنينا عددا من القادة المسلمين آنذاك.

٥. التفوّق العددي والنوعي لجيش التتار. فقد كانت جحافلهم تفوق قوة المسلمين عدداً كما أن مستواهم التدريبي والمتأتي معظمه من التجارب العملية القتالية الطويلة، يفوق ما كان لدى المسلمين لعدم توفر الوقت الكافي.

٦. وجود التهديد الصليبي المستمر وعدم أمان خطوط مواصلات المسلمين لسيطرة الصليبيين على الساحل الفلسطيني حتى ذلك الوقت.

٧. سيطرة التتار على الأرض في منطقة المعركة قبل وصول المسلمين اليها وهذه ميّزة تكتيكية في صالح التتار، إذ تعتبر الأرض من أهل العوامل المؤثرة على العمليات العسكرية.

الأسباب التي أدت إلى انتصار المسلمين:

أ- **الروح المعنوية:** بالرغم من تأثير الخوف على قلوب معظم المقاتلين الا أن عددا من العوامل المؤثرة التي رفعت من مستوى الروح المعنوية لدى الجيش الإسلامي وهي:

(١) **الإيمان:** كان المسلمون ذوي عقيدة دينية قوية طالما كانت هي السبب الرئيسي في انتصارهم.ولإيمانهم أيضا بشرعية قتالهم دفاعا عن الدين والوطن والعرض أي أنها كانت معركة مصرية بالنسبة إليهم بينما كان المغول من ناحية أخرى وثنيين وجيش غازي لم يكن له أسباب للقتال سوى القتل والنهب والطمع بأمرو دنيوية سرعان ما تتهاوى هذه أمام العقيدة الراسخة، ودليل ذلك بلاء المتصوفين البلاء الحسن في القتال أثناء المعركة.

(٢) **وحدة الكلمة والعمل:** توحدت الجهود العسكرية لمصر وبلاد الشام تحت قيادة واحدة تأتمر بأمرها وتطيعها نحو تحقيق هدف مشترك ضد عدو مشترك ينوي القضاء على الجميع.

(٣) **القيادة الجيدة:** اتصف الملك المظفر بصفات قيادية جيدة أهمها المقدرة والشجاعة والاقدام والحماس والعدل وقد تجلى عدله بتطبيق ما أشار عليه علماء المسلمين وعلى رأسهم الشيخ العز بن عبد السلام لجمع الأموال من الجميع بعدل وبمقدار يتلاءم ومقدرات الناس ودخلهم، ومن صفاته الأخرى الصدق والأمانة وعزة النفس وكرم الأخلاق، رحمه الله.

(٤) **التعرض:** تكسب المعارك دوما بالعمليات الهجومية وما الدفاع إلا مرحلة مؤقتة للاستزادة من القوة أو لمقابلة عدو متفوّق لاستنزاف قواه بالاستفادة من حماية الأرض للمدافعين. لم يبق قطز مدافعا ضد تقدّم التتار اليه بل خرج اليهم لقتالهم بعيداً عن الأراضي المصرية ليواجه العدو الند للند

وكذلك استجابة لاستغاثة أمراء وشعوب بلاد الشام به. أما مقدرتـه التكتيكيـة فقد تجلت في إبقاء صفوة فرسانه من المماليك في الاحتياط واخفائـه لهـم بـين التلال حتى ازفت الساعة المثلى لزجهم في القتال.

(٥) **التعاون:** كـان للعـون الأمـدادي الـذي قدمتـه شـعوب المنطقـة لجـيش المسلمين الفضل الأكبر في ادامة قوتهم اداريا وموادا مما خفف العـبء الإداري كثيرا ولم يكن اعتماد المسلمين الرئيسي على قاعدتهم البعيدة مصر.

حرب ١٩٤٨

أو ما يسميه العرب النكبة وما يسميه الإسرائيليون حرب الاستقلال هي حرب حدثت في فلسطين وأدت إلى قيام دولة اليهودية وهجرة وتهجير فلسطينيين عن أرضهم.

الاستعداد للقتال.

التحضيرات الفلسطينية والعربية

في تقرير للجنة انجلو-امريكية عام ١٩٤٦ قدر حجم القوة العسكرية الصهيونية بـ٦٢٠٠٠ رجل، ولم يأت اي ذكر للقوى المسلحة الفلسطينية، وكان الفلسطينيون يتطلعون إلى جامعة دول عربية التي قامت بأول خطوة لتوفير الاحتياجات الدفاعية للفلسطينيين في أيلول ١٩٤٧ بما عرف باللجنة العسكرية الفنية، وذلك لتقييم المتطلبات الدفاعية الفلسطينية، خرج التقرير باستنتاجات تؤكد قوة الصهاينة وتؤكد انه ليس للفلسطينيين من قوى بشرية او تنظيم او سلاح او ذخيرة يوازي او يقارب ما لدى الصهاينة، وحث التقرير الدول العربية على "تعبئة كامل قوتها" فقامت الجامعة بتخصيص مبلغ مليون جنيه استرليني للجنة العمل على تحضير الخطة (دالت). وكان الغرض من هذه الخطة الاستحواذ على المناطق المعدة لاقامة الدولة اليهودية عليها.

التحضيرات الصهيونية

كانت القيادات الصهيونية قد شرعت في إعداد خطط عسكرية تفصيلية منذ مطلع عام ١٩٤٥ توقعا للمواجهة المقبلة، وفي أيار ١٩٤٦ رسمت الهاجاناة خطة اسميت بخطة أيار ١٩٤٦ فيما بعد، كانت السياسة العامة لهذه الخطة تقضي بما يسمى "الاجراءات المضادة"، والتي اشتملت على شقين:

* العمل التحذيري: تنحصر في منطقة عمليات العدو.

* العمل العقابي: لا حدود على نطاقها الجغرافي.

في اليوم التالي لقرار التقسيم بدأت الهاجاناة الفتية، وقبل اصدار قرار التقسيم حذّر اللواء اسماعيل صفوت رئيس اللجنة الفنية انه "بات من المستحيل التغلّب على القوات الصهيونية باستخدام قوات غير نظامية" وانه "ليس باستطاعة الدول العربية ان تتحمل حربا طويلة"، وبعد قرار التقسيم اجتمعت الدول العربية في القاهرة بين ٨ و ١٧ كانون ثاني ١٩٤٧ واعلنت ان تقسيم فلسطين غير قانوني وتقرر ان تضع (١٠٠٠٠) بندقية و (٣٠٠٠) آلاف متطوع (وهو ما اصبح يعرف بجيش الانقاذ) بينهم (٥٠٠) فلسطيني ومبلغ مليون جنية في تصرف اللجنة العسكرية الفنية.[١]

قـــرار التقسيم

في ٢٩ تشرين ثاني ١٩٤٧ وافقت الجمعية العامة للأمم المتحدة على قرار يوصي بتقسيم فلسطين إلى دولة يهودية ودولة عربية فلسطينية.

---

[١] بلقيز، الصراع العربي الإسرائيلي، ص١٢٥

ردود الفعل على التقسيم

بشكل عام، رحب الصهاينة بمشروع التقسيم، بينما شعر العرب والفلسطينيون بالاجحاف.

تطور الأحداث بعد قرار التقسيم

تصاعدت حدّة القتال بعد قرار التقسيم،في بدأية عام ١٩٤٨، تشكل جيش الانقاذ بقيادة فوزي القاوقجي، وبحلول كانون ثاني ١٩٤٨ كانت منظمتا الارجون وشتيرن قد لجأتا إلى استخدام السيارات المفخخة (٤ كانون ثاني، تدمير مركز الحكومة في يافا مما يسفر عن مقتل ٢٦ مدني فلسطيني) وفي آذار ١٩٤٨ يقوم المقاتلون الفلسطينيون غير نظاميين بنسف مقر الوكالة اليهودية في القدس مما يؤدي إلى مقتل (١١) يهوديا وجرح (٨٦). وفي ١٢ نيسان ١٩٤٨ تقر الجامعة العربية بزحف الجيوش العربية إلى فلسطين واللجنة السياسية تؤكد ان الجيوش لن تدخل قبل انسحاب بريطانيا المزمع في ١٥ أيار.

انتهاء الانتداب وبدء الحرب

كان الانتداب البريطاني على فلسطين ينتهي بنهاية يوم ١٤ أيار ١٩٤٨، وفي اليوم التالي أصبح إعلان قيام دولة إسرائيل ساري المفعول ومباشرة بدأت الحرب بين الكيان الجديد والدول العربية المجاورة.

في ٣ آذار عام ١٩٤٩ م أعلن انتهاء الحرب بين الجيوش العربية والعصابات الصهيونية المسلحة في فلسطين بعد قبول مجلس الأمن الدولي إسرائيل عضوا كاملا في الأمم المتحدة وقبول الدول العربية الهدنة الثانية. وكانت المعارك في

فلسطين قد بدأت في أيار ١٩٤٨ م بعد انتهاء الانتداب البريطاني على فلسطين وإعلان العصابات الصهيونية قيام دولة إسرائيل على المساحات الخاضعة لسيطرتها في فلسطين. تدفقت الجيوش العربية من مصر وسوريا والعراق وإمارة شرق الأردن على فلسطين. ففي السادس عشر من أيار ١٩٤٨م اعترف رئيس الولايات الأمريكية المتحدة (هاري ترومان) بدولة إسرائيل. ودخلت أول وحدة من القوات النظامية المصرية حدود فلسطين. وهاجمت هذه القوات مستعمرتي كفار داروم ونيريم الصهيونيتين في النقب.

وفي تلك الفتره كانت اقوى الجبهات وأهمها هي الجبهة الأردنية الأسرائيلية فقد عبرت ثلاثة ألوية تابعة للجيش الأردني نهر الأردن إلى فلسطين في ١٦-٥-١٩٤٨ ومن ثم خاض الجيش الأردني ثلاث معارك كبيرة هي:

١- باب الواد

٢- اللطرون

٣- جنين

فاستطاع الحفاظ على القدس والضفة الغربية كاملة مع انتهاء الحرب و كانت خسائر الأسرائيلين في هذه المعارك ضخمة،فقد قال رئيس الوزراء الأسرائيلي ومؤسس إسرائيل (ديفيد بن غوريون) في حزيران عام ١٩٤٨ امام الكنيست:"لقد خسرنا في معركة باب الواد وحدها امام الجيش الأردني ضعفي قتلانا في الحرب كاملة".[١]

وعلى الجبهه الشمالية استعادت القوات النظامية اللبنانية قريتي المالكية وقَدَس على الحدود اللبنانية وتحريرهما من عصابات الهاجاناة

[١] بلقيز، الصراع العربي الإسرائيلي،١٢٨

الصهيونية. واستمرت المعارك على هذا النحو حتى تدخلت القوى الدولية وفرضت عليها هدنة تتضمن حظر تزويد أي من أطراف الصراع بالأسلحة ومحاولة التوصل إلى تسوية سلمية. ولكن العصابات الصهيونية انتهزت الهدنة من أجل إعادة تجميع صفوفها والحصول على السلاح من الخارج وبخاصة من الدول الكبرى مثل بريطانيا والولايات المتحدة التي فرضت الهدنة في البداية. وعندما استؤنفت المعارك من جديد كان للصهاينة اليد العليا واتخذت المعارك مسارا مختلفا وتعرضت القوات العربية لسلسلة من الهزائم واستطاعت العصابات الصهيونية المسلحة فرض سيطرتها على مساحات واسعة من أراضي فلسطين التاريخية. وانتهت المعارك بقبول العرب الهدنة الثانية التي كانت اعترافا بالهزيمة وتدخل حرب فلسطين التاريخ العربي تحت اسم (النكبة).

تسلسل أحداث حرب ١٩٤٨

١٥ أيار ١٩٤٨:

بدأت حرب ١٩٤٨ بشكل رسمي مباشرة بعد قيام دولة إسرائيل.

◂ الإنتهاء الرسمي للانتداب البريطاني على فلسطين.

◂ إعلان قيام دولة إسرائيل يصبح نافذ المفعول.

◂ اعتراف رئيس الولايات الامريكية المتحدة ترومان بدولة إسرائيل.

◂ اول وحدة من القوات النظامية المصرية تدخل حدود فلسطين.

◂ القوات المصرية تهاجم مستعمرتي كفار داروم ونيريم في النقب.

◂ ثلاثة الوية تابعة للجيش الاردني تعبر نهر الأردن إلى فلسطين.

◂ القوات النظامية اللبنانية تستعيد قريتي المالكية وقَدَس على الحدود اللبنانية وتحررهما من قوات الهاجاناه.

◄ الهاجاناه تنسحب من مستعمرتي عطروت والنبي يعقوب، ومن مستعمرة اخرى قرب اريحا.

١٦ أيار ١٩٤٨:

◄ قوة سورية تتوجه نحو بلدة سمخ الفلسطينية (جنوب طبريا) المحتلة من قبل الهاجاناه.

◄ الهاجاناة تهاجم مدينة عكا في إطار عملية بن عامي.

◄ وصول وحدات من الجيش الأردني إلى ضواحي القدس الشمالية.

١٧ أيار ١٩٤٨:

◄ الهاجاناة تطبق خطة عملية شفيفون بهدف احتلال البلدة القديمة في القدس.

◄ عكا تسقط في يد الهاجاناه.

١٨ أيار ١٩٤٨:

◄ تحرير مدينة سمخ على يد القوات السورية وتسيطر على مستعمرتي شاعر هغولان ومسادة.

◄ وصول وحدات الجيش الاردني إلى اللطرون.

◄ تعزيز الوحدات الاردنية للحصار الذي كانت قوات الجهاد المقدس الفلسطينية تقوم به على الطريق الساحلي المؤدي إلى الأحياء اليهودية في القدس [١]

---

[١] زعيتر، القضية الفلسطينية ، ٩٧٥٥
السويدات، فلسطين تاريخ مصور، ص٢٢٥

١١ حزيران ١٩٤٨

◂ الهاجانا تدخل البلدة القديمة في القدس ولكن الجيش الأردني يخرجها بعد
ساعات في معركة باب الواد.

١٠ تموز ١٩٤٨:

◂ الدول العربية تقبل بهدنة لمدة اربعة اسابيع.

❁﴾ معركة باب الواد ﴿❁

قبل الدخول في تفاصيل المعارك في المدينة المقدسة وبالأخص معركة باب الواد يجدر بنا أن نتعرف على أهمية القدس وفلسطين بالدرجة الأولى والتي كانت وما تزال محط أنظار ومهوى أفئدة شعوب العالم، فقد شهدت أرضها حروب ومعارك دامية منذ العصور القديمة ابتداء باليونان والرومان والفتوحات الإسلامية والحروب الصليبية وانتهاءا بالقسطل واللطرون وباب الواد وحرب حزيران **وهذه الأهمية تنبع من العوامل التالية:**

أ-المكانة المقدسة التي تحظى بها فلسطين من قبل جميع أبناء الديانات السماوية الإسلامية والمسيحية واليهودية على حد سواء.

ب- الموقع الاستراتيجي الهام في شرق البحر الابيض المتوسط وقربها من أوروبا وآسيا وإفريقيا (العالم القديم) ووجود الموانئ البحرية الهامة المطلة على البحر.

جـ- قربها من قناة السويس الممر المائي الهام في الشرق الأوسط وإمكانية السيطرة أو تهديد التجاره العالمية أثناء الأزمات.

د- وقوعها في قلب العالم العربي فهي همزة الوصل بين العرب في آسيا وإخوانهم في إفريقيا.

هـ- مكانتها السياحية نظرا لتواجد الأماكن التاريخية القديمة والأثرية.

و- خصوبة أرضها الزراعية والتي تنتج غلات متعددة.

ولدى دراستنا لهذه العوامل مجتمعة يترأى لنا مدى أهمية التي تتمتع بها هذه المنطقة وأصبحت تتلهف الدول الاستعمارية لابتلاعها، وبعد الحرب الكونية الأولى، وقعت فريسة للانتداب الانجليزي مثلها مثل باقي المنطقة العربية التي وقعت تحت نفوذ الاستعمار الانجلو فرنسي وكانت نقطة البداية لتأخذ بريطانيا على عاتقها تنفيذ مشروع الوطن القومي لليهود في فلسطين. فراحت الحكومة البريطانية بالتعاون مع رجالات الوكالة اليهودية بتهيئة الظروف الملائمة لتنفيذ هذا المشروع الخبيث وعلى الفور بادرت والوكالات اليهودية بتهجير اليهود من أوروبا وأمريكا ودول العالم المختلفة إلى فلسطين وقامت باجبار السكان العرب على بيع الأراضي بالقوة تارة وبالإغراءات المالية تارة أخرى، وأنشئت المستعمرات اليهودية مثل(بتاح تكفا) قرب مدينة القدس وعمدت بريطانيا إلى تدريبهم وتسليحهم دون أخذ أي اعتبار لأهلها الشرعيين. كل هذا حدا بالعرب في فلسطين بالقيام بالثورة كثورة عام ١٩٢٩م، ١٩٣٦م.

ولكن دون جدوى، وبقيت البلاد في دوامة من الفوضى والاضطراب، مما حدا ببريطانيا بإزاحة هذا العبء على كاهل الأمم المتحدة، كما اشركت الولايات المتحدة في هذه المسؤولية وعلى أثر ذلك صدر قرار التقسيم عام ١٩٤٧م.

ونتيجة لهذه الظروف أخذ السكان بتأليف المتطوعين من فلسطين والبلاد العربية، كما تشكل جيش الانقاذ لمقاومة المحتلين.

وعلى أثر هذه الاضطرابات وعلى إثر قرار التقسيم المنوه عنه أعلاه عقد مؤتمر سياسي بعمان في الثالث والعشرين من نيسان لعام ١٩٤٨ حضره عدد كبير من وزراء الخارجية العرب والمالية والدفاع أيضا وفي الثلاثين من نفس الشهر وفي نفس المكان عقد مؤتمر عسكري عربي لتدارس الموقف في فلسطين حضره الأمين العام لجامعة الدول العربية السيد عبد الرحمن عزام ورؤساء

أركان حرب الجيوش العربية وترأس الاجتماع جلالة المغفور له بإذن اللـه الملك عبد اللـه بن الحسين وقرروا بالإجماع ما يلي:

أ- للتغلب على القوات اليهودية يتطلب ما لايقل عن ستة فرق كاملة التنظيم والسلاح وستة أسراب من الطائرات القاذفة والمقاتلة.

ب- أن تكون جميع القوات العربية التي ستخوض المعركة تحت قيادة عربية موحده ووقع الاختيار على اللواء الركن نور الدين محمود قائد القوات العراقية قائداً عاماً وجلالة الملك عبد اللـه القائد الأعلى للقوات العربية.

قوات الطرفين المشتركة في القتال:

القوات العربية

العدد	الاسم
١٥٠٠	الجيش السوري
١٠٠٠	الجيش اللبناني
١٥٠٠	الجيش العراقي وصل أثناء القتال إلى ٣٥٠٠ بعد الهدنة
٤٥٠٠	الجيش العربي الأردني
١٥٠٠	الجيش السعودي
١٠,٠٠٠	الجيش المصري (مع المتطوعين المصريين).
٢٠,٠٠٠	المجموع

وكان جيش الانقاذ حوالي (٥٠٠) مقاتل ومجموعه مع المتطوعين العرب (٢٢٨٠) ويقول المؤلف عارف العارف بأن القوات العربية المشتركة في القتال تعادل خمس القوات العربية التي ذكرها رؤساء الأركان العرب في المؤتمر العسكري بعمان.

القوات اليهودية: يقول العميد منير أبو فاضل أن حكومة الانتداب كانت قد داهمت دار الوكالة اليهودية في القدس وعثرت على أرقام تشير إلى الأعداد الحقيقية للقوات اليهودية، وأن ضابطا كبيراً من حكومة فلسطين اسمه (ك.ر) حمل تلك الأرقام إلى الفريق غلوب ووزعت على أثرها إلى الحكومات العربية وكانت على النحو التالي:

٢٠,٠٠٠	جندي مدرب تدريباً جيداً ومزودين بالسلاح الكامل
١٠,٠٠٠	دربوا جيدا ولكن لم يزودوا بالسلاح.
٣٠,٠٠٠	دربوا جزئيا ولم يزودوا بالسلاح.

المجموع ٦٠,٠٠٠ مقاتل أسمها الهاغاناة ويضاف إلى هذا العدد ٦٠٠٠ يتبعون منظمة شتيرن والآرغون والبالماخ، وقد عهد لهذه المنظمات بالأعمال التخريبية. ويقول حاكم السامرة المستر ريفس: بأن المعلومات التي جمعتها دائرة الاستخبارات البريطانية تشير إلى أن اليهود يمتلكون أسلحة ومعدات حديثه حتى أن بعضها لا يوجد مثلها لدى الجيوش العربية النظامية من ضمنها مئات محركات الدبابات الخفيفة والثقيلة والتي يمكن تركيبها في أي وقت وعدد كبير من المصفحات ومدافع كبيرة بكميات وافرة وعددا وافرا من الطائرات القاذفة والمقاتلة.[1]

ــــــــــــــــ
[1] صالح، محسن، القضية الفلسطينية، ص١٨٥

الخطة العامة لرؤساء وأركان حرب الجيوش العربية

كانت الخطة التي رسمها رؤساء الأركان العرب في اجتماع عقدوه في الزرقاء في أواخر نيسان عام ١٩٤٨ تقضي بأن تدخل الجيوش يوم الخامس عشر- من أيار لعام ١٩٤٨ وأن يزحف الجيش اللبناني من رأس الناقوره باتجاه عكا وجيش الانقاذ بقيادة فوزي القاوقجي يقوم بغارات على حيفا التي كانت بيد اليهود والجيش السوري من مرتفعات بانياس عبر جسر بنات يعقوب باتجاه صفد فالناصرة فالعفولة والجيش العراقي عن طريق جسر اللنبي باتجاه بيسان فالعفولة وبعض القطاعات الأردنية تدخل عبر جسر داميا وجسر الشيخ حسين باتجاه بيسان فشمال جنين فالعفوله فتلتقي مع القوات السورية والعراقية في العفوله وتقع باقي القطعات الأخرى من الجيش الأردني المتمركزه في باب الواد واللطرون ورام اللـه بالزحف نحو الساحل فتحتل منطقتي الخضيره وناتانيا وبذلك تشطر القوات المعادية إلى شطرين، والجيش المصري يتجه شمالا إلى رفح والعوجا ثم إلى غزة والمجدل وعسقلان وبذلك يتم شطر العدو إلى شطرين شطر محاذي للساحل والشطر الآخر في اقصى- الجنوب المسماه بالنقب، وكان على المتطوعين المصريين أن يصلوا إلى القدس من الجهة الجنوبية عن طريق الخليل وبيت لحم فتكون القدس مطوقة من الشمال والشرق والمصريين من الجنوب.

إلا أن هذه الخطة بقيت حبراً على ورق ولم تروق في عين الفريق غلوب بوصفه رئيس أركان حرب الجيش العربي وعمد إلى تغيير الخطة، وقبل دخول الجيوش العربية إلى فلسطين بـ٤٨ ساعة السوريون تحركوا من جنوب بحيرة طبريا نحو سمخ والجيش المصري توقف بالقرب من عسقلان عند أسدود والجيش العراقي عبر جسر المجامع فاحتل مشروع روتنبرغ وراح يحاصر كيشر المنيعة التحصين والجيش الأردني على ذراعين الأول عبر جسر اللنبي باتجاه

القدس وذراع آخر عبر جسر داميا باتجاه نابلس وبقي الأخير في منطقة نابلس والأول وصل إلى منطقة القدس ورام الـلـه وتتمركز فيها والجيش اللبناني بقي على الحدود ولم يحرك ساكنا، ولوحظ بأن هذا التغيير كان مقصودا وهذا ما قاله العميد منير أبو فاضل من أن غلوب باشا يهدف إلى كشف الجناح الأيسر للجيش السوري.

الموقف في القدس. كانت هذه المدينة في اضطراب دائم ومعارك الشوارع على أشدها بالإضافة إلى القلق النفسي- الذي يجتاح الفريقين فعشية جلاء القوات البريطانية،حاولت القوات المعاديه في القدس اغتنام الفرصة وقامت بمهاجمة عدة أحياء وخاصة التي يتجمع فيها أعداد من اليهود،فشنت هجوما على باب الخليل وباب المغاربة وحي النبي داود والشيخ جراح وكان المناضلون والسكان يتصدون برباطة جأش حيث كانت المعارك بين فر وكر، وفي التاسع عشر- من أيار ١٩٤٨ دخلت الكتيبة السادسه والتي تشكلت من رجال الأمن العام، وجمعت وأرسلت إلى القدس وكان يساندها عددا من مدافع عيار ستة رطل ومدافع المورتر، وكان يقودها وكيل القائد عبد الـلـه التل وتسلمت خط القتال المعتمد من البلدة القديمة حتى جبل المكبر، وما كان صبح اليوم التالي ينبلج حتى سقط باب المغاربة وأبراج السور وحي الشيخ جراح بيد العرب وعززت هذه الوحده بسريتان من الكتيبة الخامسة ووضعتا تحت تصرف الكتيبة الثانية، كما دخلت سريتان من الكتيبة الثالثة بقيادة صادق الشرع وكانت هذه القوة تحت إمرة اللفتنانت كولونيل سليد وكان بأمرة هذه القوة سرية مدرعات ومدافع الميدان.

وما كادت الساعة تدق الثامنة مساء ١٩ أيار حتى طرد اليهود من مدرسة البوليس الواقعة على جبل سكوبس وانتهت المعركة بنصر العرب

واتخذ منه نقطة ارتكاز لحركاته في شمال المدينة لأنه مشرف على طريق القدس رام الله وعلى معظم أحياء المدينة من الشمال والشرق والغرب.

الجيش يدخل فلسطين:

أ- كان الجيش مؤلف من لوائين اللواء الأول عبر جسر اللنبي وبقي في منطقة نابلس واللواء الثاني اتجه نحو القدس ورام الله وكان يقوده القائم مقام اشتون ويتألف اللواء من كتيبتين الكتيبة الثانية وتتكون من سريتي ميدان وسرية مدرعات وفصيلة مدافع مضاده للدبابات عيار ٦ رطل وقائد هذه الوحده العقيد سليد الانجليزي، والكتيبة الرابعة وقائدها الرئيس حابس المجالي ويساند هذا اللواء بطاريتي مدفعيه من عيار ٢٥ رطل مؤلفه من ثمانية مدافع وكان مهمة اللواء الثاني الدفاع عن قطاع اللطرق باب عمواس يالو وبالفعل فقد تسلم الجيش العربي هذا الواجب بعد أن انسحب المناضلون العرب وقام بهذه المهمة خير قيام وأخذت السرايا مواقعها في الأماكن المخصصه لها وتسلمت الكتيبة الثانية الواجب وأخذت مواقعها على الواجهة في ٢٤ نيسان ١٩٤٨م.

ب- وبالمقابل فقد كان قائد الكتيبة المعادية العميد ابينوفيتش اليهودي ومقره في (خلدا) ويساعده الرائد بترولف والعقيد الأمريكي (ميكي) خريج الكلية الحربية الأمريكية (West Point) والذي شغل رئيس أركان جيش الاحتلال في المانيا وقد حذر هذا اليهود من الخطر الداهم من الجيش العربي والذي يحيط بجيشهم إذا هم لم يعملوا على تقويته وقال:" إن اسرائيل

ستمحى عن وجه الأرض فى أول هجوم يقوم به الجيش العربى" فاتبع اليهود نصائحه.[1]

جـ- وباب الواد هذا ممر تاريخي يربط السهل الساحلي بجبال القدس لذا كان لزاما على العرب أن يحتفظوا بهذا الممر مفتاح المدينة المقدسة والذي لا بد لليهود منه أن يحاولوا الاستيلاء عليه وعلى ما حوله من مرتفع ليتمكنوا من انقاذ القدس والتي باتت مهددة بسبب حاجتها الماسة للمؤن والرجال ومعدات القتال والذخائر.

ولا غرابة في ذلك فقد كان هذا الممر وعلى مر الدهور من الأهمية بمكان بحيث من استولى عليه استولى على القدس ومن صمد فيه ردع كيد الغزاة الطامعين فهنا اقتتل الكنعانيين وبنى اسرائيل ومن هنا مر فراعنة مصر وقادة اليونان والرومان.

سير المعارك.

لم تكن هذه المعارك مخطط لها مسبقا، فقد كان الأردن في بداية نشأته والجيش في بداية تطويره وتقويته، لذا فقد اتخذت هذه المعارك بالنسبة لقوات في قطاع باب الواد طابعا دفاعيا فقد قامت بهذا الواجب خير قيام رغم قلة عدده إذا ما قيست بأعداد العدو. فمنذ أن أخذت قوات الجيش العربي مواقعها على الأرض حتى قامت القوات المعادية بأعمال جس النبض لمعرفة توزيعها على الطبيعة تلا ذلك قصف بالمورتر لتسجيل أهداف دفاعية وفي الليل قامت دوريات العدو بالأغارة على مواقع الجيش العربي للتأكد من ذلك.

---

[1] شريف حسين، الحرب السلام، ص٩٨

وفي الليل أيضا قامت قافلة له مسلحة بمحاولة العبور من هذا الممر للوصول الى القدس وتكررت عملية القوافل المسلحة هذه أربع ليالي متوالية وكانت تتعرض إلى نيران قوات الجيش العربي وتلحق بها الخسائر الفادحة في الأرواح والمعدات.وتمنعها بذلك من تحقيق هدفها.

وفي ٢٤ أيار عام ١٩٤٨ أخذت الكتيبة الثانية مواقعها بين يالو ومقام معاذ بـن جبل، فأثار العدو وقد قذف بفرقه كاملة من المهاجرين الأوروبيين ولكن دون جدوى وقام العدو بهجوم آخر في اليوم التالي بمحاولة انقاذ القدس وفشل أيضا واستولت قـوات الجيـش العربـي عـلى مستعمرات كفارعصيون عطاروت، النبـي يعقـوب، وعرطوف، وفي اليوم التالي زج العدو بلواء من المهاجرين وفشل أيضا فاتبعه العدو بلواء آخر يقدر بألفين إلى ثلاثة آلاف مقاتل فدمرت الطرق ونسفت الجسور وهزم العدو هزيمة نكراء مخلفا (٢٢٦) قتيلا وضعفي هـذا العـدد مـن الجرحـى واستشـهد تسعة من قوات الجيش العربي منهم ثلاثة عسكريين والباقي من المناضلين والمدنيين وقد غنمت قوات الجيش العربي عددا من البنادق والرشاشات والمورتر وعززت قوات الجيش العربي بسرية ميدان ثم اعلنت الهدنة الأولى.

وفي التاسع من تموز عام ١٩٤٨ استؤنف القتـال فقـد لـوحظ تبـدل في الوضـع وتغيرا تماما في الموقف حيث رجحت الكفة لصالح العدو فظفر الأخير باعـداد أكبر وأسـلحة أكـثر وكـان مـنهم أن شنوا هجومـا كاسـحا عـلى قـوات الجيـش العربـي في المرتفعات المحيطة وفي الصباح تمكن العدو مـن الوصـول إلى مواقع الجيـش العربـي الدفاعية وسقط البرج وأم معين وتمكنت مدرعات الجيش العربي مـن إيقاف هجـوم العدو بالقرب من حريثا رغم استخدام العدو لطائراته في اليوم التالي، كـما تمكنـت مدفعية الجيش العربي من إيقاف هجوم آخر من جهـة القبـاب وبيـت تـول وكانت خسائر العدو في هجوم شنه على بلدة

صفا (٣٣٠) قتيلا واستشهاد (١١) فردا وعشرة جرحى كما غنمت قوات الجيش العربي مصفحتين، وفي الساعة الخامسة من بعد ظهر الثامن عشر من تموز عام ١٩٤٨ اعلنت الهدنة الثانية وهنا لا بد لنا من وقفة ولو بسيطة على ماقاله دافيد بين غوريون عن خسائر اليهود في معارك باب الواد عندما خطب بأعضاء الكنيست في الحادي عشر من حزيران عام ١٩٤٩. قال " إن اليهود خسروا في باب الواد ضعفي العدد الذي خسروه في المعارك التي وقعت في جميع أنحاء فلسطين إبان تاسيس الدولة ".

نتائج المعركة:

أ-كانت خسائر العدو باهظة وتقدر بـ (٨٠٠) قتيل وضعفي هذا العدد من الجرحى.

ب-رغم سقوط المواقع الدفاعية لقوات الجيش العربي في قطاع باب الواد إلا أن الجيش استطاع من الاحتفاظ بالقدس وما تبقى من فلسطين.

جـ- استطاع العدو من تأمين الطريق المؤدية إلى القدس اليهودية.

د- تشكلت ما يسمى بدولة اسرائيل واعترفت بها الدول الكبرى وأصبحت عضوا في هيئة الأمم المتحدة وعلى حساب عرب فلسطين.

هـ-احتصل العدو على مزيد من الأراضي وأكثر مما كان مقرر له في قرار التقسيم الصادر في التاسع والعشرين من تشرين الثاني عام ١٩٤٧.

الدروس المستفادة:

أ- قوة الإراده. صمد الجيش العربي رغم قلة العـدد أمـام الأعـداد الهائلـة مـن العدو ويجدر بنا أن نستذكر ما قاله نابليون (الحرب صراع بين إرادتين).

ب-الاعتماد على النفس.

جـ- المعلومات. ضعف الاستخبارات العربية في جلب المعلومات عن العدو.

د- انعدام التنسيق والتخطيط. وظهر ذلك جليا في الخطة العامة وأثناء دخـول الجيوش العربية.

هـ -العمل على زيادة عدد الجيش وتسليحه وتطويره وبالفعل فقد تم ذلك، فعمد الأردن التي تشكيل كتائب الحرس الوطني.

و- التدريب المستمر على فنون القتال والحركات التعبوية. فقد ظهر هذا عند العدو عندما دفع بفرقه لمهاجمة قوات الجيش العربي وفشل وأتبعها بلواء ثم أتبعها بلواء ويفشل لأنهم كانوا يجلبون المهاجرين من أوروبا ويسـلم لهـم السـلاح ويزجـوا في المعركة.

﴾ حرب ١٩٦٧ ﴿

يعتبر عدوان الخامس من حزيران من أكبر الكـوارث التي لحقـت بـالعرب في تاريخهم الحديث مما أدى ذلك إلى احـتلال مسـاحات واسـعة مـن أراضي ثـلاث دول عربية (مصر، سوريا، الأردن). ويدفع العرب الآن الـثمن فادحـا في تخصيص أمـوال طائلة لإزالة آثار العدوان والاستعداد العسكري، هذا علاوة على القلق النفسي ـ الذي يعاني منه عرب الأرض المحتلة نتيجة عدم الاطمئنان على مستقبلهم ونتيجة لمعاملة اسرائيل الوحشية لهم.

ونحن نعلم أنه يبذل جهد دولي كبير بغية حل الأزمة سياسيا وإحباط العدوان بالطرق الدبلوماسية ولكن على ما يبدو أن هذه المحاولات ستبوء بالفشل رغم طول مدتها ولكن الذي يجـب أن نعلمـه هـو أن العرب مصممون على استعادة حقهم المغتصب عاجلا أو آجلا رغم المساعدات التي تقدمها الولايات المتحدة الأمريكية لإسرائيل. تحدّث العالم أجمع عن حرب الأيام الستة ووقع الهجـوم الجـوي مباغتـه وتناول جميع المطارات العربية والطائرات الجاثمة على الأرض فعطل بعضها، ودمر البعض الاخر وحرق القوات البرية غطاءها الجوي المعتـاد، ومساندتها بالطـائرات في العمليات العسكرية.

ووجهت إسرائيل ضربتها الكبرى إلى مصر أولا فدفعت بأقصى ـ السرعة قواتها المدرعة في قلب سيناء وأنهت المعركة فيها ثم حركت قواتها مـن الـداخل إلى الأردن فإنهت معركتها في ساعات وفي ساعات أخرى تم احتلال المرتفعات السورية وسـقطت الجولان فلم يبقى بد مـن وقـف إطلاق النـار. وقعـت هـذه الحـوادث والنـاس بـين مصدق ومكذب وكانت هزيمة ٥ حزيران أكبر مما يتوقعه العقل، لذلك لم يعد مجالا واسعا لسيل من التخيلات والتساؤلات.

ظلت تفاصيل كثيرة في الكتمان. تفاصيل هامة عن حقيقة وأسباب الحرب، وتكرار الهزيمة، تفاصيل بطولات فردية بقيت منسية ولم يشر إليها إلا بإشارة عابرة بطولات لم توضع وقائعها في مكان من الشرف العربي. وأن القوات العربية لم تنقصها الشجاعة بقدر ما كان ينقصها التوجيه، لم تكن هزيمة القوات العربية كجميع الهزائم التي عرفتها الحروب، لقد تلقت هذه القوات وهي محرومة من غطائها الجوي المألوف، ضربة من قوات متفوقة عليها بالعدد والعدة.

سيذكر التاريخ شجاعة القوات العربية التي دخلت المعركة في لحظات فرضت عليها فرضا بلا تردد أو اعتبار، الا إعتبار الشرف والواجب والكرامة. لقد فرض عليها القتال من غير تقدير حقيقي لقوات العدو واستعداداته وإمكاناته، وأن تاريخ الشعوب مليء بالتقلبات، بالانتصارات والهزائم، لقد هزمت القوات العربية ولكن لأسباب عديدة ومتنوعة، خارجة عن إرادتها، سنذكرها بالتفصيل في هذا الكتاب ورغم جميع الأحوال النفسية والمادية القاسية التي تعرضت لها هذه القوات فإنها لم تستسلم بالسهولة التي تصورها البعض لقد قاومت بإصرار وعناد وحسبنا في هذا العدوان أن نستمع إلى ما قاله قادة الجيش الإسرائيلي الذين اشتركوا في القتال، وحسبنا أن نقرأ عدد الضحايا الذي فاق (١٧٨٤٤) والذي هو دليل المقاومة العنيفة لا دليل الاستسلام وإلا لما ارتفع العدد إلى هذا الحد.

إن موارد العرب واتساع أراضيهم وكثرة عددهم وعراقة حضارتهم تشجعهم على الاستمرار والتصميم على استعادة كافة الحقوق والأراضي المغتصبة واعتبار أنهم خسروا معركة ولم يخسروا الحرب وبإمكان العرب هزيمة اسرائيل إذا توفر شرطان أساسيان وهما. وحدة الكلمة والتصميم على القتال ولا يتأتى ذلك إلا بعودة الأمة إلى دينها وعقيدتها الإسلامية.

أسبـاب الــحـرب:

إن أسباب الحرب كثيرة وأهمها ما يلي:

أ-رغبـة إسرائيل في التوسـع لأن الأراضي التـي اغتصبـت عـام ١٩٤٨ لا تكفـي لإنشاء دولتهم المزعومة لذلك فهي دولة عدوانية وربيبة الصهيونية والاستعمار معـا، وتريد اسرائيل تحقيق مطامعهم باحتلال الأرض وتكوين دولتهم المزعومة مـن النيل إلى الفرات لذلك أعدت نفسها بأحدث الأسلحة وحشدت أكبر عدد من المدربين عـلى القتال لتحقيق هذا المطمع.

ب-انعدام تضامن الدول العربية آنذاك ووجود مشكلات وقضايا جانبية بينهم اشغلتهم إلى حد ما عن الخطر الصهيوني منذ عام ١٩٤٨ إذ كانت هناك اختلافات في وجهات النظر والأنظمة السياسية والاقتصادية عند الدول العربية.

جـ-إخراج مصر لقوات الطوارئ الدولية في أواسط أيار ١٩٦٧ ثم إقفال مضائق تيران في وجه الملاحة الاسرائيلية بعد ذلك بأيام واعتبرت إسرائيل ذلك عمـلا عـدائيا لأنه يهدد اقتصادها واتصالاتها بالخارج عن طريق ميناء إيلات.

د- خشيت اسرائيل من جمع الشمل العربي وتزايد القوة العسكرية العربيـة فيما إذا تم ما اتفق عليه في مؤتمر القمة الأول في مطلع عام ١٩٦٤ فأرادت أن تفشل على هذا الجهد وتقضي عليه قبل أن يكتمل.

هـ- تذرعت اسرائيل بحجة واهنة في مطلع عـام ١٩٦٧ وهـو نشـاط خطير مزعوم للفدائيين مـن الأراضي السـورية إذ قامـوا بالتهديد وحشـد قوة كبيرة عـلى الحدود قدرت بـ ١٣ لواء.

و-أرادت اسرائيل أن تقضي على جيوش الدول العربية المواجهة قبل أن يقوموا بالاستعداد والهجوم عليهم كون الجيش المصري كان قسما منه منشغلا في حرب اليمن إذ أن الجيش المصري أكثر الجيوش عددا وأفضلها تسليحا.

ز-هجرة عدد كبير من يهود العالم إلى فلسطين بعد حرب عام ١٩٤٨ نتيجة للدعاية الصهيونية بأن فلسطين هي أرض الميعاد وأرض آبائهم وأجدادهم، فلم تتسع الأرض لعدد القادمين فساءت أوضاع اسرائيل وازداد عدد المهاجرين عن عدد القادمين وسادت البطالة والكساد ولما كانت القوة العسكرية في حالة جيدة وكفاءة ذاتية ودعم خارجي قوي، رأى المسؤولون الاسرائيليون استخدامها بهجوم غادر مفاجئ على العرب يلحق بهم الهزيمة ويعطي لاسرائيل ما تنشد من أراضي ومكانة يكفل لها تدفق الأموال والمهاجرين ويدعم مصالح أصدقائها ويقوي من مركزها.

ح- عدم السيطرة على الإعلام العربي إذ كانت تخرج بيانات براقة تختلف عن الحقيقة بأن العرب ستسحق اسرائيل إلى غير ذلك من البيانات.

قبل العدوان بـ٤٨ ساعة:

أكد عدد من المراقبين السياسيين أن الحكومة الفرنسية تجمعت لديها بعد إعلان حيادها معلومات خطيرة ولا يشك في صحتها وهي أن اسرائيل تعد مع امريكا عدوانا خطيرا وهو عدوان جوي ضخم ومباغت على مصر- وسوريا والأرن. وحاولت فرنسا الاتصال المباشر مع اسرائيل لكنها لم تفلح في ثني اسرائيل عن مؤامرتها مما اضطر ديغول لأن يعلن في ٢ حزيران بشكل سريع ومفاجئ وتحذير لإسرائيل بأن أسوأ شيء يمكن أن يقع هو أن تبدأ الاشتباكات

وأن الدولة التي تبدأ في استخدام الأسلحة لن تحصل على موافقة فرنسا ولـن تحصل على مساعدتها مهما كانت الأسباب التي تستند عليها.

من الذي بدأ بالحرب أولا:

إن إسرائيل بعد أن قامت بهذا العدوان البشع أنكرت أنها هـي التـي بـدأت الحرب بل وجهت التهم إلى العرب في إشعال نار الحرب، لكن هنالك صحف أجنبيـة أكدت أن اسرائيل هي التي بدأت الحرب، فقد اعترفت صحيفة الغارديان البريطانيـة بحقائق ثلاث:

أ-أن إسرائيل هي التي بدأت الحرب أولا.

ب-كشفت التواطؤ بين اسرائيل والدول الغربية الكبرى فقالت: (كانـت معظـم الدول الكبرى بعلم أن اسرائيل على وشك الهجوم قبل بدء العدوان بحـوالي ٢٤ سـاعة والدليل على ذلك أن سلاح الطيران الأمريكي سحب طائراته التدريبيـة مـن الأردن إلى تركيا).

جـ-كما اعترفت بأن الدول العربية ستكسب الحرب لو بدأت بالهجوم.

كما أن المجلة التايم قالت:أن اسرائيل بدأت بالهجوم. لأن قرار الهجوم اتخـذ في اجتماع مجلس الوزراء الإسرائيلي في الرابع مـن حزيران، فقد تمت الموافقة علـى الهجوم بستة عشر صوتا مقابل صـوتين هـما الاشـتراكيين اليساريين وهكـذا نـرى أن اسرائيل هي التي بدأت بالحرب أولا. كما وقام جونسون بالتحذير لعبد الناصر بأن لا يكون البادئ بإطلاق النار والرجاء الروسي على لسـان السـفير الـروسي ووعـدها لعبد الناصر بأن روسيا لن تقف مكتوفة الأيدي إذا اعتدت على العرب.

حوادث الحرب:

لقد بدأت إسرائيل خطتها بالهجوم على القواعد الجوية في الجمهورية العربية المتحدة واستطاعت أن تنفذ الخطة الموضوعة بحذافيرها ونجحت نجاحا مروعا أذهل العالم بأسره لما كان يتعلق من أمان مرجوه على سلاح الجو المصري. فقد بدأت العمليات بهجوم جوي كاسح على المطارات المصرية فقدرت اسرائيل في حساباتها ساعتين وخمس دقائق لمهاجمة الطائرات وكانت الحسابات دقيقة للغاية حيث كانت تخرج الطائرات الساعة ٧٫٣٠، بتوقيت اسرائيل ٨٫٣٠. بتوقيت القاهرة تكون الرؤيا فوق مناطق كثيرة من النيل والدلتا وقناة السويس واضحة حيث يزول الضباب عن هذه المناطق في ذلك الوقت من العام. وتمكنت الطائرات المعادية من تحطيم معظم المطارات في الوقت المحدد مع ما فيها من طائرات وقصف المطارات والمدارج بقنابل موقوتة حتى تسبب خسائر بشرية كثيرة.

وجهت اسرائيل الضربة الأولى للقوات المصرية في القطاع الشمالي من سيناء وعلى الوجه التالي لواءان مدرعان ولواء مظلات ولواء ميكانيكي للهجوم على العريش وبدأ الهجوم الإسرائيلي على العريش والعوجة واستمرت المعركة ٣٠ ساعة حامية ورهيبة وكانت اسرائيل تهاجم بتنسيق كامل بين اسلحتها الجوية والبرية والبحرية بينما كانت القوات المصرية تحارب بدون غطاء جوي.

سير المعارك على الجبهات

القوات البرية:

أ-الجبهة الأردنية. قال جلالة المغفور له بإذن الله الملك حسين المعظم، في كتابه عن معركة ٥ حزيران أن البطل الشهيد عبد المنعم رياض قد وصل إلى عمان يوم ١ حزيران وكان عليه أن يقود القوات الأردنية إلى جانب القوات العراقية والسعودية وكتيبتي الكوماندوز المصريتين. ولم يكن في الأردن خطة دفاعية قبل وصول رياض مساء يوم الرابع من حزيران عقد اجتماع عسكري بقيادة رياض وقال رياض (أن القوات الأردنية وعددها ٥٦ ألف لا تكفي للدفاع عن ٦٥٠كم.

وخاض الأردن معركة البطولة والشرف بفرقتين مشاة ولوائين من الدروع مع كتائب المدفعية على مختلف المسافات والأوزان، وفي صبيحة ٥ حزيران عندما أعلن نبأ تدمير المطارات المصرية، وكانت الجبهة الأردنية قد فتحت النار قبل ساعة ونصف من فتح الجبهة السورية وكانت ملحمة جنين وطولكرم والقدس ووادي التفاح غرب نابلس، وكان السلاح الابيض هو سلاح المعركة السائد الذي استمرت حتى صباح اليوم الثاني حيث تولى سلاح الجو الإسرائيلي معالجة الموقف وضرب المدينة المقدسة بالنابالم. كانت خطة الهجوم الإسرائيلية تقضي باحتلال القدس والمرتفعات المجاورة لها ثم رام الله ونابلس وتطويق الضفة الغربية وعزلها عن الضفة الشرقية وقد كلفت لهذه المهمة مجموعة القتال في المنطقة الوسطى بقيادة الجنرال (عوزي ناركيس). كما كلفت مجموعة قتال المنطقة الشمالية بقيادة الجنرال (دايفي اليعازار) باحتلال جنين وجسر دامية واكمال تطويق الضفة الغربية وكانت على الشكل التالي:

١. **مجموعة قتال ناركيس.** في أول يوم للحرب اشتبك الجيش الأردني مع هذه المجموعة وتقدم في القدس واستطاع أن يحتل جبل المكبر وتمسك به لفترة معينة ولكن فشل الجبهة المصرية وسيطرة سلاح الجو الإسرائيلي حالا دون ذلك، وفي الساعة الثانية من صباح ثاني يوم هاجم لواء مدرع من هذه المجموعة تدعمه المدفعية مرتفعات القدس فصمدت القوات الأردنية في وجه القوات الزاحفة بعناد واستغرق القتال ما يقارب أربع ساعات تمكنت القوات الاسرائيلية بعدها من احتلال المرتفعات بين القدس ورام الله ثم تابعت تقدمها واحتلت رام الله واتجهت نحو نابلس ثم جسر الملك حسين.

٢. **مجموعة القتال الشمالية:** أما مجموعة اليعازار فقد اخترقت الحدود الأردنية باتجاه جنين وقد نشبت معركة حامية بين القوات الأردنية والاسرائيلية سقط على إثرها هذه المدينة ثم تابعت قوات المجموعة تقدمها نحو نابلس واحتلتها ثم احتلت جسر دامية بمساعدة قوات ناركيس وفي الساعة الحادية عشرة من ليلة الأربعاء توقف القتال وسقطت الضفة الغربية في أيدي الصهاينة.

ب-الجبهة السورية:

١. كانت خطة الهجوم الإسرائيلية هي القيام بعملية تمويه وإلهاء، ومحاولة خرق نقاط عديدة من الجبهة السورية شمال بحيرة طبريا والتركيز في المواقع على خرق الجبهة قرب (كفر مولد) وأحداث ثغرة كافية للوصل إلى طريق بانياس- القنيطرة فالي القنيطرة من

الشمال الغربي واستثمار النجاح على يد مجموعة قتال بالهجوم جنوبي الجبهة قرب (تل كيشر)، بالتقدم نحو القنيطرة من الجنوب.

٢. تنفيذ العمليات: في اليوم الثاني من القتال (الثلاثاء ٦حزيران) قامت القوات السورية بثلاث هجمات على تل القاضي ومستعمرتي (داره،وشعاريا وشوف) كانت القوات المهاجمة محدودة ولا تتجاوز الكتيبة مع ١٥ سرية دبابات فلم يتيسر لها النجاح بعد تدخل الطيران الاسرائيلي في القتال. كانت القوات الاسرائيلية مؤلفة من ٤ ألوية مدرعة، و٣ ألوية مشاة، ولواء مظلي وكتيبة مستقلة ومفارز هندسة قتال، وجرافات مفجرة للألغام،انقسمت هذه القوات إلى ثلاث مجموعات.

(أ) مجموعة قتال شمالية أمام بانياس وتل العزيزات.

(ب) مجموعة قتال وسطى أمام كفر مولد وبحيرة طبريا.

(جـ) مجموعة قتال جنوبية أمام تل كيشر.

جـ-جبهة سيناء:

شبه جزيرة سيناء مثلثة الشكل قاعدتها البحر المتوسط، وطرفاها قناة السويس والعقبة. مساحتها ٦٥ ألف كم مربع ويبلغ عدد سكانها ٣٨ ألف نسمة مكشوفة بلا أشجار، جرت المعارك المصرية الإسرائيلية في شبه جزيرة سيناء وقطاع غزة.

كانت خطة الهجوم الإسرائيلية بما يلي:

١- خرق الخطوط الدفاعية المصرية في منطقتين هامتين منطقة رفح، العريش، ومنطقة أبو عجيلة وفتح ثغرتين فيهما لعبور القوات الإسرائيلية.

٢- القيام بعملية إحاطة لمنع القوات المصرية من الإنسحاب بعد احتلال المرتفعات المشرفة على قناة السويس من الجهة الشرقية.

٣- إبادة القوات المصرية في سيناء بعد محاصرتها بالقوات الاسرائيلية ثم إلى تأليف ثلاث مجموعات قتال كانت كما يلي:

أ-مجموعة القتال الشمالية بقيادة الجنرال(اسرائيل تال).

كانت من هذه المجموعة خرق الخطوط المصرية عند (رفح) والتقدّم نحو الغرب لاحتلال (العريش وقطع طريق التموين الرئيسية عن المواقع المصرية ثم متابعة الهجوم على الطريق الساحلي باتجاه قناة السويس وقد وضعت القيادة الإسرائيلية بتصرف تال ثلاثة ألوية مدرعة (٣٠٠) دبابة ولواء مشاة ولواء مشاة محمول. وزع الجنرال تال قواته لتنفيذ المهمة الموكولة إليه كما يلي:

- اللواء المدرع الأول: تحرك نحو خان يونس فاحتلها بعد مقاومة عنيفة وبمعاونة سلاح الجو كلفت كتيبة منه أحاطة غزة من الجنوب تسهيلا لمحاصرتها والاشتباك معها بالتعاون مع لواء المشاة المكلف بهذه المهمة. أما بقية الكتائب فتابعت هجومها باتجاه العريش حيث اصطدمت بمقاومة مصرية عنيفة في الجرادة ولم يتمكن اللواء من اقتحام المقاومة إلا بعد تدخل الطيران ولواء الاحتياط المدرع.

- اللواء المدرع الثاني: تحرك جنوبي طريق رفح العريش محاولا احاطة مواقع الدفاع المصري ومع المساندة الجوية تمكن من احتلال قسم من هذه المواقع وفي هذه الأثناء حاصر لواء مصري اللواء الثاني وكاد يفنيه عن بكرة ابيه لو لم ينجده الجنرال تال بكتيبتين من مجموعته وعندها فقط استطاع اللواء المحاصر أن يتابع تقدّمه نحو العريش بعد أن تم فك الحصار عنه.

- اللواء المدرع الثالث: قام بالمهمة الموكولة إليه وتمكن من احتلال العريش بعد مقاومة عنيفة.

- اللواء الرابع المشاة: لم يتمكن من دخول غزة يوم الثلاثاء إلا بعد مقاومة ضارية وقتال شوارع قام بها الفلسطينيون.

- لواء الاحتياط المنقول: ساهم في معركة الجرادة بعد أن عزز اللواء المدرع الأول واللواء المدرع الثاني.

ب - مجموعة القتال الوسطى بقيادة الجنرال (ابراهيم يافا). كانت مهمة هذه المجموعة التحرك باتجاه بير لهفإن لمنع قوافل التموين من الاقتراب نحو العريش وتدمير القوات المصرية لدى قيامها بعملية الانسحاب. كلف الجنرال يافا لواء مدرعا بالتحرك نحو بير لهفإن عبر منطقة رملية استغرق اجتيازها ٩ ساعات واحتل عقدة الطريق التي تؤدي إلى أبو عجيلة والعريش وهنا اصطدم اللواء المدرع بقوات مصرية كانت متوجهة نحو العريش فحال دون تنفيذ مهمتها إلا بعد أن طلب تدخل الطيران. ومن عقدة الطريق المذكورة تابعت قوات يافا تقدمها نحو بير لهفإن وأبو عجيلة وبير حسنة وتمركزت في مضيق (المتيلا) لقطع الطريق على القوات المنسحبة نحو القناة واصطدمت مع القوات المصرية في معارك دامت ٧٢ ساعة.

جـ- مجموعة القتال الجنوبية بقيادة الجنرال (اريل شارون) كانت مهمة هذه المجموعة محصورة في فتح الثغرة الثانية في منطقة أبو عجيلة ثم التقدم نحو القناة لاحتلال قعيمة ثم بير حسنة ونخل والثماوة. وضعت القيادة الإسرائيلية لتنفيذه هذه المهمة لواء مدرع، لواء مشاة، ٦ كتائب مدفعية ذاتية الحركة، مفارز من الهندسة، حرك شارون اللواء المدرع نحو أبو عجيلة ليهاجم الخط من الأمام وحرك في الوقت نفسه لواء آخر لإحاطة اليوم أنزل كتيبة شمالي أبو عجيلة ولما تم تطويق أبو عجيلة ركّز على مهاجمة مواقع المدفعية المصرية ليلا بعد أن أنار أرض المعركة وتمكّن في صباح يوم الثلاثاء من فتح ثغرة في خطوط الدفاع بمساعدة سلاح الجو الإسرائيلي صدر الأمر بالانسحاب إلى القوات المصرية فتعرضت إلى قتال مرير وتعرض قسم منها للتطويق والإبادة.

كانت اسرائيل تخشى من نمو سلاح الجو المصري باعتباره مصدر الخطر على بقائها وتوسعها ونظرا لعدم توفر العمق الاستراتيجي الذي يمكّن اسرائيل من الدفاع في إنشاء الخطوط الدفاعية المتتالية ضمن أراضيها لذا اعتمدت في الدفاع عن نفسها على سلاحها الجوي بالدرجة الأولى باعتبار أن هذا السلاح غير مقيد وآفاقه مفتوحه. ومجالات العمل فيه واسعة وانطلاقا من هذا التفكير عمدت إسرائيل إلى ما يلي:

أ-حصلت على أكبر عدد من الطائرات والمقاتلة وقاذفات القنابل.

ب-حصلت على أكبر قدر من المعلومات عن أسرار الطائرات المصرية الروسية الصنع وكيفية توزيعها على القواعد وخرائط عن هذه القواعد وأمكنة محطات الرادار ثم حصلت على خرائط عن بطاريات الصواريخ المضادة للطائرات ومواقع إنشاءها ومدى عملها.

جـ-بدأت اسرائيل الحرب بهجومها الجوي المفاجئ على القواعد الجوية في مصر في تمام الساعة (٧٤). بتوقيت اسرائيل(٨٤٥) بتوقيت القاهرة من صباح يوم الإثنين ٥ حزيران ٦٧ وهي ساعة الصفر التي هاجمت فيها الموجه الأولى من طائرات العدو أحدى عشرـ قاعدة مصرية وتمكنت الطائرات الإسرائيلية من الوصول إلى أهدافها من غير عائق سوى أربع طائرات تدريب مصرية غير مسلحة وألقت الطائرات الإسرائيلية قنابلها وزن ٥٠٠كغم على مدارج القواعد كما ألقت نوع آخر خاصا بالمدارج فرنسي الصنع ونوع آخر ذا إنفجار متأخر ينفجر بتأخير بضع ساعات وبعد الموجه الأولى بفترة قصيرة جاءت الموجه الثانية لتقذف بباقي القواعد المصرية. وتعاقبت الموجات حتى شل الطيران المصري بأكمله.

نتائج الهجوم الجوي:

لقد كانت الخسائر التي أوقعها العدو في الطائرات المصرية خسارة فادحة ولا شك وادعى العدو بعد الحرب بساعات بأنه دمر سلاح الجو المصري تدميراً كاملاً والواقع أنها فقدت ٦٥% من مجموع طائراتها ودمرت مدارج طائراتها ومحطات الرادار فأصبحت الطائرات الباقية في وضح حرج لفقدانها مراكز التوجيه وعجزها عن تمييز العدو مما حدا بقائد سلاح الجوالمصري (محمد صدقي محمود) من سحب طائراته الباقية قبل أن يفقدها بدون مقابل.

أهداف الهجوم الجوي:

لقد بدأ العدو التخطيط لهذا الهجوم منذ مدة طويلة وقد درب الطيارون الإسرائيليون تدريبا جيدا وتعاقدت اسرائيل مع طيارين اشتركوا في حرب فيتنام وجمعت كل إمكانياتها لتحقيق الأهداف التالية:

أ-لقد استهدف العدو تخريب مدارج الطائرات الرئيسية وجعلها غير صالحة لإقلاع الطائرات.

ب- تدمير أكبر عدد ممكن من الطائرات وهي جاثمة على الأرض.

جـ-ضرب منشآت القواعد العسكرية.

د-تدمير محطات الرادار الموجهة ووسائل الإنذار الجوي.

هـ-تدمير القوات المضادة للطائرات كالصواريخ.

و-تحطيم الروح المعنوية للطيارين المصريين كما صرح قائد سلاح الجو الإسرائيلي (مردخاي هود).

العوامل التي ساعدت على نجاح الهجوم الجوي المعادي

من العوامل التي ساعدت على نجاح الهجوم الجوي:

أ- سبق العدو بالهجوم.

ب-التخطيط المسبق للعملية بسنوات.

جـ-الإهمال في تدابير اليقظة والأمن.

د-ضعف وسائل الدفاع الجوي.

هـ-دور استخبارات العدو في تحديد المطارات وعدد الطائرات المتواجدة وإوقات الدوريات المقاتلة حتى حددت ساعة الصفر الجوية.

و-كفاءة قيادة العدو الجوية.

العمليات الجوية على الجبهة الأردنية من الطائرات العراقية والأردنية

مما لا شك فيه أن حرب حزيران فاجأت الأردن وهو منهمك في تنظيم سلاحه الجوي على أساس خطة الدفاع المشترك وفي الساعة ١١,٠٠ من صباح يوم الإثنين أقلعت الطائرات العراقية من قاعدتها لتنضم إلى الطائرات الأردنية وتساهم في عملياتها فقصفت القواعد الجوية الإسرائيلية في ناتانيا ثلاث مرات متتالية ودمرت ٤ طائرات إسرائيلية وهي جاثمة على الأرض وتمكنت في يومين من القيام بـ(٥٠) غارة جوية على تل ابيب وناتانيا وباعتراف إسرائيل أنه لم يفقد الطيران العراقي خلال هذه الغارة سوى طائرة واحدة. عادت الطائرات الأردنية من نوع (هوكر هنتر) سالمة إلى قواعدها وأثناء تعبئتها بالوقود وكانت الساعة ١٢,٣٠ حلقت الموجة الأولى من طائرات العدو في سماء مطار عمان فقصفت الطائرات الرابضة على أرض المطار ولم تنسحب حتى دمرت طائرات الهوكر هنتر جميعاً، وفي قاعدة المفرق أيضا شن العدو غاراته الجوية ودمر المدرج ودارت معارك جوية بين الطائرات الأردنية والإسرائيلية ودمرت طائرات سلاح الجو الأردني بعد أن قام بعدة غارات ناجحة على قواعد العدو الجوية وأحدث فيها الخسائر الفادحة.[1]

وهكذا دمر الإسرائيليون الطائرات الأردنية بالرغم من شجاعة الطياريين واستبسالهم ووضعت الأردن طياريها بتصرف سلاح الجو العراقي مع

[1] شريف حسين، الحرب والسلام، ص١١

العناصر الفنية وكان ذلك قبل انتهاء المعركة. وفور وصول الطياريين إلى قاعدة تمكن ٣ طيارين من إسقاط ٩ طائرات على الرغم من عدم وجود رادار ينذرهم ويرشدهم واستمر الطيارون الأردنيون في بذل ما في وسعهم حتى اللحظات الأخيرة من القتال.

غارات الطيران السوري:

بعد انتظار طويل ضربت الطائرات السورية بعد ظهر يوم الاثنين قاعدة مجدو في المنطقة الشمالية كما ضربت حيفا واشعلت النار في مصفاة البترول وبعدها دارت معارك جوية بين طائرات العدو- والطائرات السورية وشنت الطائرات الإسرائيلية غاراتها على القواعد السورية وعطلتها.

دور الطيران الإسرائيلي في تحطيم القوات البرية.

غير أن سلاح الجو الإسرائيلي الذي خلت له الأجواء بعد أن تحطم الطيران العربي وأصبحت القوات البرية بلا غطاء جوي فقد قام بابرز إدوار- القتال من خلال العمليات التالية:

أ-قام سلاح الجو الإسرائيلي بضرب الجسور والطرق والمنشآت العسكرية وحال دون إصلاحها فقطع خطوط المواصلات.

ب-استعمل الرشاشات في قصف التجمعات والقوات المشكوفة فضلا عن قذائف النابااليوم لإخراج الوحدات من خنادقها وحرقها.

جـ- استعمل القنابل المتفجرة والموقوتة من عيار ٢٥٠، ٥٠٠ رطل واستعمل الصواريخ أيضا.

د- حرص على أن لا تفلت أية آلية مدرعة أو آلية من الارتال المتحركة.

هـ- قام بدور مهم في تحطيم نفسية القوات والسكان وأضعف معنوياتهم.

و- كانت طائرات الهليوكبتر الإسرائيلية تتدخل لنجدة أفراد مجموعات صغيرة من العدو كلما تعرضت لمأزق.

ز- تميّز سلاح الجو الإسرائيلي بسرعة التدخّل مع كثافة الرمي.

ح- قامت الطائرات الإسرائيلية بأعمال الإخلاء ونقل الجرحى وجثث الموتى.

العمليات البحرية بين مصر وإسرائيل:

لم تقع معارك بحرية على الجبهة الأردنية والجبهة السورية، أما بالنسبة لمصر فقد وقعت معارك بحرية بينها وبين اسرائيل ليست بالمعنى الصحيح ولعل مرد ذلك إلى عدم رغبة مصر في إشراك قواتها البحرية في العمليات لسببين مهمين:

أ- رغبة مصر في أن لا تصاب بحريتها بخسائر فادحة بعد أن فقدت طيرانها وأصبحت السيطرة للطيران الإسرائيلي في أجواء المعركة.

ب- عدم تأثير التدخل المصري البحري في مجرى القتال بعد أن اندحرت القوات البرية نتيجة للضربة الجوية.

قرار الانسحاب:

رغم أنه لم يمضِ على المعركة سوى (٣٠) ساعة ورغم أن المقاومة المصرية لم تزل مستمرة فقد اصدرت القيادة العسكرية أمرها العجيب بالانسحاب إلى الضفة الغربية، فلما صدر أمر الانسحاب كانت القوات على مسرح العمليات في وضع امتن وأقوى بكثير ولا يستدعي على الإطلاق الانسحاب في حين أن حشدها في سيناء استغرق ٢١ يوما.

أسباب الانسحاب:

هناك عدة أسباب للهزيمة وهي:

١- تدمير سلاح الجو المصري أقوى الأسلحة العربية ومحط رجاء بلاده والاقطار الشقيقة في توفير الدعم الجوي الضروري في المعركة وتم ذلك بطريقة مفاجئة وتخطيط محكم إذ جاء طيران العدو في وقت واحد وغير متوقع وسط صمت لا سلكي وطيران منخفض حتى لا يكشف الرادار وبشكل شمل القواعد الجوية الهامة بعيدها وقريبها وقصفت مدارج الطائرات بقنابل موقوته حتى يتعذر إصلاحها.

٢- عدم اعتماد دول المواجهة على بديل عن سلاح الجو بأسلحة مقاومة كالصواريخ المضادة.

٣- فقدان الروح المعنوية عند الجيوش العربية عندما تدمرت القوات الجوية. فقد صدرت من مصر أوامر بالتقدّم والانسحاب ثم التقدّم كما أعلن عن سقوط القنيطرة قبل سقوطها.

٤- عدم التنسيق بين القوات العربية فمثلا يرى البعض أنه كان بالإمكان إبطال مفعول الضربة الجوية الإسرائيلية بمهاجمة مطارات اسرائيل وأهدافها وحتى طائراتها وهي عائدة من مصر دون ذخيرة ووقود زهيد وإيقاع الخسائر بإسرائيل وهذا هو رأي محمد فوزي.

٥- لم يكن بعض قادة الميدان على مستوى المسؤولية فقد-أظهرت محاكمات القاهرة بعد الهزيمة أن بعضهم لم يكن على رأس عملهم وقت المعركة كما أن الإسرائيليون اعترفوا أنه بالإمكان إيقافهم وسط سيناء وتكبيدهم الخسائر الفادحة لو أن بعض القادة المصريين تحلوا بالقدرة على التفكير المرن.

٦- كانت القوات العربية تعاني من نقص في التدريب على الأسلحة الحديثة ولا سيما سلاح الجو بينما كان سلاح الجو الإسرائيلي على مقدرة عالية كما ظهر من هجماته.

٧- عامل الدعم الخارجي لاسرائيل من قبل الدول التي تمولها كان له أكبر الأثر لتحقيق عنصر المفاجأة كالمساعدات العسكرية والفنية والمالية.

٨- نجاح الاستخبارات الإسرائيلية في جمع المعلومات وفشلها عند العرب في جلب معلومات حقيقية.

نتائج الحرب

أ- هزيمة عسكرية كبيره وسريعة للعرب مع خسائر ضخمة في المعدات والأرواح هذا بالإضافة إلى سقوط عدد كبير من الأسرى.

ب- احتلال مساحات واسعة من الأراضي العربية شملت كل من سيناء والضفة الغربية وهضبة الجولان وقطاع غزة وما تبع ذلك من آثار سيئة على العرب اقتصاديا ومعنويا.

جـ- أصبحت اسرائيل في وضع جيد وملائم وأخذت تحارب العرب حربا نفسية تدعي أن جيشها لا يهزم وكذلك أبعد عنها التهديد نتيجة للقصف المدفعي لمستعمراتها كما أصبح لها عمق دفاعي.

د- نزوح عدد كبير من اللاجئين من الأراضي المحتلة على مختلف الجبهات.

هـ- على الصعيد العالمي ظهر ما يلي:

١- أن اسرائيل ليست الدولة المسكينة كما تدُعي بل هي المعتدية.

٢- تبين للعرب أخطاء في الدعاية لأنفسهم وتقصيرهم في تكوين صداقات دولية قبل العدوان.

٣- أدى إقفال قناة السويس إلى متاعب اقتصادية لدول عديدة كانت تستفيد منها.

الدروس المستفادة

أ- **زمام المبادرة.** إن المعارك الحديثة تكون لصاحب الضربة الأولى إذ في الضربه الأولى تحصل على عنصر المفاجأة إذ أكد الخبراء السياسيين أن العرب كانوا سيكسبوا الحرب لو كانوا هم البادئين في الهجوم.

ب- **الحشد:** فقد حشد العدو وجمع طاقاته وقدم اليهود لإسرائيل من جميع البلدان والتحقوا بخدمة الجيش الإسرائيلي وقواته الاحتياطية.

جـ- **الخدعة:** استعمل العدو الخدعة في حزيران ٦٧ على سبيل المثال بتسوية دباباته بشكل يدل على أنها عربية كما أنه كان يحشد قواته في منطقة ويقوم بضربة حاسمة لمنطقة أخرى.

د- **الغطاء الجوي:** لقد زاد عدوان ٥ حزيران الاعتماد على القوة الجوية لدى الدول العربية واعتمدوا أخيرا على الدفاع الجوي أيضا.

هـ- **المرونة:** فقد تمتعت القوات الاسرائيلية بمرونة عالية واتصالات جيدة ونقل القوات من جبهة إلى جبهة أخرى.

الخلاصة:

كانت حرب ٥ حزيران عام ٦٧ من الكوارث التي لحقت بالعرب في العصر الحديث والتي أفقدتهم جزء كبير من أراضيهم وأموالهم ورجالهم وأدت إلى مشاكل عديده وأزمات سياسية واقتصادية وتشرد عدد كبير وأصبح دون وطن ولا مأوى وكما زادت في غطرسة اسرائيل وأخذت تعتبر نفسها أنه لا يوجد مثيلها وأن جيشها هو الجيش الذي لا يقهر، وكما أعطت العرب على التصميم على استعادة ما اغتصب من الأراضي وعلّمت العرب أن حشد السلاح ليس للمباهاة ولا للمفاخرة بل لاسترداد ما اغتصب:

❯❮ معركة الكرامة ❯❮

تعتبر معركة الكرامة نقطة تحول في تاريخ العرب الحديث إذ تمكنت القوات الأردنية المسلحة وفصائل المقاومة من إلحاق هزيمة ساحقة بالقوات الاسرائيلية يوم ٢١ آذار ١٩٦٧ وحطمت بذلك أسطورة الجيش الإسرائيلي الذي لا يقهر، وترك العدو الإسرائيلي ولأول مرة في تاريخه قسما من آليات وقتلاه على أرض المعركة وقد غنمتها القوات الأردنية.

الموقف العام قبل معركة الكرامة:

لم يتمكن العدو من تحقيق أية مكاسب في حرب حزيران ٦٧ وعجز عن فرض الاستسلام على العرب، لذلك فقد واصل العدو اعتداءاته المتكررة على القوات الأردنية بغية تحقيق التسوية التي يفرضها ولم تكن معركة الكرامة مجرد عملية انتقام من الأردن بسبب المقاومة التي تصاعدت وإنما كان هدف العدو الرئيسي- هو احتلال المرتفعات الشرقية للسيطرة على الأردن وفرض التسوية عليه، ولقد بدأ العدو يقوم بهجومات صغيرة وتحرشات على طول الحدود الأردنية، فقد قام بعدوان على مخيم غور نمرين وذلك يوم ١٩٦٨/١/٢٥، كما قام بعدوان واسع على طول الجبهة يوم ٨ شباط، كما قام العدو بعدوان آخر يوم ١١ شباط وقد هدف العدو من وراء هذه الاعتداءات إخلاء منطقة الأغوار من السكان المدنيين، وذلك من أجل تعطيل الحياة الاقتصادية في الأغوار وضرب الأردن في اقتصاده الذي يعتمد بصورة كبيرة على الثروة الزراعية في الأغوار.[1]

---

[1] معركة الكرامة، معن أبو نوار، ص٢٢-٢٤

الاستعداد للمعركة:

لم يغفل الأردن عن الموقف المتوتر على الحدود والاعتداءات المتكررة، وقد كانت الاستخبارات العسكرية الأردنية تتابع تطورات الموقف العسكري على طول خط اطلاق النار، ففي يوم ١٥ شباط قدم مدير الاستخبارات العسكرية ملخصا للموقف على الوجه الآتي:

أ. الاعتداءات في ١/٢٥، ١/٢٨، ٢/١١ بالإضافة إلى:[١]

١- العمليات الصغيرة، الكشف المستمر.

٢- النشاط المتزايد، ازدياد قواته على طول الحدود.

ب. استنتاجات مدير الاستخبارات العسكرية:

١- اعتداء محلي.

٢- قصف جوي ومدفعي يليه هجوم واسع على المرتفعات.

ج. التوصيات:[٢]

١- اليقظة والحيطة.

٢- متابعة النشاط وتمرير المعلومات وإيصالها إلى رئاسة الأركان.

د. قوات الجيش العربي هي نفس القوات قبل حزيران مع نقص الرجال والأسلحة التي خسرها في حزيران.

هـ. لم تصل الجيش العربي قطعة سلاح واحدة.

و. كل ما هنالك إعادة تنظيم لما بقي لدى الجيش العربي. " هذا وقد استخدم الجيش العربي أقصى طاقة وأعلى جهد وفوق ذلك الإيمان بالله وقيادةجلالة المغفور له بإذن الله

---

[١] معركة الكرامة، معن أبو نوار، ص٤٢

[٢] م.ن، ص٤٥

الملك الحسين رحمه الله ومعدن رجالنا وأصالتهم ". ولقد كان الأردن يقظا في تلك الأيام بحيث لم يكن الجندي ينام إلا الوقت القليل.

بداية المعركة:

بدأت المعركة في الساعة ٥,٣ من صباح يوم ٢١ آذار ١٩٦٨ واستمرت ست عشر ساعة قتال مرير على طول الجبهة من جسر الأمير محمد وحتى غور الصافي وقد تبين من مجرى الحوادث أن العدو أراد الاقتحام على أربعة محاور رئيسية تؤدي جميعها إلى المرتفعات الشرقية وهي:

أ-**محور العارضة**: ويأتي من جسر الأمير محمد (داميا) إلى العارضة إلى السلط.

ب- **محور وادي شعيب**: ويأتي من جسر الملك حسين (اللنبي) سابقا إلى الشونة الجنوبية إلى الطريق الرئيسي المحاذي لوادي شعيب السلط.

جـ-**محور سويمة**: ويأتي من جسر الأمير عبد الله إلى غور الرامة إلى ناعور إلى عمان على الطريق الرئيسي القدس وعمان.

د- **محور الصافي**: ويأتي من جنوب البحر الميت إلى غور الصافي إلى الطريق الرئيسي حتى الكرك.[١]

وقد ثبت أن العدو استخدم كل محور من هذه المحاور مجموعة قتال مكونة من المشاة المنقولة بنصف مجنزرات والدبابات تساندها المدفعية

[١] معركة الكرامة، معن أبو نوار، ص٥٨

المتحركة ومع كل مجموعة اسلحتها المساندة من رشاشات ٥٠٠ ومدافع ١٦ ملم ومدافع الهاون كما قام العدو بهبوط مظلي منقول بطائرات هليوكبتر على قرية الكرامة وعلى غور الصافي كل ذلك في وقت متقارب وبخط واحد وعملية هجوم واحدة.

قتال محور العارضة

في الساعة ٦،١٠ دفع العدو كتيبة دبابات وكتيبة مشاة آلية نصف مجنزرة عبر النهر وشاغلتها مدفعيت الجيش واشتبكت معها قوات حجاب الجيش العربي في قتال عنيف قريب وكانت معركة عنيفة واستطاع العدو أن يندفع عبر النهر بعد قتال عنيف جدا. حاول التقدّم نحو مثلث المصري وكان هدفه واضحا وهو اختراق مواقعنا والتقدّم عن طريق العارضة إلى مرتفعات السلط، لم يحقق العدو أكثر من الوصول إلى مثلث العارضة للأسباب التالية:

- قام مشاة الجيش العربي بدور فعال وعظيم على هذا المحور.

- قامت دروع الجيش العربي بعمل رائع ودمرت معظم القوة التي وصلت إلى مثلث المصري.

- قامت مدفعيات الجيش العربي بدور فعال واشترك مع الدروع والمشاة في تحطيم وتدمير دروع العدو وردته خاسرا دون أن يحرز أي تقدم على هذا المحور

قتال محور وادي شعيب:

تقدّم العدو على هذا المحور متجها إلى الشرق نحو الشونة الجنوبية بهجوم رئيسي يقدر بلوائين مدرعين تساندهما المدفعية الثقيلة وقبل أن يصل الهجوم إلى الشونة الجنوبية انفصلت عنه مجموعتا قتال من الدروع والمشاة المنقولة اتجهت مجموعة منها نحو الكرامة شمالا والمجموعة الأخرى نحو مثلث سويمة -الرامة جنوبا.

قتال بلدة الكرامة

كانت هذه البلدة الباسلة قبل ثلاثة أسابيع من المعركة آهلة بالغالبية العظمى من سكانها وكانوا مصدر خير للأيدي العاملة في وادي الأردن الجنوبي ولكن بعد عدوان ١١ شباط نزح الغالبية العظمى من سكانها إلى المرتفعات ولم يبق من البلدة يوم المعركة إلا عدد قليل من المواطنين وقوات المقاومة الفلسطينية.

اندفع العدو إلى بلدة الكرامة من المحور الرئيسي المهاجم باتجاه بلدة الشونة الجنوبية بما يقدر بمجموعة كتيبة مختلطة من سرايا الدبابات والمشاة المنقولين بنصف مجنزرات مدرعة ومدافع (١٠٦ملم) وقبل ذلك أنزل وحدة مظليين من طائرات هليوكبتر على ضواحي بلدة الكرامة. بعد قتال عنيف بين قوات الجيش العربي وقوات العدو تمكّن من احتلال بلدة الكرامة واستمر القتال خارجها على أشده،وبقي كذلك حتى الساعة (١٤,١٠) عندما بدأ العدو الانسحاب بعد أن فشل تقدمه على بقية المحاور فشلاً ذريعا وأخذ

ينسحب عنها بشكل هزيمة تحت وابـل مـن قصـف مـدفعيتنا التـي أخـذت تطارده على ذلك المحور مطاردة دقيقة وتوقع بين صفوفه خسائر فادحة.[1]

وقبل انسحاب العـدو قـام كعادتـه بتـدمير بيـوت المـدنيين ومسـجد البلـدة والعيادة الطبية والغالبية العظمى من المدارس ومركز الشرطة ودوائر البريد محاولا الانتقام الحاقد لخسائره الكبيرة التي مني بها في معركة البلـدة الباسـلة. أمـا بالنسبة للمظليين فقد تم إشغالهم بسرية دبابات وسرية مشـاة آليـة وكذلك مـن المقـاومين وكان اشتباك بالسلاح الأبيض.

أما ما أنقذ المظليين من فناء محقق هو اندفاع مجموعة كتيبة العدو المدرعـة من محور الشونة الجنوبية الرئيسي ووصلت إلى البلدة مما جعل الجيش يتصدى لها، وفـي السـاعة (٩،٤٥) تمكـن العـدو مـن احتلال البلـدة بـالمظليين ومجموعـة الكتيبـة المدرعة وبقي حتى الساعة (١٤،١) عندما بدأ العدو بالانسحاب بعد أن فشل تقدمـه على بقية المحاور فشلا ذريعاً.

قتال الرامة والكفرين

سريتي دبابات وسريتي ناقلات جنود نصف مجنزرة وعناصر إسناد أخرى.

قتال محور غور الصافي وغور فيفة

كانت قوات العدو التي اشـتركت فـي الهجـوم عـلى هـذا المحـور خلـيط مـن دبابات ومشاة منقولة ووحدة مظليين في مجموعة طائرات هليوكبتر كالتالي:

١-   الساعة (٧،٤٥) هجوم على مخفر الضحل بالطائرات.

---

[1] معركة الكرامة، معن أبو نوار، ص٩٤-٩٨.

٢- الساعة (٨,٤٥) تقدمت قوة آلية من العدو وتقدر بحوالي ٦٠ آلية مدرعة مختلفة باتجاه مخفر الضحل. دمرت المخفر بعد اشتباك عنيف كما شوهدت ٦ طائرات هيليوكبتر فوق المرصد الذي صمد حتى النهاية.

٣- الساعة (١٠,٣٠) تمكن العدو من الاقتراب من مراكز قوات الجيش العربي في غور الصافي بمجموعة دروع ومشاة منقولين، انقطع الاتصال بعد ذلك عن جميع الغور.

٤- الساعة (١٣,٠٥) وصلت معلومات عن تدمير مركز الجيش في غور الصافي وتدمير مركز الشرطة وعمارة المجلس القروي. لقد اعتمدت قوات الجيش العربي في غور الصافي وغور فيفه وجميع المواقع الأخرى على نفسها كل الاعتماد وكان القادة الصغار على مستوى المسؤولية حيث شاغلوا العدو بقتال قريب حتى آخر درجات الاحتمال مما جعل العدو يتراجع في الساعة (١٣,٠٠) معتمدا على قصف جوي شامل.

دور الدروع في المعركة:

قدرت قوات العدو على واجهة الفرقة الأولى كما يلي:

- فرقة مدرعة مؤلفة من اللواء المدرع السابع واللواء المدرع ٦٠.

- لواء مشاة محمول (٨٠).

- لواء المظليين (٣٥).

- عدة وحدات مدفعية مختلفة تقدر بخمس كتائب.

- أما لواء الدروع الأردني المساند لقوات الجيش العربي: وضعت وحدات اللواء بالإنذار الفوري تمشيا مع وضعية الفرقة الأولى.

- أعيد النظر بالتنسيق مرة أخرى مع ألوية المشاة

- جرى تفقد الوحدات وأكملت النواقص وأصبحت مستعدة تماما.[1]

سارت معركة اللواء المدرع كما خطط لها وبرهنت دروع الجيش العربي بعزم وإصرار وتصميم أنها هي الفصل في أرض المعركة وانتزعت النصر ـ رغم شدة وعنف الهجوم المدمر والغير متكافئ. لقد سجلت الوحدات المدرعة رقما قياسيا بالتضحية، ولقد وشح الاعداد بين قادة وأفراد دباباتهم بدماء زكية طاهرة.

دور المدفعية في المعركة:

١- كانت وحدات المدفعية على إطلاع تام بجميع المعلومات.

٢- كانت جميع الوحدات مستعدة، جميع المدافع معبأة وجاهزة للرمي وسددت على أهداف معينة.

٣- كان التفاهم والتعاون بين ضباط المدفعية وقادة المشاة والدروع تفاهما تاما.

٤- بدأت المدفعية بقصف نقاط عبور النهر منذ اللحظة الأولى للمعركة وقد صدر أمر الرمي حوالي الساعة (٠٥,٣٠) وبدأت الرماية بعد ذلك بدقيقة واحدة وأوقعت في طلائع هجوم العدو على جميع المحاور الثلاثة على الجسور خسائر لا يستهان بها بالرغم من ذلك تمكن العدو من اختراق قوات الحجاب على جسر داميا وجسر الملك حسين ولم يستطع

[1] معركة الكرامة، معن أبو نوار، ص١٤٥-١٤٧

م.ن: ٢٢٨

عبور النهر عند جسر سويمة ولهذا ركزت مدفعية الجيش نيرانها على قوات العدو المتقدمة على محور العارضة ومحور وادي شعيب.[1]

جلالة المغفور له بإذن الله الملك حسين المعظم يقود المعركة

عندما تطوّر القتال بسرعة في الدقائق الأولى من المعركة، ظهر واضحا أن عملية الهجوم لم تكن محدودة. قام رئيس أركان الجيش الفريق الركن عامر خماش بتمرير المعلومات الكاملة عن الموقف إلى جلالة القائد الأعلى الملك حسين رحمه الله، وكان جواب جلالته أنه يجب القتال بكل ما لدينا من طاقة لتدمير هجوم العدو. ومع أن جلالة المغفور له بإذن الله لم يذكرأنه قادم إلى غرفة العمليات إلا أن رئيس الأركان قال لأحد الضباط الذي كان قريبا منه " سيحضر جلالة سيدنا الآن كعادته" وما هي إلا دقائق حتى كان جلالته في غرفة العمليات وأطلعه رئيس الأركان على الموقف كاملا وأمر جلالة المغفور له بإذن الله الملك حسين المعظم أن تكون جميع أجهزة الدولة على استعداد تام وبقي في غرفة العمليات حتى انتهت المعركة وهو يطلع على كل صغيرة وكبيرة ويوجه بأوامر معينة عندما يجد ذلك ضروريا ولم يخرج منها إلا عندما ذهب إلى قيادة أمامية لمراقبة الموقف شخصيا. وقد أمر المغفور له بإذن الله بالقتال لآخر طلقة وآخر رجل.[2]

وجلس جلالته يكتب برقية إلى أخوانه أصحاب الجلالة والفخامة والسادة ملوك ورأساء وأمراء الدول العربية.

[1] معركة الكرامة، معن أبو نوار، ص١٠٦-١٠٧
[2] معركة الكرامة، معن أبو نوار، ص٢٧٤

نتائج المعركة:

قالت وكالة اليونايتدبرس يوم ١٩٦٨/٣/٢٩ بأن أحد المسؤولين الكبار في دولة كبرى ذكر لها " أن إسرائيـل فقـدت في هجومهـا الأخيـر علـى الأردن آليـات عسـكرية تعادل ثلاث مرات ما فقدته في حرب حزيران".

أجمعت وكالات الأنباء العالميـة مـن الأراضي المحتلـة علـى أن معركة الكرامـة أثارت عاصفة مـن الاستياء في أوساط الشعب الإسرائيلي وقامت مظاهرات صاخبة في القدس المحتلة وتل ابيب وغيرها من المـدن علـى إثر دفن (٢٥٠) قتيلا مـن ضباط وجنود.

انقطعت زيارات اليهود إلى مدن الضفة الغربية ومنعت سلطات العدو اليهود من دخول أية مدينة عربية ومنعت زيارات المـواطنين العـرب في الضفة الغربيـة إلى المنطقة المحتلة. وانتقلت موجة الاستنكار إلى الكنيست أثناء مناقشة الحكومة حـول معركة الكرامـة، وقال عضـو الكنيسـت شلوموجروسـك (يساورنا الشـك حـول عـدد الضحايا بين جنودنا) وقال توفيق طوني عضو الكنيست (لقد برهنت العمليـة مـن جديد أن حرب الأيام الستة لم تحقق شيئا ولن تحل النزاع العربي الإسرائيلي).

وقال العضو شموئيل تامير (نطالب بتشكيل لجنة برلمانيـة للتحقيـق في نتائج الحملة على الأراضي الأردنيـة لأن عـدد الضحايا أكبر نسبيا في القوات الاسرائيليـة). وقال أوري افنيري " (أن العمليـة العسكرية اثبتت أنه لا يمكننا تحقيق حـل عسكري للقضية). وهذه بعض الخسائر للعدو التي أمكن إحصائها.

خسائر الأشخاص:

- قتلى من الضباط   ١٧

- قتلى من الرتب الأخرى	٢٣٣
- جرحى من جميع الرتب	٥٤٠
- مجموع	٧٠٠ قتيل وجريح.[1]

خسائر الدبابات والآليات

- دبابة مدمرة	١١
- ناقلات جنود نصف مجنزرة	٣
- سيارة ٣ طن نقل	٢
- سيارة جيب قيادة للضباط مع أجهزتها	٣
- المجموع	٢٠

الخسائر التي شاهدتها قوات الجيش العربي مصابة ومدمرة وتمكن العدو من سحبها على جميع المحاور:

- دبابة مختلفة	٢٧
- ناقلة جنود نصف مجنزرة	١٨
- سيارة جيش مختلفة التسليح وقيادية	٢٤
- آلية أخرى ٣ طن شحن وجرارة وآليات هندسية وتجسير وغيرها	١٩
- المجموع	٨٨

---

[1] معركة الكرامة، معن أبو نوار، ص٣٠٣

سجل الخسائر الموصوفة والمشاهدة:

قتيلا	٢٥٠
جريحا	٤٥٠
دبابة وآلية بقيت في أرض المعركة	٢٠
آلية تمكن العدو من سحبها من أرض المعركة	٨٨
طائرات مقاتلة مختلفة	٧

لقد كان من نتائج معركة الكرامة هزيمة عسكرية للقوات الإسرائيلية وارتفاع من معنويات الجيوش العربية، كما أوجدت ردود فعل عنيفة داخل اسرائيل بسبب الخسائر الفادحة التي منيت بها القوات الاسرائيلية. وعندما شعر العدو بفشل خطته مبكرا في المعركة استخدم سلاحه الجوي بأعداد كبيرة قصف بها الغالبية العظمى من مواقع الجيش العربي الأمامية وقوات الحجاب على المحاور الرئيسية ومراكز القيادة والتموين وأية حركة من حركات قوات الجيش العربي على جميع هذه المحاور.

﴾ حرب رمضان ١٩٧٣ ﴿

يمكن استخلاص دروس كثيرة من هذه الحرب تتطلب كتبا لاحتوائها إن أريد بحث هذه الحرب وخلفياتها سياسيا إلا أن ذلك يتطلب دراسة تفصيلية لجميع تلك النواحي الشيء الذي يصعب تحقيقه لعدم توفر الوقت الكافي ولصعوبة الحصول على جميع الدروس المستخلصة.

بدأت هذه الحرب في الساعة الثانية من بعد ظهر يوم السبت في اليوم السادس من شهر تشرين أول عام ١٩٧٣ ميلادية المصادف للعاشر من رمضان عام ١٣٩٣هـ والذي صادف أيضا يوم الغفران(أحد أهم الأعياد اليهودية) بهجوم مصري سوري باتجاه الأراضي المحتلة والتي استولى عليها العدو خلال حرب حزيران ١٩٦٧، استمرت الحرب حتى ٢٣ تشرين أول على الواجهة السورية وحتى ٢٥ منه على الواجهة المصرية، وقد اسفرت عن إيقاع خسائر جسمية في صفوف العدو ومعداته البرية والجوية كما أسفرت عن عدم تمكين العدو من احتلال مزيد من الأرض العربية بسبب أطماعه التوسعية التي ما فتئ يعلنها في السر والعلن ولربما كان ذلك للمساومة السياسية التي توقع العدو حدوثها فيما بعد الحرب.

العدو لم يفاجأ في هذه الحرب من حيث تحشد القوات العربية وتهيئتها للقتال ولكنه تفاجأ في توقيت يبدأ القتال رغم ما إدعاه زعماؤه من مفاجآت شبه تامة تبريرا لفشلهم في بدأية القتال.

التحضير للقتال:

١-   **الجبهة السورية.**

أ.   <u>العدو</u>

١-   **الموانـــــع:** منذ نهاية حرب حزيران ١٩٦٧ بدأ العدو بتهيئة مواقع دفاعية وتحصينات على طول الواجهة السورية وأهم هذه التحصينات هي:

أ.   خندق مضاد للدبابات والآليات يمتد هذا الخندق من ملتقى خطوط وقف إطلاق النار بين سوريا والأردن وإسرائيل ويمتد مستمرا شمالا حتى سفوح جبل الشيخ ما عـدا في الأمـاكن ذات المناعـة الطبيعية كالوديان السـحيقة والتلال الحـادة. بلغ عـرض الخنـدق (٤-٦) مـتر وعمقه (٣متر) ولزيادة صعوبة اجتيـازه وضع التراب المتسخرج منـه على الجانب الغربي منه.

ب.   نقاط المراقبة الأمامية هيئت هذه النقاط بشكل قوي إذ تعتبر ملجأ ومكان قتال دفاعي حصين وقد هيئت الحماية الرأسية مـن عـدة طبقات مـن الخرسانة المسلحة والحجارة والتراب لتتحمل القصف المدفعي والجوي إلى حد ما.

ج.   مواقع دفاعية أمامية وخلفية مستندة على موانع طبيعية واصطناعية كحقول الألغام.

د.   أجهزة مراقبة وإبلاغ الكترونية حديثة.

٢- **التحشد:** رصد حشد العدو لقواته في الهضبة مـع بدايـة هـذا العـام أخذ يزداد بشكل ملحوظ خلال شهر أيلول ١٩٧٣

ب. **القوات السورية**

١- منذ بدأية عام ١٩٧٣ والقـوات السـورية تجـري تـدريبات علـى مختلـف المستويات ووصلت مرحلة تمارين الألوية والفـرق مـع نهايـة شهر آب ١٩٧٣.

٢- في بداية شهر أيلول أخذت التشكيلات السورية تحتل مواقع أماميـة كـما هي العادة سنويا (ربما كان ذلك مـن أسباب مفاجـأة العـدو بتوقيـت الهجوم).

٣- كانت القوات السورية منذ مدة كاملة التجهيز والعدد استعدادا لخـوض القتال المنوي مع القوات المصرية.

٢- **الجبهة المصرية.**

أ. **العدو:**

١. إعتمد العدو في خططه لصد أي هجوم مصري عـلى خـط موانـع منيـع سمي بخط بارليف الذي يمتد على طول القناة ما عدا في منطقة السبخات في الشمال وكان يتألف من نقاط مراقبـة وبـنفس الوقت تشكل مواقـع قتـال دفـاعي منيعـة منتشرة من الشمال للجنوب وقد بـذل العدو جهدا هندسيا كبيرا في تهيئـة هـذه المواقع المشابهة لباقي نقاط مراقبته على خطوط وقف النار الأخرى إلا أنها صممت بشكل أقوى (وصلت سماكة بعضها إلى ٣٠ قدم بطبقـات مـن الخرسانة وحجارة الجرانيت والرمل).

٢. أقام العدو سدا ترابيا على طول القناة تقريبا وعلى حافتها الشرقية لستر تحركاته ولزيادة صعوبة عبورها من قبل القوات المصرية مستقبلا. يصل إرتفاع هذا السد في بعض الأماكن إلى ٢٠ مترا وقد زرع بالألغام وزود بمواد حارقة تنساب عبر الأنابيب إلى سطح القناة لإقامة حاجزا ناريا ضد القوات العابرة.

٣. بالإضافة إلى ما سبق هيأ العدو المناطق الممتدة شرقا حتى الممرات التي تبعد بمعدل ٣٠ كم عن القناة هيأ مواقع رمي ومواقع دفاعية مسندة على حقول الألغام.

٤. ازداد حجم تحشدات العدو على الواجهة المصرية منذ أن شعر في بدأية تحشد المصريين أن خلال شهر آب وايلول.

ب-القوات المصرية:

١. تشير الدلائل إلى أن المصريين والسوريين قد خططوا لهذه العملية منذ أمد بعيد ربما في بدأية عام ١٩٧٣ وقد تمثلت نشاطاتهم خلال تلك الفترة بالتدريبات المستمرة وإجراء التجارب على عبور القناة واقتحام خط بارليف مستخدمين موانع مائية ونماذج حية للتمارين الاسرائيلية غربي القناة.

٢. اكتمل تحشد القوات المصرية منذ بداية شهر ايلول ١٩٧٣ على الضفة الغربية للقناة وكانت بحالة استعداد كامل.

وصف القتال

أولا-الجبهة السورية:

١-بدأ القتال بقصف مدفعي كثيف على طول امتداد الواجهة السورية مستهدفا تحشدات العدو ومواقعه الدفاعية وتحصيناته متبوعا بهجوم جوي قادته ثلاث فرق مشاة معززة بالدروع بهدف اختراق مواقع العدو الدفاعية وتحصيناته وتشكيل قواعد انطلاق واسعة لفرقتي الدروع وبقية التشكيلات المدرعة السورية لإستثمار الفوز باحتلال هضبة الجولان حتى نهر الأردن.

٢- فوجئ العدو بتوقيت الهجوم وليس بالتحضيرات التي سبقته مما سهل على القوات السورية الاندفاع في عمق الأرض المحتلة مسافات وصلت في أقصاها حتى (١٢) كيلو متر بالرغم من أن بعض الفرق لم تتمكن من إحراز مثل هذه الاختراقات بسبب مناعة التحصينات الاسرائيلية أولا للمقاومة العنيفة التي قابلتها بها القوات المعادية الاسرائيلية.

٣- نظرا للمفاجأة التوقيتية التي أصابت العدو اقتصرت عمليته على الدفاع والتراجع قتالا والقيام بعمليات صد الاختراقات السورية خلال اليومين الأوليين للحرب. تمكّن العدو خلالهما من حشد قطعات مدرعة إضافية زج بها في المعركة في عمليات هجوم معاكس مستهدفا هدفين رئيسيين هما القنيطرة وتل الفرس.

٤- استطاع العدو خلال عمليات رصد الاختراق والهجمات المعاكسة انزال خسائر كبيرة بين القوات السورية وخاصة بالدبابات رغم الخسائر الكبيرة التي مني بها والتي كادت أن تؤدي إلى هزيمته لو استمر الاندفاع السوري بنفس العنف الذي بدأ به.

٥- أعطى العدو منذ اليوم الثالث للقتال الأفضلية الأولى للجبهة السورية لأسباب عدة سترد فيما بعد مما جعله يزج بقوات إضافية أخرى واستخدام سلاحه الجوي بكثافة ضد الأهداف العسكرية والاقتصادية السورية إلا أنه مني بخسائر فادحة بسبب شبكة الصواريخ المضادة للطائرات التي انشأها السوريون قبل القتال.

٦- تحول الجيش الاسرائيلي لمرحلة التعرض بعد أن منيت القوات بخسائر بالمعدات كبيرة وتمكن من إعادة احتلال الهضبة والوصول إلى خط وقف إطلاق النار عام ١٩٦٧ ثم تجاوزه على محور القنيطرة /دمشق.ربما بهدف الاندفاع نحو دمشق لتصبح تحت تهديد أسلحته الأرضية إلا أن القوات السورية في منطقة سعسع دافعت ببسالة مما جعل العدو باعتقادنا أن يغير هدفه الأول باحتلال منطقة تصلح للدفاع داخل الأراضي السورية للمساومة سياسيا في المستقبل وقد تمكن من احتلال جزء من الأراضي السورية على جانبي محور القنيطرة –دمشق تمتد من جبل الشيخ في الشمال إلى تل مسحرة وتل عنتر في الجنوب الشرقي وهي منطقة بركانية محدودة المسالك صالحة للدفاع تماما في معظم أجزائها.

٧- معارك القوات الأردنية في الجولان:

حوالي الساعة ١٤,٠٠ يوم ٦ تشرين أول ١٩٧٣ وضعت القوات المسلحة الأردنية في حالة الاستعداد القصوى نتيجة لنشوب القتال بين القوات المصرية والسورية من جهة والقوات الإسرائيلية من جهة أخرى كما وأصدرت القيادة أوامرها للاستعداد لأي طارئ أو واجب يسند إلى التشكيلات مع أخذ المراكز حسب الخطة.

٨- أحرز الجيش السوري في الأيام الأولى من القتال انتصارات جيدة، إلا أن العدو بدأ يضغط بشكل ملموس على القوات السورية كونها الأكثر خطرا عليه والأقرب إلى مواصلاته وقواعده بقوات كبيرة مما اضطر الجيش السوري إلى التراجع وطلب الإمدادات من الدول العربية ومن ضمنها الأردن.

٩-وافق الأردن على ارسال قواته إلى الجبهة السورية رغم الواجب الكبير الذي كانت تشغله على الحدود مع العدو وقررت إرسال اللواء المدرع ٤٠ والذي يعتبر من أفضل التشكيلات في القوات الأردنية للمساعدة الفورية على الجبهة السورية، وحوالي الساعة ٢١,٣٠ يوم ١٣ تشرين أول ١٩٧٣ حضر صاحب الجلالة الملك حسين -رحمه الله- لقيادة اللواء على الحدود السورية مبديا إرشاداته وتوجيهاته ومودعا للقوات حيث أشرف بنفسه على عملية دخول اللواء إلى الأراضي السورية.

١٠- تكامل تواجد الوحدات الأردنية في الأماكن المخصصة لها على الجبهة السورية حوالي الساعة ٠٥,٠٠ يوم ١٤ تشرين أول مع وصول أوامر القيادة السورية والتي تنص على تكليف اللواء بثلاث مهام هي:

١- صد هجمات العدو بالتعاون مع القوات السورية والعراقية (منع خرق).

٢- نسق ثاني للفرقة ٥ السورية لصد الهجمات المعاكسة.

٣- الاشتراك في الهجوم المعاكس العام مع قوات الجيش السوري.

١١- الساعة ١٢,٠٠ يوم ١٤ تشرين أول صدرت الأوامر بأن يقوم اللواء بهجوم معاكس باتجاه الحارة مسحرة – جبا. وفي الحال شرع اللواء بالتقدّم وحوالي الساعة ١٤,٣٠ يوم ١٤ تشرين أول وصلت قيادة اللواء الجوالة إلى مرتفع

شمال الشيخ مسكين بواحد كيلو متر وأبلغت قيادة اللواء من ضابط الإرتباط السوري بأن العدو يتقدم باتجاه عقربة /زمرين، وعلى الفور صدرت الأوامر بالوحدات بأن تنفتح وتستعد للاشتباك مع القوات المعادية حسب المعلومات السورية والتي استطاعت أن تصل إلى:

١- كفر ناسج بقوة تقدّر بسرية دبابات.

٢- سبسبا وتل القرى بقوة تقدّر بفصيلي دبابات.

٣- تل الهوى ودير ماكر بقوة تقدّر بمجموعة كتيبة دبابات ناقص.

٤- تل المال -الطيحة بقوة تقدّر بكتيبة دبابات ناقص + وحدات صواريخ. بناء على هذه المعلومات وحفظا لأمن اللواء والاستعداد لأي واجب كما مر سابقا كان انفتاح اللواء على الشكل التالي:

أ-كتيبة الأمير عبد الله /١ الآلية على الجناح الأيمن أمام الشيخ مسكين بمسافة ٢-٤ كيلومتر.

ب-كتيبة الدبابات ٤ الملكية على الجناح الأيسر في منطقة تل ام الحوران /نوى. نتيجة لانفتاح اللواء الواسع اعاد العدو النظر في موقفه وبدأ في التراجع من مواقعه التي وصل إليها مع قراره بالاحتفاظ بتل المال لأهميته التعبوية في المنطقة.

١٢- معركة يوم ١٦ تشرين أول عام ١٩٧٣:

تم ارتباط القوات الأردنية بقائد قوات صلاح الدين العراقية من الساعة ٠٨,٠٠ يوم ١٥ تشرين أول وتم وضع الخطة المشتركة لتدمير قوات العدو داخل منطقة الاختراق وكما يلي:

١- تقوم القوات العراقية بهجوم على الجناح الأيمن مع تغطية تل المال قبل هجوم القوات الأردنية.

٢- تقوم القوات الأردنية بالهجوم على الجناح الأيسر باتجاه مسحرة -جبا.

٣- يسند الطيران السوري العملية قبل ساعة الصفر بعشر دقائق

٤- ساعة الصفر الساعة ٠٦,٣٠ يوم ١٦ تشرين أول.

١٣- بناء على هذه الخطة كانت خطة القوات الأردنية كما يلي:

١- تهاجم وتحتل كتيبة الأمير عبد الله ١ الآلية تل مسحرة كمرحلة أولى وتكون مستعدة لتطوير الهجوم والعمل كقاعدة اسناد لكتيبة الدبابات ٤ الملكية في المرحلة ٢.

٢- تكون كتيبة الدبابات ٤ قاعدة إسناد في المرحلة ١ لكتيبة الأمير عبد الله ١ الأليه ضمن منطقة نبع الصخر وتكون مستعدة لتطوير الهجوم في المرحلة ٢ باتجاه جبا.

٣- تكون كتيبة الدبابات ٢ الملكية احتياط القوات ومستعدة لعمل المرحلة ٣ حسب تطور الموقف.

٤- تسند كتيبة المدفعية ٧ المحمولة جميع المراحل وذلك بتنسيق النيران مع مدفعية الجيش السوري.

١٤- تمت الإجراءات حسب التوقيتات المحددة لحركة الوحدات وكانت جاهزة لتنفيذ الواجب المطلوب. حوالي الساعة ٠٦,٢٠ يوم ١٦ تشرين أول بدأ الطيران السوري بقصف المنطقة وتلته المدفعية بالإسناد حسب الخطة الموضوعة، وكانت كتيبة الأمير عبد الله /١ الآلية على خط البدء حسب التوقيت المحدد إلا أن القوات التي على اليمين لم تقم بتغطية تل المال أو إحتلاله مما إضطر الكتيبة وبناء على الأوامر من التوقف قليلا إلى أن أكد قائد القوات بأن تل المال مغطى ويمكن تقدم الكتيبة. وبالفعل تقدمت الكتيبة حسب الخطة مع تعديل في نار الإسناد على تل المال إلا أن العدو المتواجد في تل المال أثر على تقدم الكتيبة واستطاع أن يدمر ١٠ دبابات وناقلة القائد في المراحل الأولى من العملية مما أدى إلى فقدان السيطرة على الكتيبة وأصبح موقفها سيئا مما إضطر قائد اللواء أن يقرر بأن تهاجم كتيبة الدبابات ٤ الملكية الهدف من اليسار مع اقتراب كتيبة الدبابات ٢ الملكية من اليمين على أن تقوم أحدى السرايا بتغطية تراجع كتيبة الأمير عبد الله الآلية.

تابعت كتيبة الدبابات ٤ الملكية تقدمها واستمرت بالمناورة والهجوم على جناح العدو واستطاعت أن تحرز نجاحا جيدا وتسقط تل مسحرة مما أربك العدو المتواجد في المنطقة وطلب النجدات. وعلى أثر ذلك بدأ العدو بالحركة على يمين ويسار اللواء وبدأت الدلائل تشير بأن العدو سيقوم بعملية تطويق للكتيبة المهاجمة وبعد تقدير الموقف تقرر تخليص الكتيبة من التطويق والتدمير لأن القوات المتوفرة لا تكفي للقيام بعملية هجومية إلا أنها تكفي لعملية دفاعية. أمرت الكتيبة بالتراجع إلى منطقة نبع الصخر رغم نجاحها بالإستيلاء على مسحرة وبالفعل تراجعت دون أي خسائر تذكر. وهكذا انتهى قتال يوم ١٦ تشرين أول بإحراز القوات الأردنية بعض التقدم في عملية الهجوم، ولو أستطاعت القوات التي على اليمين أن تغطي تل المال لتغير الموقف كليا.

١٥- معركة يوم ١٩ تشرين أول ١٩٧٣:

الساعة ٠٢,٥٥ يوم ١٩ تشرين أول وردت معلومات من فرقة المشاة السورية والتي ارتبطت بها القوات الأردنية من يوم ١٨ تشرين أول بأن العدو اخترق بسبع دبابات أم باطنة وتليها كتيبة دبابات تتقدم باتجاه أم باطنة مع الطلب للواء بأن يتقدم باتجاه أم باطنة لمساندة السرية السورية وعلى الفور أمرت كتيبة الدبابات ٢ الملكية والتي كانت تستلم الخط الدفاعي في منطقة نبع الصخر بأن تتقدم ببطء باتجاه أم باطنة للحصول على التماس مع العدو مع دفع سرية على الجناح الأيسر ـ لمساعدة سرية الدبابات السورية وفكها من الطوق مع جلب المعلومات الصحيحة عن العدو. وبعد أن حصلت الكتيبة على التماس تبين أن للعدو فصيل دبابات في متنه وفصيلين دبابات في أم باطنة تم تدمير دبابتين وتراجع العدو إلى صير أبو جنجر. حتى الساعة ٠٧,١٠ يوم ١٩ كانت قوات العدو كما يلي:

١- سرية دبابات شمال أم باطنة.

٢- سرية دبابات في كروم جبا.

٣- مجموعة من الدبابات وصواريخ تو في صير أبو جنجر.

٤- سرية دبابات متحركة من جبا باتجاه مسحرة.

١٦

-صدرت الأوامر السورية للواء بالهجوم على هذه الأهداف وتـم وضـع الخطـة كمايلي:

١- تهاجم كتيبة الـدبابات ٢ الملكيـة عـلى الجنـاح الأيسر ـ وتقطـع طريق أم باطنة/جبا.

٢- تهاجم كتيبة الدبابات ٤ الملكية على الجناح الأيمن وتقطع طريق مسحرة جبا.

٣- تكون كتيبة الأمير عبد اللـه (الآلية أحتياط).

١٧- بدأت الوحدات العمل حسب الخطة واستطاعت التقدّم ببطء مما إضطر العدو إلى دفع (٢١) دبابة حوالي الساعة (٠٩,٣٠). مـن جبا باتجـاه أم باطنة حيـث تصدت لها كتيبة الدبابات ٢ الملكية واستطاعت تـدمير (١٠) دبابـات معاديـة مـما اضطر العدو للتراجع ودفع قوات جديدة استطاعت قوات الجيش العربي مـن تـدمير معظمها.

١٨- حوالي الساعة ١٢,٣٠ احتاجت الوحدات لعملية تزويد أذ مضى عليها مدة ١٠ ساعات قتال، وبالفعل تـم تزويد الوحـدات بالـذخيرة والغـازولين تحـت أصعب ظرف يمر بها وعلى مرأى مـن العـدو. وبعـد أن تمـت عمليـة التزويـد تابعـت كتيبة الدبابات ٤ الملكية تقدمها على الجناح الأيمـن وحققت المهمـة حيـث استطاعت أن تقطع الطريق مما بين مسحرة / جبا بعـد أن دمـرت للعـدو ١٥ دبابة. أما كتيبـة الدبابات ٢ الملكية على الجناح الأيسر ـ فقد خرج جناحها الأيسر ـ عن العمل لتركيـز العدو الشديد والذي استخدم جميع الوسائل للاحتفاظ بالمواقع ومنع وصول قـوات الجيش العربي إلى طريق جبا / أم باطنة

كون المنطقة حيوية بالنسبة له، ونتيجة لضغط قوات الجيش العربي على العدو قام سلاح الجو المعادي بعملية إغارة ناجحة على وحداتنا حوالي الساعة ١٦,٠٠ سبقها بتحركات كبيرة على اليمين واليسار بقوة تقدر بلوائين لتطوير اللواء ليتم تدميره نهائيا، وبعد تقدير الموقف وعدم تواجد القوات إضطر اللواء إلى التراجع إلى أماكن انطلاقه في الصباح.

الجبهة المصرية:

١- بدأ التعرض المصري بنفس الوقت الذي بدأ به السوريون بهجوم جبهوي على طول امتداد قناة السويس بهدف احتلال رؤوس جسور شرقي القناة لتشكل قواعد انطلاق للدروع المصرية للتقدم عبر سيناء شرقا وقد مهد له بقصف مدفعي كثيف وإسناد جوي تحت ستار المظلة الصاروخية التي أنشأت قواعدها غربي القناة بالإضافة إلى إنزال وحدات كوماندوز على خطوط مواصلات العدو وعلى العقد الهامة في الخلف.

٢- استطاع الجيش المصري الثاني تأسيس رأس جسر شرقي الإسماعيلية والجيش المصري الثالث تأسيس رأس جسر شرقي السويس وتمكن سلاح المهندسين المصري من إقامة ١١ جسر عائم على القناة خلال اليومين الأوليين من القتال رغم كثافة النيران الإسرائيلية التي كانوا يتعرضون لها مما مكن عددا كبيرا من الدروع المصرية من عبور القناة إلى رؤوس الجسور لتقديم الإسناد اللازم لوحدات المشاة ومجابهة الدروع الإسرائيلية.

٣- تمكن المشاة المصرية من احتلال مواقع القتال الحصينة في خط بارليف رغم مناعتها وعدم تاثير رمايات المدفعية والطيران عليها (تصل

سماكة الغطاء الراسي لهذه المواقع ٣٠ قدما من الخرسانة المسلحة وحجارة الغرانيت والتراب).

٤- بسبب حجم وعمق الهجوم المصري واعتبار هذه الجبهة ذات أفضلية ثانية من قبل الاسرائيليين تمكنت القوات المصرية من الاندفاع شرقا ووصلت بعض الوحدات إلى عمق ١٨ كم.

٥- جابه العدو الهجمات المصرية بعمليات دفاع متحرك وعمليات صد الاختراقات طيلة الأسبوع مع عمليات قصف مكثفة بالنيران ضد القوات المصرية العابرة وعلى الجسور وعلى التحشدات الخلفية ومواقع الصواريخ وخاصة بالطيران مما سبب وقوع خسائر كبيرة بهذا السلاح بتاثير الصواريخ المضادة.

٦- تحول العدو إلى التعرض بعد الأسبوع الأول وبعد أن استعاد اتزانه على الواجهة السورية واستطاع قسم من قواته خرق رأس الجسر المصري جنوب الإسماعيلية والوصول إلى الممر المائي وقام بعملية تعتبر مغامرة عسكرية لكثرة الأخطار المحدقة بها ألا وهي العبور عبر القناة إلى الغرب بهدف تدمير شبكة الصواريخ لإعطاء سلاحه الجوي حرية المناورة فوق القناة ولإرباك القيادة المصرية إلا أن النجاح الذي حققه العدو في هذه العملية والتي فاق تمنياته جعله يستغل هذا النجاح والاندفاع غربا لإحتلال مزيد من الأراضي المصرية واستطاع عزل مدينة السويس عن القاهرة على الطريقين الغربي والجنوبي وعزل الجيش الثالث المصري شرقي السويس.

٧- حتى يوم ٢٢ تشرين أول ١٩٧٣ كان العدو قد تعمق في الأراضي المصرية بضعة أميال جنوب الاسماعيلية إلا أنه رغم وقف إطلاق النار الذي أصدره مجلس الأمن تابع تقدمه باتجاه جنوب غربي لعدم وجود قوات كافية

٨- تصده مما مكنه أخيرا من عزل مدينة السويس عن القاهرة ووصوله إلى ميناء الأدبية وقطعه الطريق على السويس من الجنوب.

الخسائر:

خسائر العدو الإسرائيلية:

أ- تضاربت أرقام الخسائر الإسرائيلية بين ٥٠٠٠ -٦٠٠٠ بين قتيل وجريح وتدمير ٢٠٠-٢٥٠ طائرة و ١٠٠٠-١٥٠٠ دبابة.

ب- اعترف العدو يوم ١٢/٥ /١٩٧٣ بالخسائر البشرية التالية:

١- ٢٢١٤ قتيل من بينهم ٢٩٣ مفقود في عداد الموتى.

٢- المفقودون ولم يؤيد موتهم ٢١٥.

٣- ٢٤١ أسير في أيدي المصريين و ١٠٢ لدى السوريين.

جـ- الخسائر في المعدات لم يعلن العدو عن خسائره في المعدات كعادته إلا أن أكثر الأرقام اعتدالا تلك التي وصفتها مجلة (ألأفيشن ويك) عن تقديرات الاستخبارات الأمريكية والتي بنيت باعتقادنا على نظريات رياضية وعلى معدل خسائر الحرب الكورية والفيتنامية وهي:

١- ١١٥ طائرة (٣٥ فإنتوم، ٥٥ سكاي هوك، ١٢ ميراج،٦ هيليوكبتر،٦سوبر مستير).

٢- قدرت خسائر إسرائيل في الدبابات حوالي ٨٤٠ دبابة.

د- إلا أننا نعتقد أن الخسائر في المعدات أكثر من تلك الأرقام بسبب المفاجأة التعبوية العربية وطبيعة مسرح العمليات في الشرق الأوسط وكثافة وحدات الأسلحة العربية ومهارة الجندي العربي الذي أظهر مهارة في هذه الحرب لم يسبق له أن أظهرها خلال النزاع العربي الإسرائيلي منذ ظهوره.

هـ-بالإضافة إلى فقدان العدو إلى جزء كبيرة من ضفة قناة السويس الشرقية نتيجة احتلال القوات المصرية لها نرى أن الخسارة المعنوية التي مني بها العدو نتيجة لعدم توقعه لشدة مراس ولعناد ومهارة المقاتل العربي هي الخسارة الأكبر والتي ربما أدت إلى تخلي العدو عن عناده واستهانته بالقوات العربية وما يؤدي ذلك إلى تعقل في رؤوس زعمائه والرضوخ إلى قبول المطالب الشرعية للشعوب العربية.

الخسائر العربية:

أ-القوات السورية: لسوء الحظ أن معظم الأرقام المعلن عنها نشرت في الصحافة الغربية المتأثرة بالدعاية الإسرائيلية أولا أو أن كاتبيها متحيزون إلى الإسرائيليين كما هو معروف.

١- قدرت الصحافة الغربية ومنها جريدة النيويورك تايمز الخسائر السورية بما يلي: ٧٣٠٠ بين قتيل وجريح، ووقوع ٣٣٨ أسير بيد العدو، تدمير ١٧٩ طائرة و ١٠٠٠ دبابة تدمير ٩-١٠ زوارق صواريخ وطوربيدات.

٢- نعتقد أن الأرقام التالية هي الأقرب إلى الحقيقة.

أ-١٠٥٠ شهيد من مختلف الرتب.

ب-وقوع ٣٣٧ أسير من بينهم ٦٩ ضابط.

جـ- تدمير ١٥٠ طائرة.

د- تدمير وإعطاب ١٢٠٠ دبابة.

هـ- تدمير ٨ زوارق طوربيد وصواريخ.

ب-الخسائر المصرية: (تقدر المصادر الغربية):

١- ٧٥٠٠ شهيد وجريح.

٢- ٨٣٠١ أسير (وصل عدد الأسرى حتى ١٩٧٣/١٠/٢٢ إلى ١٠٠٠ أسير فقط

٣- ٢٤٢ طائرة.

٤- ٨٩٥- ١١٠٠ دبابة.

٥- ٢٠ قطعة بحرية معظمها زوارق صواريخ وطوربيدات.

جـ- الخسائر الأردنية:

١- ٢٨ شهيدا من بينهم ١٠ مفقودين اعتبروا في عداد الشهداء (من مختلف الرتب).

٢- ٤٩ جريحاً من بينهم ١٢ ضابط.

٣- تدمير ٢٥ دبابة وآلية مختلفة.

٤- تعطيل ٢٩ دبابة.

د- تكبدت القوات العربية على الواجهة السورية وخاصة العراقية والمغربية خسائر كبيرة لم تعرف بعد كذلك القوات الكويتية وجيش التحرير على الواجهة المصرية.

الدروس المستفادة

مبادئ الحرب.

قد يكون لمناقشة مبادئ الحرب التي برزت خلال القتال أكثر من غيرها سواء اتباعا أو تفريطا من كلا الجانبين ظهور الدروس المستفادة المتوخاة.

لذا سيركز الكتاب على المبادئ التالية:

أ- حشد القوة والإقتصاد بالجهد.

١- استطاعت القوات السورية والمصرية تطبيق هذا المبدأ قبل وفي بداية القتال إذ تم حشد عناصر القتال الضرورية وعناصر الإسناد القتالي والإداري وتهيئة هذه القوات تنظيما وتجهيزا بحيث أمنت التفوّق العددي على العدو في جميع الصنوف والأسلحة

٢- حشد المصريون والسوريون وسائل وتجهيزات عبور الموانع الفاصلة بينها وبين قوات العدو سواء الطبيعية منها أو الاصطناعية وتعتبر عملية عبور الموانع التي تمت وخاصة على قناة السويس من أنجح عمليات العبور في التاريخ العسكري للكفاءة العالية وللسرعة التي تمت بها. إلا أن هذا المبدأ لم يراعي في طلب قوات الدعم العربية قبل وقت كافي وعلى الأقل على الحدود المتاخمة للإسراع في زجها في المعركة في الوقت والمكان المناسبين.

٣- لم يتمكن العدو من حشد قوات كافية لصد اقتحام القوات العربية رغم علمه الأكيد بتحشدها مما جعل القوات العربية تتوغل كثيرا في الأراضي المحتلة قبل أن يتمكن العدو من صدها. إلا أنه حاول بعد بداية القتال مباشرة حشد القوات الضرورية على كلا الجبهتين مما أدى إلى سرعة إعادة اتزانه ونجاحه في صد الاختراقات ومن ثم التحوّل إلى التعرض بعد أخذ زمام المبادرة.

٤- أما مبادئ الاقتصاد في الجهد فلقد انتهك تماما من قبل السوريين والمصريين على سواء حيث هاجم السوريون المواقع المعادية لجبهة واسعة تمتد تقريبا على طول خط وقف اطلاق النار، مما أدى إلى عدم توفر قوات إضافية كافية لزيادة العمق للهجوم وبدلا من توجيه القوات بعمق كافي نحو أهداف منتخبة وحاسمة تم نشر القوات بتلك الصورة المعروفة التي أدت في النهاية إلى تكسير مواجهات الاقتحام واختراقها بسهولة، كذلك فإن المصريين قاموا بنفس العملية حين عبروا القناة على واجهة واسعة تمتد بطولها تقريبا بدلا من حشد القوات على محاور منتخبة ودائمة زخم الهجوم على تلك المحاور حتى الوصول إلى الأهداف المقررة.

٥- أدى التفريط بمبدأ الاقتصاد بالقوى إلى وقوع خسائر كبيرة في صفوف القوات العربية نظرا لكثافة القوات وارتفاع احتمال الاصابات بالأسلحة الإسرائيلية حتى بالرماية على أهداف منطقة.

٦- من ناحية أخرى نرى العدو الإسرائيلي رغم تفوّق القوات العربية عليه حافظ على هذا المبدأ بتوجيه القوات نحو أهداف محدوده ففي هضبة الجولان وجهه هجومه المعاكس باتجاه هدفين هما: القنيطرة (أكبر وأهم مدينة في الجولان) وعلى تل الفرس (من أهم المعالم التعبوية البارزة أيضا).

وتغاضى عن بقية الجبهة كذلك ترك جبل الشيخ حتى النهاية تقريباً محافظا بذلك على مبدأ الاقتصاد بالجهد والحشد الكافي في المكان والوقت المناسبين أما على جبهة السويس فلقد اقتصرت عمليات العدو في البداية على عمليات دفاع متحركة وصد الخرق حتى تم حشد قوات كافية وجهها باتجاه واحد ضد راس جسر ـ الجيش الثاني في منطقة الاسماعيلية حتى استطاع خرقه والوصول للقناة وعبورها إلى الجانب الغربي رغم ما في تلك العملية من مخاطر لا تخفى على العسكري المحترف.

كذلك لم ينجح المصريون في حشد قوات كافية في منطقة الخرق غربي القناة إلا بعد فوات الأوان.

٧- كذلك فإن تقدّمه المركزي ووجود قوات قليلة منتشرة ولكنها كثيرة العمق استطاع تقليل الخسائر التي يمكن قد تكبدها بشكل أكبر لو عمل غير ذلك.

٨- حافظت الأطراف المتقاتلة على مبدأ الحشد في أثناء القتال حالما بدئ باستهلاك الاحتياط من معدات القتال. فنجد أن مصر وسوريا سارعت في طلب نقل معدات القتال من الاتحاد السوفيتي للتعويض عن الخسائر كذلك فعل الاسرائيليون باستيرادهم الأسلحة والذخائر من الولايات المتحدة لإدامة الحشد من معدات القتال اللازمة.

٩- ربما كان الإسرائيليون أكثر بهذا المبدأ على المستوى القومي إذ تستغل اسرائيل أقصى طاقاتها البشرية والاقتصادية في تسيير آلة الحرب رغم ما لهذا من تأثير على الناحية الاقتصادية للبلد ككل التي تأخذ أفضلية ثانية في مثل هذه المواقف الحرجة

ب-التعرض.

لا تكسب الحروب إلا بالعمليات التعرضية كما أن التعرض يؤمن الأخذ بزمام المبادرة والتي توفر حرية العمل للقائد المهاجم بالإضافة لما للتعرض من تأثير على رفع معنويات القوات المهاجمة ولا يخفى على أحد أهمية هذه القوة الخفية التي كثيرا ما قلبت الموازين وفاقت التوقعات.

١-   لاول مرة منذ حرب ١٩٤٨ يأخذ العرب زمام المبادرة لمهاجمة العدو الغاشم المتغطرس الذي صور القوات العربية بأبشع صوره عسكرية بين الرأي العام العالمي. وليس من المبالغة بمغزى أن النجاح الذي حققته القوات العربية في بداية الحرب إلى هذا المبدأ.

٢-   يجب أن يبقى التعرض مستمرا حتى تحقيق الأهداف التي شنت من أجلها الحرب. لكن لسوء الحظ لم تستمر القوات العربية بالحفاظ على هذا المبدأ وخاصة على الجبهة المصرية إذ اقتصرت عمليات القوات المصرية كما ظهر على تعزيز رؤوس الجسور واتخاذ موقف الدفاع. قد يكون لذلك ما يبرره كما أعلن من أن الخطة القتالية العربية هي امتصاص جهد العدو بحرب طويلة الأمد على غير ما يشتهى ويوافق رغباته لتدميره تدريجيا بعيدا عن قواعده إلا أن هذه النظرية قد لا يتوافق مع عصرنا الحاضر عصر السرعة ومدى التأثير العالمي متمثلا في هيئة الأمم المتحدة حيث تتحدد الحرية العسكرية والسياسية.

٣-   كذلك لو استمر الإندفاع العربي وخاصة على الواجهة المصرية فلربما كان بالإمكان احتلال الممرات المسيطرة شرقي القناة والاستفادة من مناعتها قبل وصول الحشد الإسرائيلي اللاحق ولربما تمكنت القوات المصرية من منع العدو من الوصول للقناة ومن ثم عبورها.

٤- حاول قادة العدو ومنذ أن بدأ القتال أخذ زمام المبادرة من يد القوات العربية وبقوا يقاتلون في سبيل تحقيق هذا المبدأ حتى انتقل اليهم لسوء الحظ ومنذ تلك اللحظة انقلب سير القتال رأسا على عقب ففي الجبهة السورية استطاع العدو وبعد هجمات معاكسة كثيفة ولكنها مركزه على محورين رئيسيين كما أسلفنا استطاع دحر القوات السورية من مواقعها وإجبارها على التراجع ثم نقل القتال إلى الارض السورية وحاول التوغل نحو دمشق وربما لم يمنعه من ذلك سوى الدفاع العنيد الذي ابدته القوات السورية والمغربية التي كانت تدافع في منطقة سعسع مما أجبره على تغيير اتجاهه نحو الشرق ولحسن الحظ أيضا استطاعت القوات العربية إيقافه قبل وصوله إلى طريق عمان - دمشق واتخاذه موقف الدفاع لتقصير أمد الحرب على الجبهة المصرية.

٥- أما على الجبهة المصرية فحالما انتزع زمام المبادرة من يد المصريين بدأ بعملية تعرض مركزه على وسط الجبهة وأخذ يضغط بشدة حتى عبر القناة بهدف تدمير بطاريات الصواريخ وإرباك القيادة المصرية كما أعلن الشيء الذي حققه بسرعة إلا أن العدو لم يكتف بل استمر في التعرض شمالا باتجاه الاسماعيلية لعزل الجيش الثاني بقطع طريق الاسماعيلية القاهرة ولكن عناد مقاتلي الجيش الثاني أجبره على تغيير هدفه وتحول باتجاه جنوب غربي حيث لسوء الحظ لم يكن في تلك المساحات الشاسعة سوى بطاريات الصواريخ والمدافع وقوات خفيفه استطاع التغلّب عليها بسهولة واستمر باندفاعه نحو الجنوب حتى تمكّن من قطع طريق السويس- القاهرة رغم قرار وقف اطلاق النار، ولم يكتف بذلك بل استمر مندفعا للجنوب متجاوزا مدينة السويس نحو ميناء الأدبيه على شاطئ خليج السويس الغربي وبذلك قطع خطوط مواصلات الجيش المصري الثالث.

٦- تعرض سلاح البحرية المصري والسوري إلى خسائر جسيمة لأنه بقـي ثابتـا في قواعـده يتلقـى هجـمات السفـن الصـاروخية الإسرائيليـة رغـم تـوفر الإمكانيات لديه وخاصة سلاح البحرية المصري.

جـ- المفاجأة.

حققت القوات السورية والمصرية المفاجأة التعبوية في الحرب الأخـيرة وذلك مراعاة واتباعا للأمور التالية:

أ-ازدياد كثافة النشاط الدبلوماسي العـربي فيما قبـل الحـرب وخاصـة الجهـود المصرية التي أعطت انطباعا محليا ودوليا أن مصرـ تسـعى للحـل السـلمي وتطبيـق قرارات مجلس الأمن.

ب- لم يغير القادة العرب المسؤولين من مواقفهم السابقة مـن حيـث التهديـد في الحرب بين آونة وأخرى وكان ذلك متوقعا لسماعة باستمرار منذ قيام دولة العدو وخاصة تهديدات الرئيس المصري أنور السادات الذي عود الإسرائيليين على تهديداتـه منذ استلامه زمام السلطة في مصر.

جـ- افتعـال الأزمـة بيـن الحكومـة السـورية والمنظمات الفلسطينية وخاصـة بإغلاق محطة البث الإذاعي التابعة لفتح في مدينة درعا.

د- عـدم تغيـير عـادات وإجـراءات القـوات العربيـة وخاصـة السـورية إذ مـن المعروف أن القوات السورية بعد أن تنهي تدريبات الربيع والصيف تحتل مواقعهـا الدفاعية مقابل العدو في هذا الوقت من كل عام.

هـ- كان لفاعلية الصواريخ السورية ردة فعل مفاجئة لعـدو إذ رغـم سـيطرته الجوية واسناده قبل القتال بمدة قصيرة وعدم تكبده خسائر كبيرة لم

يتوقف العدو أن يتكبد الخسائر التي تكبدها وذلك يبرز من هجماته الجوية الكثيفة على الأراضي السورية رغم معرفته بانفتاح شبكة الصواريخ المضادة للطائرات.

و-لا شك أن القيادة السورية والمصرية نجحت في إخفاء نواياها ومدى استعداد قواتها المسلحة عن العدو ويتبين ذلك من مفاجأة العدو بنوعية جديدة من المقاتلين مهارة وشجاعة.

ز- أما العدو فلربما كانت المفاجأة التي حققها هي عملية عبور قناة السويس غربا ولقد ظهر من الدلائل المتوفرة أنه لم يدر في خلد القادة المصريين بجرأة العدو على القيام بهذه المغامرة الطائشة ولا شك أن هذه العملية رغم قلة عوامل النجاح التي كانت متوفرة لها أتت أكلها وأعادت اتزان العدو ليس عسكريا فحسب بل سياسيا أيضا.

د- انتخاب الهدف وإدامته.

١- القصد الرئيسي من أي حرب هو فرض الإرادة على العدو وذلك بتدمير قواته أو احتلال الأرض المتنازع عليها أو باحتلال عاصمة العدو يجب أن تتلاءم أي أهداف تعبوية مع هذا القصد الرئيسي والإبقاء على أدامه التمسك بهذه الأهداف وأي تأخير يحصل بقصد أو بغير قصد من شأنه أن يؤثر على تحقيق القصد.

٢- لم يعرف الهدف الرئيسي من الحرب الأخيرة رغم أن معظم الدلائل تشير إلى أن الهدف منها كان تحريك الجمود الذي ساد المنطقة في حالة من اللاسلم واللاحرب والتي إلى حد ما كانت في صالح العدو والذي استغلها استغلالا جيدا في ترسيخ وتثبيت احتلاله للأرض عام ١٩٦٧ فإن كان ذلك هو

الهدف أي تحريك الجمود وإجبار هيئة الأمم المتحدة والدول الكبرى بذلك جهود مكثفة لحلها يمكننا أن نعتبر أن الحرب حققت القصد منها.

٣- أعلن في أكثر من مناسبة على أن القصد من الحرب كان استرجاع جميع الأراضي المحتلة عام ١٩٧٦ كاملة مبدأ أن ما احتل بالقوة لا يعود إلا بالقوة وباعتقادنا أنه إذ كان هذا هو القصد من الحرب فما من شك أنه لم يحقق بعد. كذلك فإن الأهداف التعبوية المنتخبة لم تكن متلائمة تماما للقصد جليا الاحتلال الممرات المؤدية إلى السويس من أهمية بالغة في سبيل تحقيق القصد كما يظهر أيضا بشكل جلي أهمية احتلال التلال المسيطرة على نهر الأردن على الواجهة السورية لنفس الغاية.

٤- قد يكون هدف تدمير قوات العدو على الواجهتين هدفا مناسبا للقصد الرئيس وهذا لم يتم بعد وربما كان مرده إلى ذلك الركود الذي أصاب الجبهة المصرية بشكل خاص والاكتفاء بتعزيز رؤوس الجسور.

٥- قد تكون الناحية المهمة التي يمكن بحثها بالنسبة لهذا المبدأ هي التركيز الرئيسي لقوة العدو خلال الأسبوع الأول من القتال على الجبهة السورية. ومن المعروف أن العدو وبسبب طاقته البشرية المحدودة لا يستطيع القتال على الجبهتين في آن واحد ولذلك قرر منذ اليوم اثاني أو الثالث للقتال إعطاء الجبهة السورية الأفضلية الأولى بجهد قتاله بمراعاة عامل الوقت والمسافة بشكل رئيسي، واكتفى بعمليات دفاعية وصد اختراقات وهجمات معاكسة محدودة على الجبهة المصرية. حالما تمكن العدو من استعادة الهضبة والاندفاع نحو الأرض السورية حول جهده الرئيسي إلى الجبهة المصرية بهدف تدمير القوات العابرة واحتلال مزيد من الأرض لما لذلك من تأثير معنوي سيء على القوات العربية وتحقيقا للهدف الأساسي للصهيونية بإنشاء دولتهم على أنقاض الدول العربية. ومن مبدأ إدامة الهدف استمر العدو بعد بدء خرقه

على التركيز باتجاه هذا المحور مع إبقاء قوات مدافعة أو تثبيته على بقية المحاورة.

هـ- التعاون.

١- نظرا لتنوع الأسلحة البرية والجوية والبحرية والتنوع في المعدات داخل هذه الأسلحة وضرورة اشتراكها منفردة أو مجتمعة يتطلب ذلك معرفة تامة بخواص وتحديدات كل نوع من المعدات والأسلحة وخاصة عندما تكون على جبهتين متباعدتين تربطهما قيادة واحدة وما يطلب من هذه القيادة من إصدار توجيهات حرب وأوامر عمليات الخ.

٢- في الجانب السوري لم يراع التعاون في ناحيتين مهمتين هما: اندفاع القوات المدرعة عميقا وبعيدة عن المشاة وشبكة الصواريخ (الى حد ما) مما جعل الدبابات السورية هدفا واهنا امام الطائرات المعادية وخاصة طائرات سكاي هوك. كذلك عدم اشتراك القوة الجوية السورية بفعالية لحماية واسناد الارتال المدرعة السابقة الذكر.

٣- اشيع أن عددا كبيرا من طائرات سلاح الجو المصري دمرت بفعل شبكة الصواريخ المصرية فإن صح ذلك يكون بسبب عد م توفر التنسيق والسيطرة الكافية بين وسائل الدفاع الجوي وسلاح الجو المصري.

٤- عندما أعطى العدو أفضلية أولى للجبهة السورية في بداية القتال كان واجب القيادة المشتركة عدم إعطاء هذه الحرية للعدو وذلك بأداءة زخم الهجوم المصري ليبقى العدو في حالة عدم اتزان وحرمان من حشد قواته وتوجيه عملياته كيفما يشاء

٥- إن حركات الالتفاف والتسلسل العميق التي قامت بها القوات المعادية على الجبهة المصرية تطلبت تنسيقا وتعاونا بين مختلف الأسلحة وإلا كانت مغامرة عسكرية هوجاء تحفها المخاطر من جميع الجبهات وخاصة خطوط مواصلاتها.

٦- لم تتخذ ترتيبات مسبقة في تنسيق اشتراك القوات العربية على الجبهة السورية وخاصة بين القوات العراقية والسورية وخاصة في مجال الاتصالات.

٧- كان التنسيق جيدا بين القوات الأردنية والمدفعية السورية في جميع العمليات التي خاضتها القوات الأردنية في الهضبة السورية إلا أن التنسيق مع القوات المجاورة لم يكن بنفس المستوى مما تسبب في تعرض جناحي الهجوم الأردني إلى نيران كثيفة من قبل العدو. كما أن طائرتين من سلاح الجو السوري قامت بقصف بعض وحدات الجيش العربي لعدم تمييزها.

٨- كذلك ظهرت بعض الحوادث في صفوف العدو دلت على عدم توفر التعاون والتنسيق والسيطرة اللازمة مما تسبب في اشتباكات وقعت بين وحدات العدو وأسفرت عن وقوع خسائر بشرية وآلية.

دروس أخرى:

أ-**إعادة التنظيم**: اتسمت عمليات إعادة التنظيم على الهدف بعد احتلاله من قبل القوات العربية بالبطء وربما بعدم وجود خطة مسبقه لذلك. أدى ذلك إلى تزعزع موقف القوات المدافعة عند أول هجوم معاكس ضدها مما تسبب في إخلاء كثير من المواقع رغم الخسائر التي تكبدتها القوات عند احتلالها.

ب- المناورة والانفتاح:

١- في كثير من الحالات كانت الدبابات العربية في الهضبة السورية تتقدم نحو أهدافها بشكل رتل منفرد بمسافة فاصلة تتراوح بين ٤٠-٦٠ متر، تنفتح الارتال بعدها بشكل خط حرب وبنفس المسافة الفاصلة حال حصول التماس مع العدو أدى ذلك إلى وقوع خسائر كبيرة نسبيا بين القوات المهاجمة.

٢- استخدمت الدبابات الأردنية التقدّم بالعمق مراعية الانتشار وحماية بعضها أي باستخدام النار والحركة مما أدى إلى قلة الخسائر نسبيا رغم تعمق القوات الأردنية في مواقع العدو وسهولة ضرب جناحيها بنيران العدو المضادة للدبابات.

٣- استخدام العدو أسلوب الإغراء والرمي ضد الدبابات العربية حيث كانت تظهر دبابات العدو ترمي ثم تنسحب باتجاهات معينة مما يغري الدروع العربية لملاحقتها إلا أنها سرعان ما تقع في مصيدة مدبرة قوامها أسلحة م /د من مدافع وصواريخ موجهه على جانبي الدبابة وهذا يشكل مقتل الدبابة وفي بعض الأحيان رميت من الخلف. حدث ذلك أيضا من قبل القوات المصرية شرقي الإسماعيلية مما تسبب في تدمير لواء دروع معاد وأسر قائده..

٤- كانت قوات العدو تتقدم يقودهما وحدات قليلة منتشرة بعكس القوات العربية الشيء الذي أدى إلى وقوع خسائر أكبر في الجانب المصري.

جـ-الصبر والاستمرار في القتال:

قد يكون هذا العامل أحد أبرز الأسباب في عدم حصول العرب على نصر
حاسم في الحرب الأخيرة لسوء الحظ وقد تبدى ذلك بشكل واضح على المستويات
الدنيا ,, وأن هذا عائد إلى عوامل كثيرة أهمها:

١-   الروح المعنوية.

٢-   المستوى التدريسي.

٣-   الثقة بالنفس والهدف والقاده.

لوحظ كذلك أن الجندي العربي قادر على التضحية والقتال بشراسة في عمليات
الهجوم أكثر بكثير من العمليات الدفاعية ويجب أن تستغل هذه الميزة باستمرار في
القتال لأن الدفاع هي صفحة من صفحات القتال والجهد الفردي جزء من الجهد
الجماعي الذي يوجه لدحر العدو ولن يكون الجهد الجماعي فاعلا إن لم تكن الجهود
الفردية كذلك.

د- دقة المعلومات:

١-   تبنى الخطط العسكرية المسبقة أو الآنية على معطيات حقيقية
وافتراضيات يفترضها القائد المعني بالأمر وضباط أركانه وكلما كانت الخطة مبنية أكثر
على المعلومات الحقيقية عن العدو كلما كانت أفضل وأسباب نجاحها تزداد.

٢-   إن عملية جمع المعطيات مبينه على المعلومات الدقيقة التي يشترك في
مسؤولية تمريرها على فرد ووحده في القوات المسلحة، يجب أن تكون

المعلومـات صحيحـه دون مبالغـه أو إنقـاص ليـتمكن القائـد مـن التخطـيط لمجابهة نشاطات العدو تلك ضمن وقت كاف له.

٣- إبراز مثال على ذلك هي المعلومـات التـي مررتها قيـادة الجيش الثاني المصري في منطقة الإسماعيلية الى القيادة العليا عن حجم القـوة الإسرائيليـة المتسـللة غرب القناة لقد أرسلت معلومـات خاطئة تمامـا أظهرت القوة في حجم أقل بكثير مـن حجمها الحقيقي الشيء الذي ربما جعل القيادة العليا لم تتدخل وترسل قوات كافيـة لتدميرها بل ترك الأمر إلى الجيش الثاني لمعالجة الموقف.

٤- كذلك هناك درس مفيـد آخـر وهـو أنـه عـلى ضبـاط الأركان وخاصة الاستخبارات عدم إهمال أي معلومات مهما كانت تبدو لا قيمة لها بل عليهم إطلاع القائد عليها ومحاولة تأييد تلك المعلومـات أو نفيها بـأسرع وقت ممكن وفي هذا المجـال أشيع أن ضبـاط أركان قيـادة الجيش الثاني المصري لم يعـيروا اهتمامـا إلى المعلومـات الأولية التي مررت لهم عن القوة المتسـللة غرب القنـاة الأمـر الـذي أدى فيها بعد إلى نجاح العدو في تعزيز رأس الجسر ومن ثم الإندفاع عميقا الـذي أدى إلى عزل قوات الجيش الثالث ومدينة السويس.

٥- لقد لوحظ من رصد شبكات العـدو وعـلى الواجهـة السـورية أن ٩٠% تقريبا من المحادثات كانت تمرير المعلومات حتى والقتـال عـلى أشـده الشيء الذي أبقى قادة العدو على مختلف المستويات على اطلاع مستمر عـن حجم وانفتاح وفعاليات القوات العربية المقابلة مما جعل ردود فعل قادة العدو سريعاً وفعالاً.

هـ-أمن الاتصالات

١- نظرا لتعرض الاتصالات اللاسلكية إلى الرصد من كلا الجانبين يمكن تجميع كميات كبيرة من المعلومات حديثة تماما وخاصة عندما تكون المحادثات بالمفتوح. لقد كانت الصورة عن الموقف شبه كاملة في الجانب العربي (على الواجهة السورية). بسبب الاتصالات المفتوحة والمحادثات التي كانت تمرر من قبل الوحدات.

٢- كان الموقف الاسرائيلي أقل وضوحا من الموقف العربي بكثير بسبب استخدام العدو إلى الأسماء الرمزية والكلمات الرمزية ونقاط المرجع وتبين لنا أن العدو أعطى كلمة رمزية أو رقم رمزي لكل معلم أرضي (الجبال، الوديان، الطرق، القوى الخ....). ولكل فعالية عسكرية (هجوم، انسحاب، احتلال، الخ.....). ولكل معنى عسكري مفيد الجهة المقابلة إذا ذكر بالمفتوح مثل (معدات القتال، الخسائر، الإصابات، صنوف الجيش الخ...).

و- المعالم المسيطرة والمراقبة.

١- عند اندفاع العدو داخل الأراضي السورية ركز جهده لاحتلال التلال المسيطرة التي تؤمن المراقبة الجيدة وميادين الرمي الواسعة كحماية للمدافعين.

٢- يتخذ اسلوب العدو الدفاعي في الخرق أحدثه في الأراضي السورية الشكل التالي: توضع مراقبة من عدد قليل من الجنود على رؤوس التلال المسيطرة وتبقى وحدات القتال مختفية في أرض ميتة في الوديان. حالما تظهر قوات عربية متقدمة باتجاه تلك المراقبات تبلغ هذه، عنها ثم يعطي الأمر للدبابات أو أطقم الصواريخ بمعالجة الموقف وذلك يتم إما بتحريك عدد من

الدبابات إلى أماكن مشرفة ثم ترمي القـوات المتقدّمـة أو أن أطقـم الصـواريخ تقوم بذلك من مواقعها المهيأة لهذه الغاية.

٣- رصد على شبكات العدو أوامـر مـن قـادة العدو إلى وحـداتهم الفرعيـة أثناء تقدّمهم بإطفاء محركات الدبابات والتثبت والتسمع لرصد أي حركة معادية ليلا وذلك لاستغلال أقصى طاقة لحاسة السمع الذي يعتمد عليها في رصد فعاليات العـدو ليلا.

ز- الأهداف الوهمية.

١- يساعد استخدام المعدات والأسلحة الوهمية على إعطاء صورة مخطوءة عن الموقف بالإضافة إلى ناحية مهمة أخرى وهي توزيع جهد العدو مـما يـؤدي إلى إقلال الخسائر الى الحد الأدنى الممكن.

٢- استخدام الإسرائيليين أهدافا وهمية في مرحلة الدفاع التي اتخذتها فيها الخرق داخل الأراضي السورية كذلك استخدام المصريون صواريخ وهمية على الضفة الغربية للقناة لجذب نيران سلاح الجو الإسرائيلي.

اقتحام المواقع

١. اثبتت هذه الحرب مرة أخرى النظرية العسكرية القائلة مـن أن أي مانع مهما عظم طبيعيا كان أم اصطناعيا لن يستطيع إيقاف هجوم من قوات مدربة لديها الرغبة القتالية.

٢. اشارت دلائل كثيرة على أن العدو أعطى ثقة زائـده في المـوانـع التـي أقامها على الجبهة المصرية والسورية ولا غرو في ذلك نظرا لمتانتها

وسيطرتها وتكاليفها الباهظة التي تكبدها العدو منذ عام ٦٧، وكان من أكبر أخطاء العدو التي ارتكبها قبل الحرب هو قلة حجم القوات المنفتحة للدفاع إيمانا منه بفعالية تلك الموانع.

٣.   استخدام المصريون في عبورهم للقناة الآليات البرمائية في المراحل الأولى قوارب الاقتحام لجنود المشاة مسندا هذه العملية بنيران اسناد كثيفة استخدم فيها سلاح الجو والأسلحة الأرضية التي كانت ضمن المدى، اتبع ذلك بعمليات تجسير واسعة ومتقنة واستطاع سلاح المهندسين المصري إقامة تسع جسور في الليلة الأولى مما يدل على أنها جسورا حديثة تمتاز بالبساطة والسرعة في التركيب وهذان المطلبان ضروريان جدا لإنجاح عملية عبور في الحرب الحديثة. ربما كانت إدامة هذه الجسور عملية لا تقل أهمية عن بنائها وقد تمكن المصريون من تأمين الحماية لهذه الجسور ضد الأسلحة الجوية والبرية للعدو بتخصيص أسلحة مختلفة لهذه الغاية كما أنه يعتقد بأن بونتونات هذه الجسور من النوع المؤلف من فجوات معزولة عن بعضها بحيث لو ضرب جزء أو أكثر من هذه البونتونات لا يؤدي إلى غرق البونتون كما هي الحالة في الأنواع القديمة.

٤.   شكلت المتاريس الإسرائيلية التي كانت خلف الحاجز الترابي الإسرائيلي وضمنه صعوبات جمة للقوات المصرية لمناعتها وتكاملها مما أجبر القوات المهاجمة اقتحام كل متراس بجنود الشماه وقاذفات اللهب.

٥.   أهم مانع واجه القوات السورية هو خندق م/د الذي أقامه العدو على طول الجبهة تقريبا وقد استخدم السوريون لاقتحامه جرافات ذات حجم كبير للإسراع في تحرير وحدات القتال.

٦.   استخدمت القوات المصرية والسورية كاسحات الألغام الروسية في عبور حقول الألغام وتعتبر هذه الطريقة من أفضل الوسائل لاقتحام حقول الألغام بسرعة كافية لتعزيز رؤوس الجسور. إن الاعتماد على فتح الثغرات يدويا في حرب حديثة يعتبر عملا بطيئا للغاية وربما أدى إلى إفشال الهجوم الذي يتبع هذه العمليات عادة.

ط- القيادة السيطرة

١.   لوحظ أن القادة السوريون على مستوى الفرقة والقيادة العامة كانوا يسيطرون على المعارك من قيادات خلفية ثابتة وكانت ردود فعلهم في معظم الحالات تبني على المعلومات التي تمرر من الوحدات في الأمام لهذا الأسلوب محاذير كثيرة أهمها أن القائد يبقى أعماله بالجبهة عن طريق غير مباشر وبذلك لا يتسنى له معرفة التطورات وربما في بعض الحالات لا ضرورة لها، يضاف إلى ذلك أن وجود القائد في الميدان بين وحداته يزيدها حماسا وإصرارا على القتال وفي هذا تكمن معظم أسباب النصر النهائي.

٢.   قسمت قاعة العمليات السورية إلى أقسام منفصلة كل قسم يحوي خرائط موقف لمحور واحد ولتشكيلة واحدة تدام من قبل عدد من ضباط الأركان. إن هذا الأسلوب يقلل من إمكانية سيطرة القائد وتنسيق الجهد بين مختلف المحاور مما يؤثر على إدارة العمليات بشكل عام.

ي- الاحتراف:

لقد برهنت الحرب الأخيرة كما برهنت الحرب السابقة على أن الجيش المحترف والمتفرغ للتخصص والاحتراف العسكري يكون أكثر كفاءة

وأفضل تدريبا من الجيش الذي يعتمد على خدمة العلم وربما كان هذا أحد الأسباب الرئيسية التي قللت من كفاءة المقاتل السوري إلى درجة كبيرة. إن الأسلحة الحديثة المعقدة وكفاءة العدو القتالية وتقدمه التقني يتطلبان تهيئة جندي مدرب محترف وهذا يتطلب البقاء مدة طويلة في الخدمة ليستوعب سلاحه ويستخدمه بمهارة. كذلك برزت أهمية احتراف الضابط لمهنة العسكرية. وتفرغه الكلي لها دون تأثيرات عقائدية أو الاهتمام بأمور من شأنها أن تقلل من كفاءته القيادية. هذان الأمران يتطلبان العناية الخاصة من قبل القادة المسؤولين لتهيئة جيل جديد من القادة الصغار في مستوى عال من الاحتراف والشعور بالمسؤولية.

الأسلحة الحديثة البارزة التي ظهرت خلال الحرب:

بالرغم من توفر المعلومات سابقا عن جميع الأسلحة التي ظهرت إلا أن – فعالياتها لم تكن معروفة بنفس المستوى وأهم هذه الأسلحة هي صواريخ /ط سام٦ وسام ٧ وكذلك صواريخ م/د تو وساجر، وقد تم توزيع الخواص الفنية والتعبوية المتوفرة إلى الجهات المعنية مؤخرا. كذلك ظهر سلاح جديد في أيدي السوريين والمصريين برهن على فعالية جيدة ضد الطائرات وهو مدفع رباعي يعرف باسم سو ٢٣ ولم تتوفر المعلومات التفصيلية عنه بعد.

صواريخ م/ط.

أ-صاروخ سام ٦: يشابه هذا الصاروخ سام ٣ ما عدا أن الأخير يتمتع بقابلية حركة أكثر (يحمل على ناقلة) وربما مجهز بمعدات سيطرة وتوجيه أحدث وهو فعال تماما ضمن الطيران المنخفض والمتوسط.

ب-صاروخ سام٧: صاروخ أيضا روسي مصمم كسلاح خفيف ضد الطائرات على المستوى المنخفض (حتى ٣٠٠٠متر) يرمي بشكل منفرد أي من كتف الجندي أو يركب على ناقلة بشكل أنابيب يصل عددها حتى ٨ ويرمي بشكل منفرد أو بشكل عمليات وغالبا ما تتراوح الطلقات ٤-٨ صواريخ.

ج- مجابهة هذه الصواريخ: واجه العدو الإسرائيلي صعوبات كبيرة في تفادي هذه الصواريخ وأوقعت به خسائر جسيمة وقد كان لهذه الصواريخ حصة الأسد في تدمير طائرات العدو قد تشكل الاجراءات التالية أفضل الأساليب لمجابهتها:

١. الاعماء الراداري والتشويش الالكتروني: لم ينجح العدو في هذا المجال لعدم توفر المعلومات الكافية عن أنظمة السيطرة والتوجيه على هذه الصواريخ ولقابلية التنقل السريع التي تتمتع بها.

٢. تدمير هذه الأسلحة بهجمات أرضية وقد قام العدو بذلك عند اختراق لقناة السويس.

٣. استخدام نيران المدفعية إذا رصدت مواقعها بشكل محدد.

صواريخ م/د:

ظهرت خلال القتال الأخير أسلحة فعالة تماما ضد الدروع والآليات وبرزت صواريخ (ساجر) الروسية و(تو) الأمريكية وهي صواريخ موجهة سلكيا وتتمتع بمدى وفعالية عاليين وكذلك دقة عالية في الإصابة يصل مدى هذه الصواريخ إلى ٣٠٠٠ متر وربما أكثر. قد تساعد الإجراءات التالية على تقليل خطرها إلى الحد الأدنى.

أ-الاعماء الدخاني والفسفوري: من المعروف أن أكثر تحديد مؤثر لهذا النوع من الأسلحة هو قلة قابلية الرؤيا مما يمنع الرامي من التحديد والمحافظة عليه.

ب-المناورة والانتشار: اتبع هذا الأسلوب من الدروع الإردنية في هضبة الجولان وذلك بالإكثار من الحركة ونشر- الدبابات بمسافات فاصلة واسعة عمقا وعرضا مما خفض الاصابات إلى درجة ملحوظة.

ج-تمشيط المنطقة بلارمي: تعتبر القنابل المنثارية للمدافع على اختلاف انواعها وعياراتها سلاحا فعالا ضد أطقم الصواريخ وكذلك الرشاشات المتوسطة وقد استخدم هذا الاسلوب بنجاح جيد من قبل القوات الأردنية.

د- مهاجمة المواقع ليلا: قد يكون هذا افضل طريقة لتدمير وإبطال فعالية هذه الأسلحة وخاصة بوحدات المشاة الراجلة بعمليات تسلسل أو هجمات مدبرة.

هـ-من المعروف أن هذه الصواريخ وخاصة النماذج منها مثل س س١٠ و ١١ و(سواتر) ذات سرعة ابتدائية بطيئة يمكن مشاهدتها عند الانطلاق من قبل اعداد الدبابات ان كانت الرؤيا جيدة والاعداد مهيئين لذلك وفي هذه الحالة تستطيع آلية القتال تجنبها بتسترها خلف أي حاجز يتوفر بالقرب منها وذلك لأن هذه الأسلحة ترمى رميا مباشرا مما يتطلب وجود تبادل رؤيا بين الرامي وهدفه.

التعويض

يصعب تماما في هذه المرحلة معرفة الأنواع والكميات من الأسلحة والتجهيزات العسكرية التي وصلت إلى مصر وسوريا وإسرائيل لعوامل كثيرة لا تخفى على أحد مع ذلك يمكن اعتبار المعلومات التالية دلائل جيدة لاعطاء فكرة عامة عن حجم التعويض الذي تم حتى الان.

إسرائيل:

أ- بدأت التعويضات تصل إلى اسرائيل منذ بداية الأسبوع الثاني للحرب باستخدام الطائرات الأمريكية،الضخمة مثل (س٥) والتي تصل حمولتها ١٢٠ طن واستخدام سفن اسرائيلية وأمريكية من الموانئ الأمريكية والأوروبية.

ب- تركز جهد اسرائيل على استيراد الطائرات والدبابات وناقلات الجنود المدرعة وصواريخ م/د وذخيرة من طراز متقدّم وخاصة ذخيرة الطيران.

ج- أعلن على لسان مسؤولون أمريكيين وإسرائيليين في نهاية شهر تشرين ثاني ٧٣ أنه قد تم تعويض إسرائيل عن جميع ما خسرته من معدات خلال القتال وهذا يتوافق مع الخسائر المعلنة وحجم النقل الجوي الذي كان ممتد بين اسرائيل والولايات المتحدة خلال الفترة التي أعقبت الحرب.

د-استولت اسرائيل على معدات كثيرة في ساحات القتال وعلى الجبهتين مثل الدبابات والمدافع وناقلات الجنود المدرعة وصواريخ م/د، ومن المعروف أنه يمكن إصلاح نسبة عالية خاصة من الدبابات بوقت قصير وخاصة في اسرائيل للمستوى التقني الذي تتمتع به. بناء على ذلك يمكننا الافتراض بأنه يتوفر في اسرائيل الآن معدات ربما فاقت ما كان متوفر لديها قبل الحرب.

مصر وسوريا:

أ- أدعت المصادر الغربية بأن عملية التعويض للبلدين مـن الاتحـاد السـوفيتي ودول شرق أوروبا بدأت منذ بدأ القتال باستخدام الطائرات السـوفيتية انتونـوف ١٢ و٢٢ التي تصل حمولتها إلى ٦٥ طن وبمعدل ١٠٠٠ طن يوميا.

ب-   معظم التعويضات تركزت في الطائرات والصـواريخ والـذخيرة وأخـيرا الدبابات وقطع المدفعية.

ج- كذلك غنم الجانبان عددا من المعدات الاسرائيلـية والتي يمكـن الافـتراض بإمكانية تصليح تلك المعدات التي يمكن إدامتها مستقبلا.

د- يمكننا الافتراض أن نسبة التعويض للمعدات التي استوردتها سـوريا وصـلت حتى بداية شهر كانون أول ٧٣ وصلت إلى ٧٥%

هـ- تدعي بعض المصادر العلنية الغربية أن السوفييت زودوا مصرـ بعشرـين صاروخ أرض -أرض مزود برؤوس نووية تحسبا لما يعتقد من توفر عدد مـن الـرؤوس النووية لدى اسرائيل، ولم تؤيد هذه الأنباء من مصادر رسمية.

أما احتمال وجود أسلحة نووية لدى اسرائيل فإن الدراسة والتحليل المنطقيـين يقودان إلى وجود هذا السلاح إلا أن -الدلائل لم تثبت توفر مثل هذا السلاح.

الخلاصة

نجحت القوات السورية والمصرية في مباغتة العدو خلال حرب رمضان ٧٣ واستطاعت احراز نجاحات في المعارك التي دارت خلال الأيام الأولى من القتال.

ارتكبت القوات العربية أخطاء تعبوية أهمها في مجالات الحشد والتعرض وإدامة القتال مما فسح المجال أمام المبادرة مما أعطاه حرية الحركة وتقرير سير القتال وابتلاع مزيد من الأراضي العربية.

استطاعت الدول المتحاربة خلال شهرين من الزمن استعادة نسبة عالية من قوتها التي تعرضت لخسائر كبيرة خلال القتال بسبب ارتباط كل منها في دول العالم الكبرى المهيمنة على مقدرات العالم سياسيا وعسكريا. وتوفر المال اللازم لذلك.

تاريخ لا ينسى

١- هجوم القوات السورية من ٦ ولغاية ١٩٧٣/١٠/٩.

٢- الهجوم الاسرائيلي المضاد على الجبهة السورية من ٩ ولغاية ١٩٧٣/١٠/١٢.

٣- معركة القوات الأردنية على الجبهة السورية يوم ١٩٧٣/١٠/١٦.

٤- معركة القوات الأردنية على الجبهة السورية يوم ١٩٧٣/١٠/١٩.

٥- الخرق الإسرائيلي غرب القناة وأوضاع قوات الطرفين حتى ١٩٧٣/١٠/٢٨.

حرب الخليج الأولى

'حرب الخليج الاولى' و تسمى أيضاً الحرب العراقية الإيرانية أو ما يسمى بالفارسية (جنگ تحميلى) أي الحرب المفروضة و سميت من قبل الحكومة العراقية باسم قادسية صدام، كانت حرباً بين القوات المسلحة لدولتي العراق و إيران و استمرت من أيلول ١٩٨٠ إلى آب ١٩٨٨. اعتبرت هذه الحرب من أطول الحروب التقليدية في القرن العشرين و أدت إلى مقتل زهاء مليون شخص من الضحايا وخسائر مالية تقدر بحوالي ١,١٩ ترليون دولار أمريكي.

وقد غيرت الحرب المعادلات السياسية لمنطقة الشرق الأوسط وكان لنتائجها أعظم الأثر في العوامل التي أدت إلى حرب الخليج الثانية او ما سميت بعاصفة الصحراء في ١٩٩١.

جذور الخلافات العراقية-الأيرانية

ترجع أصول الخلافات العراقية-الإيرانية إلى قرون من الزمن حيث كانت هناك باستمرار نزاعات و خلافات حول الهيمنة على المنطقة بين الممالك المتعاقبة في بلاد مابين النهرين (العراق) و الامبراطورية الفارسية. قبل هيمنة الامبراطورية العثمانية على العراق كان العراق جزءاً من الامبراطورية الفارسية، وقبل ذلك كانت مساحات شاسعة من إيران تحت سيطرة البابليين والآشوريين، و لكن الوضع تغيّر في عهد مراد الرابع حيث اغتنم فرصة ضعف الصفويين واستطاع أن يضم العراق إلى حكم العثمانيين ولكن الخلافات على ترسيم الحدود بقيت مشكلة عالقة. بين عامي ١٥٥٥م و

١٩٧٥م تم التوقيع على مالا يقل عن ١٨ اتفاقية لترسيم الحدود بين العراق و إيران.

أحد جذور الخلاف يعود إلى مسألة السيادة على منطقة الأهواز التي يقطنها إيرانيون عرب في جنوب غرب إيران بإقليم عربستان /الأهواز /الاحواز /خوزستان وهي منطقة غنية بالنفط. في عام ١٩٥٩م بعد سنة واحدة من مجيئ الزعيم عبد الكريم قاسم للسلطة في العراق قام بدعم الحركات المطالبة بالاستقلال في الأهواز و أقدم عبدالكريم قاسم على إثارة الموضوع في الجامعة العربية، ولكن النجاح لم يحالف عبد الكريم قاسم الذي قتل في انقلاب قاده حزب البعث عام ١٩٦٣م.

في عام ١٩٦٩م بعد مجيئ حزب البعث للسلطة في العراق أعلن نائب رئيس الوزراء في العراق بأن الأهواز عربستان هو جزء من العراق وبدأت الإذاعة العراقية بنشر بيانات تحث الشعب العربي الأهوازي للقيام بالثورة ضد نظام الشاه في إيران. وفي عام ١٩٧١ قطع العراق علاقاته الدبلوماسية مع إيران نتيجة خلافات على سيادة الجزر الثلاث أبو موسى و الطنب الكبرى و الطنب الصغرى بعد انسحاب القوات البريطانية منها.

أحد الأسباب الرئيسية للخلافات بين العراق و إيران كان الخلاف حول السيادة الكاملة على شط العرب حيث كانت تحت السيادة العراقية الكاملة قبل عام ١٩٧٥م ولكن الدولتان تقاسمتا السيادة على شط العرب بعد اتفاقية الجزائر عام ١٩٧٥م والتي كف على أثرها الشاه في إيران عن مساعدة الثوار الأكراد في العراق، في مقابل تنازل العراق عن بعض حقوقه في شط العرب، واستفاد العراق من هذه الاتفاقية في إيقاف المساعدات الإيرانية لحركة التمرد الكردية التي قادها مصطفى البارزاني، ونجاح النظام العراقي في القضاء على الثورة الكردية.

عند مجيئ صدام حسين للسلطة في العراق عام ١٩٧٩م كان الجيش الإيراني جيشا ضعيفا فبعد إذ كان مصنفا كخامس جيش في العالم و بسبب إعادة الهيكلة و تعرض القياديون السابقون في الجيش إلى حملة اعتقالات على يد صادق خلخالي حاكم شرق إيران بعد وصول الثورة الإسلامية إلى سدة الحكم في إيران إضافة للعقوبات الأمريكية مما جعل الجيش الإيراني جيشاً ضعيف التسليح مقارنة بالجيش العراقي. وعندما بدأت بوادر "تصدير الثورة الإسلامية" إلى الشرق الأوسط حسب تعبير البعض بدأت دول المنطقة ذو الأقلية الشيعية مثل الكويت و السعودية إبداء القلق من احتمال امتداد الثورة الإسلامية الشيعية إلى مناطقهم، كل هذه العوامل بالإضافة إلى عوامل أخرى لعبت دوراً كبيراً في إشعال الشرارات الأولى لفتيل الحرب.

بدايات الحرب

بدأت العلاقات الدبلوماسية العراقية-الإيرانية بالتدهور في عام ١٩٨٠م بعد صراعات حدودية متفرقة.وبعدما قام صدام حسين في ١٧ أيلول ١٩٨٠ بتمزيق اتفاقية الجزائر لعام ١٩٧٥م و التي وقعها حينما كان نائب للرئيس العراقي آنذاك، مع شاه إيران عام ١٩٧٥.

واستعاد العراق نصف شط العرب الذي تنازل عنه لإيران بموجب ذلك الاتفاق.واعتبر شط العرب كاملاً جزءاً من المياه الإقليمية العراقية. و مما زاد الوضع تعقيدا هو محاولة اغتيال لوزير الخارجية العراقي آنذاك طارق عزيز من قبل عناصر حزب الدعوة الإسلامية العراقية التي كانت مؤيدة للنظام الإسلامي في إيران.

ادعى نظام الرئيس السابق صدام حسين بأن القوات الإيرانية بدأت العمليات العسكرية بقصفها للمخافر الحدودية في منطقة المُنذرية والشريط الحدودي بين محافظة واسط و محافظة ديالى، كما ادعى تقدم القوات الإيرانية باتجاه المناطق العراقية في منطقتي سيف سعد وزين القوس وقد أرسلت وزارة الخارجية العراقية برسائل للامم المتحدة حول ما وصفته بالانتهاكات الحدودية فردت الحكومة العراقية بإرسال المقاتلات العراقية بغارة جوية في العمق الأيراني مستهدفة المطارات العسكرية الإيرانية في عدد من المدن الإيرانية الرئيسية.

أعلن الرئيس العراقي صدام حسين أن مطالب العراق من حربه مع إيران هي: الاعتراف بالسيادة العراقية على التراب الوطني العراقي ومياهه النهرية والبحرية، و إنهاء الاحتلال الإيراني لجزر طنب الكبرى وطنب الصغرى وأبو موسى في الخليج عند مدخل مضيق هرمز، وكف إيران عن التدخل في الشؤون الداخلية للعراق.إضافة إلى المطالبة بالأهواز وإقليم عربستان/ خوزستان كجزء من العراق.[١]

قام الجيش العراقي بالتوغل في الأراضي الأيرانية بدون مقاومة تذكر في بداية الأمر. لكن سرعان ما بدأت القوات الإيرانية برص صفوفها وتطوع ما يقارب ١٠٠،٠٠٠ إيراني للذهاب إلى جبهات القتال بعد أسابيع من التوغل العراقي وبدأ الجيش العراقي يدرك أن الجيش الإيراني ليس بالضعف الذي كان متوقعاً. وبحلول عام ١٩٨٢م تمكن الجيش الإيراني من إعادة السيطرة على كل المناطق التي كانت تحت سيطرة الجيش العراقي مما حدا بالحكومة العراقية إلى عرض مبادرة لوقف إطلاق النار في عام ١٩٨٢م ولكن هذه المبادرة لم

[١] ياسين، حرب الخليج بين الماضي والمستقبل العربي، ص١٥١

تلق أذان صاغية لدى الحكومة الإيرانية التي كانت على ما يبدو مصممة على الإطاحة بحكومة الرئيس صدام حسين.

حرب الناقلات

في عام ١٩٨١م بدأ ما يسمى بحرب الناقلات و كانت عبارة عن استهداف متبادل لناقلات النفط و الناقلات البحرية التجارية للبلدين بغية قطع الإمدادات الاقتصادية و العسكرية للجيشين المتحاربين. ولم يكن الأمر مقتصراً على استهداف السفن التابعة للدولتين المتحاربتين بل امتدت لتشمل الدول الداعمة ففي ١٣ أيار ١٩٨٤ هوجمت سفينة كويتية قرب البحرين و في ١٦ أيار ١٩٨٤م هوجمت سفينة سعودية من قبل السفن الحربية الإيرانية حيث كانت الكويت و السعودية من الدول الداعمة للعراق.

تمّ تدمير ما مجموعه (٥٤٦) سفينة تجارية خلال حرب الناقلات وكانت أغلبيتها سفن كويتية مما حدا بالحكومة الكويتية إلى طلب المساعدة الدولية لحماية سفنها في عام ١٩٨٧م؛ فقامت الولايات المتحدة برفع علمها على السفن الكويتية لتوفير الحماية لها. لكن هذا الأجراء لم يمنع الإيرانيين من مهاجمة السفن مما حدا بالأسطول الأمريكي إلى مهاجمة سفن إيرانية، و من أشهر هذه الهجمات الهجوم الذي وقع في ١٨ نيسان ١٩٨٨ ودمر فيه سفينتين حربيتين إيرانيتين.

وقامت القوات الأمريكية بهجوم وقع في ٣ تموز ١٩٨٨ أدى إلى تدمير طائرة نقل ركاب مدنيين قالت القوات الأمريكية فيما بعد أنه وقع عن طريق الخطأ من قبل الطائرات الحربية الأمريكية و التي أدت إلى مقتل ٢٩٠ ركابا كانوا على متن الطائرة.

في خضم كل هذه الأحداث تم الكشف عن فضيحة إيران-كونترا ضمن صفوف إدارة الرئيس الأمريكي انذاك رونالد ريغان حيث تم الكشف عن حقيقة أن الولايات المتحدة كانت بالاضافة إلى دعمها للعراق فإنها و في نفس الوقت كانت تبيع الاسلحة لإيران و كانت تستخدم الأموال من تلك الصفقة لدعم الثوار في نيكاراغوا.

حرب المدن

مع اقتراب نهاية الحرب بدأ الخمول يظهر على أداء الجيشين العراقي و الإيراني نتيجة للاستنزاف الطويل للذخيرة الحربية و القوة البشرية للجيشين، فبدأت مرحلة سوداء في تاريخ الحرب وهي قصف المدن بصورة عشوائية عن طريق صواريخ سكود أو أرض-أرض طويلة المدى حيث راح ضحيتها الكثير من الأبرياء المدنيين.

وبدأت القوات الجوية العراقية بضربات إستراتيجية للمدن الإيرانية، واستهدفت الضربات طهران بشكل أساسي مع بداية عام ١٩٨٥،فقامت إيران بقصف العاصمة بغداد بصواريخ سكود البعيدة المدى. و رد العراق بالمثل بقصف طهران.

و وصل الأمر إلى حد استهداف العراق الطائرات المدنية و محطات القطار، وتدمير ثلاثة و أربعين مدرسة في عام ١٩٨٦ فقط أدى لمقتل مئات التلاميذ، وقام العراق باستعمال الأسلحة الكيمياوية في الحرب، ولم تتمتع الحكومة الإيرانية بدعم دولي على عكس العراق الذي كان يتمتع بإسناد ذو قاعدة عريضة، كل هذه العوامل مجتمعة أدت لأن وافقت إيران على هدنة اقترحتها الأمم المتحدة والتي وصفها الأمام الخميني "كأس السم" حسب

تعبيره في ٢٠ آب ١٩٨٨،حيث كانت إيران ترفض أي قرار من مجلس الأمن ما لم يعترف بأن العراق هو البادئ بالاعتداء، و إقرار التعويضات اللازمة لإيران والتي قد تصل إلى ٢٠٠ مليار دولار.

إلا أنه بعد ثلاثة أعوام من انتهاء الحرب وفي عام ١٩٩١ وبعد شهر واحد من الغزو العراقي للكويت وافق العراق على الالتزام باتفاقية عام ١٩٧٥ التي وقعها مع إيران.

الأسلحة و الدول التي زودت الأسلحة

كان الجيش العراقي يتم تسليحه بصورة رئيسية من الاتحاد السوفيتي و دول المعسكر الشرقي في العقود التي سبقت الحرب العراقية-الأيرانية. أثناء الحرب قام العراق بشراء أسلحة يقدر قيمتها بالمليارات من الاتحاد السوفيتي و الصين و مصر ـ و ألمانيا، و قامت ألمانيا و فرنسا و اسبانيا و المملكة المتحدة و الولايات المتحدة الأمريكية ببناء ترسانة العراق من الأسلحة الكيمياوية و البايولوجية وقامت فرنسا بتزويد العراق بالتقنية النووية؛ حيث قامت شركة فرنسية ببناء مفاعل أوسيراك النووي والذي أطلق العراق عليه تسمية مفاعل تموز النووي الذي تم تدميره من قبل طائرات إسرائيلية في ٧ حزيران ١٩٨١.

كان معظم الدعم المالي للعراق يأتي من الدولتين النفطيتين الغنيتين الكويت و السعودية.

بلغت نسبة مبيعات العراق من الأسلحة منذ ١٩٧٠ إلى ١٩٩٠ إلى مايقارب ١٠% من نسبة صفقات الأسلحة في العالم وكانت النسب كالتالي:

◄ الاتحاد السوفيتي ٦١% ما قيمته ١٩,٢ مليار دولار امريكي.

- فرنسا ١٨% ما قيمته ٥,٥ مليار دولار امريكي.
- الصين ٥% ما قيمته ١,٧ مليار دولار امريكي.
- البرازيل ٤% ما قيمته ١,١ مليار دولار امريكي.
- مصر ٤% ما قيمته ١,١ مليار دولار امريكي
- دول اخرى ٦% ما قيمته ٢,٩ مليار دولار أمريكي.

بالنسبة للجيش الإيراني فقد كان يتم تسليحه في زمن الشاه قبل مجيئ الثورة الإسلامية من قبل الولايات المتحدة الأمريكية، و في أثناء الحرب قامت سوريا و ليبيا و كوريا الشمالية و الصين بتزويد إيران بالسلاح وقامت الولايات المتحدة الأمريكية بصورة غير مباشرة و بسرية تامة بتزويد إيران بالأسلحة. ولكن تم الكشف عن أحد هذه الصفقات والذي أطلق عليه اسم فضيحة إيران-كونترا.

أثناء الحرب استعملت القوة الجوية الإيرانية طائرات أمريكية الصنع وهي ما كانت بحوزتها منذ أيام الشاه على سبيل المثال طائرات الفانتوم، F٤، F٥، AH١ Cobra، F١٤ ولكن مع استمرار الحرب بات من الصعوبة الحصول على قطع غيار لهذه الطائرات بسبب العزلة الدولية لإيران كذلك بسبب الغارات الجوية العراقية على المطارات العسكرية مما أدى إلى فقدان إيران معظم طائراتها الحربية.

استعملت القوات الجوية العراقية طائرات سوفيتية الصنع مثل Tu١٦، MiG٢١، Sukhoi٢٢، وطائرات فرنسية مثل الميراج.

دور الولايات المتحدة الأمريكية:

بعد قيام الثورة الإسلامية في إيران بدأت العلاقات الإيرانية-الأمريكية بالتدهور وبدأت الإدارة الأمريكية تفكر بأن التعامل مع الرئيس العراقي صدام حسين هو "أهون الشرين" حسب تعبير الخارجية الأمريكية وخوفاً من فكرة "تصدير الثورة الأسلامية" قام الغرب بتزويد العراق بمواد ذو "استخدام مزدوج" منها على سبيل المثال حواسيب متطورة و سيارات إسعاف مدرعة و سماد كيمياوي.

استعملت الإدارة الأمريكية الفرع الأمريكي لأكبر البنوك الإيطالية في الولايات المتحدة الأمريكية والتي كانت مقرها مدينة اتلانتا عاصمة ولاية جورجيا لتحويل مبالغ قدرها ٥ مليار دولار إلى العراق من عام ١٩٨٥ إلى ١٩٨٩ وقام مبعوث البيت الابيض دونالد رامسفيلد بلقاء الرئيس العراقي صدام حسين مرتين في ١٩ كانون ثاني ١٩٨٣ و ٢٤ آذار ١٩٨٤.

ومن الجدير بالذكر أن ٢٤ آذار ١٩٨٤ موعد اللقاء الثاني بين رامسفيلد و صدام حسين هو نفس اليوم الذي أصدرت فيه الأمم المتحدة بياناً يشجب فيه استعمال العراق للاسلحة الكيمياوية في الحرب وقد قامت الولايات المتحدة الأمريكية بتزويد معلومات استخبارية عسكرية و خرائط جوية للعراق و في نفس الوقت كانت تقوم بتسليح إيران بصورة غير مباشرة عن طريق صفقة الأسلحة المعروفة بتسمية فضيحة إيران-كونترا، وقد أظهرت تقارير من المخابرات الأمريكية تم رفع السرية عنها مؤخراً وأن الولايات المتحدة كانت في مصلحتها إطالة أمد الحرب و الحيلولة دون احراز إيران نصر عسكري في الحرب.

في أيلول ١٩٨٩ أي بعد انتهاء الحرب كشفت صحيفة Financial Times عن معلومات بأن البيت الابيض كان وراء الدعم المالي لحصول العراق على أسلحة كيمياوية و تقنية نووية. في كانون ثاني ٢٠٠٢ وعندما زودت العراق لجنة تفتيش الأسلحة بتقارير مفصلة عن برامج أسلحة الدمار الشامل محاولةً منها لتفادي الغزو الأمريكي ظهرت أسماء لشركات أمريكية منها على سبيل المثال شركة ميرلاند و شركة تينسسي و الشركتان كانتا متخصصتان بالمواد الكيمياوية.

اسلحة الدمار الشامل

وصلت أعداد ضحايا إيران من جراء استعمال العراق لأسلحة كيمياوية زهاء ١٠٠،٠٠٠ خلال السنوات الثمان للحرب حيث قدرت الإحصاءات أن ٢٠،٠٠٠ جندي إيراني قتلوا نتيجة استعمال العراق لغاز الأعصاب، و ٥٠٠٠ جندي إيراني أصيبوا بأمراض مزمنة جراء استعمال غاز الخردل.

وهناك شعور عام بالاستياء بين الإيرانيين حتى هذا اليوم من دعم الدول الغربية للعراق في تطوير قدراته البايلوجية و الكيمياوية و يعتبر قصف مدينة حلبجة بالأسلحة الكيمياوية من أبرز الأمثلة على استعمال الأسلحة الكيمياوية في الحرب، ومن الجدير بالذكر ان الرئيس العراقي السابق صدام حسين قام بانكار اية صلة له بأحداث حلبجة خلال الجلسات التحقيقية الأولية من محاكمة صدام حسين.و يقال ان إيران هي المسؤولة عن قصف حلبجة بالأسلحة الكيميائية.

استعمال الموجات البشرية في المعارك.

نتيجة لعدم امتلاك الجيش الإيراني لتكنولوجيا فعالة لاختراق حقول الألغام التي تم زرعها من قبل الجيش العراقي وفعالية رجال الدين في إيران في تأجيج المشاعر الوطنية و الدينية للإيرانيين فقد تطوعت أعداد كبيرة من قوات الحرس الثوري الإيراني (الباسدار) و ميليشيا متطوعون أطلق عليهم تسمية (الباسيج). و تم استعمالهم كموجات بشرية لاختراق الخطوط الدفاعية لحقول الألغام العراقية، و كانت هناك مزاعم ان اطفالا بعمر ٩ سنوات قد شاركوا في هذه الموجات البشرية.

نهاية الحرب

بعد الأضرار الفادحة التي تكبدتها العراق و إيران من جراء السنوات الثمان للحرب وافقت إيران على هدنة اقترحتها الأمم المتحدة والتي وصفها الأمام الخميني "كأس السم" حسب تعبيره في ٢٠ آب ١٩٨٨.. تم تقدير خسائر إيران بحوالي ٣٥٠ مليار دولار و بلغت ديون العراق معدلات عالية ومنها ١٤ مليار دولار منحتها دولة الكويت للعراق و الذي كان أحد اسباب حرب الخليج الثانية، ناهيك عن ضحايا بشرية من الجانبن فاقوا المليون قتيل. تم تدمير معظم البنية التحتية لاستخراج النفط في كلا الدولتين نتيجة للقصف الجوي المتبادل.

معظم الخلافات الحدودية في نهاية الحرب بقت على حالها حتى عام ١٩٩١. وبعد شهر واحد من الغزو العراقي للكويت وافق العراق على الالتزام باتفاقية عام ١٩٧٥ التي وقعها مع إيران عام ١٩٧٥، واعترف العراق فيها بحقوق إيران في الجانب الشرقي من شط العرب. في ٩ كانون ثاني ١٩٩١ أي بعد ثلاث

سنوات من انتهاء الحرب اصدر مجلس الأمن بياناً ورد فيه أن "الهجوم العراقي على إيران في ٢٢ أيلول ١٩٨٠ لا يمكن تبريره حسب قوانين الأمم المتحدة" حيث حمل البيان العراق المسؤولية الكاملة عن الحرب. ومن الجدير بالذكر أن هذا البيان أصدر عندما كان على العراق ضغط دولي نتيجة اجتياح العراق للكويت حيث لم يصدر مثل هذا البيان خلال السنوات الثمانية الطويلة للحرب.

حرب الخليج الثانية

وتسمى أيضا بحرب تحرير الكويت وعملية عاصفة الصحراء وسميت من قبل الحكومة العراقية بأسم أم المعارك، هي الحرب التي وقعت بين العراق وائتلاف دولي من ٣٣ دولة بقيادة الولايات المتحدة وبتشريع من الأمم المتحدة. بدأ الصراع بعد اجتياح الجيش العراقي لدولة الكويت في ٢ آب ١٩٩٠ م وانتهت في شباط ١٩٩١ م. تألفت الحرب من جزئين رئيسيين وهما حملة القصف الجوية على أهداف داخل العراق والتوغل الأرضي لقوات التحالف داخل الأراضي العراقية، امتدت الحرب على مساحة جغرافية شملت أراضي العراق والكويت والسعودية وتم فيها إطلاق صواريخ أرض أرض (سكود) عراقية بعيدة المدى على أهداف داخل إسرائيل والسعودية.[١]

أسباب الصراع وجذوره

الكويت دولة يحكمها آل الصباح منذالقرن السابع عشرالميلادي،و كانت مسكونة من قبل مجموعة من القبائل التي كانت تتاجر عن طريق البحر مع الهند وكان معظم سكانها يعتمدون على التجارة باللؤلؤ،في نهاية القرن التاسع عشر أبدت بريطانيا اهتماماشديدا بمنطقة شمال الخليج العربي، فأقدمت في عام ١٨٩٩ على توقيع معاهدة حماية مع أمير الكويت مبارك الصباح تعهدت بريطانيا بموجب هذه الاتفاقية بحماية استقلال دولة الكويت.

ويستند الكويتيون كثيرا على هذه الاتفاقية بكونهم دولة مستقلة عن سلطة الامبراطورية العثمانية و بالتالي عن العراق. و يذكر أن بريطانيا

---

[١] عودة بطرس عوده، حرب الخليج - من المسؤول، ص٩

تدخلت عسكريا ثلاث مرات على الأقل لضمان استقلال الكويت، المرة الأولى عام ١٩٢٠ عندما حاصرت قوات قبائل الأخوان الموالية، للملك عبدالعزيز بن آل السعود، أمير الكويت الشيخ سالم بن مبارك الصباح في القصر الأحمر بقرية الجهراء،فأرسلت بريطانيا انذارا لابن سعود بضرورة فك الحصار عن امير الكويت،فلم يملك مؤسس الدولة السعودية و موحد الجزيرة إلا الاستجابة لمطالب بريطانيا،المرة الثانية في عام ١٩٦١ عندما حاول عبدالكريم قاسم غزو الكويت،فأرسلت بريطانيا قواتها لحماية الكويت من أي غزو محتمل،و المرة الثالثة عام ١٩٩١ بعد غزو العراق للكويت.

على مر السنين لم تتدخل السلطة العثمانية بالشؤون الداخلية للكويت، فلم تعين أو تعزل حاكما أو قاضيا،ولم يتواجد على أرضها جنديا عثمانيا واحدا، ولم يتجند أبناؤها بخدمة الجيش التركي.و كان للسفن الكويتية علم خاص،و هو عبارة عن مستطيل أحمر تتوسطه عبارة "كويت".بدأت متاعب دولة الكويت مع دول الجوار،بعد ورود أنباء مؤكدة عن وجود احتياطي نفطي ضخم تحت أرض الكويت.

في عام ١٩٣٥ م اعتبر الملك العراقي غازي بن فيصل بن الحسين الكويت جزءا من العراق وقام بفتح إذاعة خاصة به في قصره الملكي قصر الزهور و خصصه لبث حملته لضم الكويت إلى العراق وكادت الجيوش العراقية تجتاح الكويت لولا وفاة الملك غازي في حادث سيارة عام ١٩٣٩ عندما كان يقود سيارته التي اصطدمت بأحد الأعمدة الكهربائية.

في عام ١٩٦١ و بعد إعلان الكويت لاستقلالها صرح الزعيم العراقي آنذاك عبد الكريم قاسم ومن على شاشة التلفاز أن "الكويت جزء لايتجزأ من العراق". أثناء الحرب العراقية-الأيرانية دعمت الكويت والسعودية العراق

اقتصاديا بسبب ما وصفه البعض من مخاوف هاتين الدولتين من انتشار الثورة الأسلامية بسبب وجود أقلية شيعية في هاتين الدولتين.[1]

وصلت حجم المساعدات الكويتية للعراق اثناء الحرب العراقية-الأيرانية إلى ما يقارب ١٤ مليار دولار، كان العراق يأمل بدفع هذه الديون عن طريق رفع أسعار النفط بواسطة تقليل نسبة إنتاج منظمة اوبك للنفط ولكن الكويت العضوة في منظمة أوبك قامت برفع نسبة إنتاجها من النفط بدلا من خفضه وهو ما كان يطمح إليه العراق المثقل بالديون بعد الحرب العراقية الأيرانية. يعتقد بعض المحللين السياسيين أن إجراء الكويت هذا كانت كورقة ضغط على الحكومة العراقية لحل المشاكل الحدودية العالقة منذ عقود.

بدأ العراق بتوجيه اتهامات للكويت مفادها أن الكويت قام بأعمال تنقيب غير مرخصة عن النفط في الجانب العراقي من حقل الرميلة النفطي ويطلق عليه في الكويت حقل الرتقة وهو حقل مشترك بين الكويت والعراق وصرح الرئيس العراقي آنذاك صدام حسين أن الحرب العراقية الأيرانية التي استمرت ٨ سنوات كانت بمثابة دفاع عن البوابة الشرقية للوطن العربي حسب تعبيره وأن على الكويت والسعودية التفاوض على الديون أو إلغاء جميع ديونها على العراق.

أحدى نتائج الحرب العراقيةالأيرانية كان تدمير موانئ العراق على الخليج العربي مما شلَّ حركة التصدير العراقي للنفط من هذه الموانئ وكانت القيادة العراقية تأخذ في حساباتها المستقبلية احتمالية نشوب الصراع مع إيران مرة اخرى ولكنها كانت تحتاج إلى مساحة أكبر من السواحل المطلة

---

[1] عودة بطرس عوده، حرب الخليج – من المسؤول، ص١٥-٢٠

على الخليج العربي فكانت الكويت احسن فرصة لتحقيق هذا التفوق الإستراتيجي.

حاولت القيادة العراقية إضافة لمسات قومية لهذا الصراع فقامت بطرح فكرة أن الكويت كانت جزءا من العراق وتم اقتطاع هذا الجزء من قبل الإمبريالية الغربية حسب تعبيرها وتم أيضا استغلال تزامن هذا الصراع مع أحداث الإنتفاضة الفلسطينية الأولى حيث كان معظم حكام الدول العربية ومن ضمنهم الكويت والسعودية على علاقات جيدة مع الغرب ووصفتهم القيادة العراقية بصفة "عملاء للغرب" وحاولت القيادة العراقية طرح فكرة أنها الدولة العربية الوحيدة التي تقارع الولايات المتحدة الأمريكية و إسرائيل.

العلاقات العراقية الأمريكية قبل حرب الخليج الثانية.

١. كانت العلاقات العراقية-الأمريكية علاقات باردة حيث كان للعراق علاقات قوية مع الاتحاد السوفيتي حيث وقع معاهدة الصداقة مع السوفيت في ٩ نيسان ١٩٧٢. وكانت للولايات المتحدة تحفظات على العراق بسبب موقف العراق من إسرائيل ودعم العراق لمجموعة أبو نضال الفلسطينية و التي كانت تعرف بفتح-المجلس الثوري أو منظمة أبو نضال. والتي كانت على قائمة الخارجية الأمريكية للمجموعات الأرهابية.

بعد اندلاع الحرب العراقية-الأيرانية التزمت الولايات المتحدة الأمريكية موقفا حياديا في بداية الحرب الا ان هذا الموقف تغيّر في عام ١٩٨٢ مع احراز إيران لانتصارات عسكرية واسترجاعها لجميع الأراضى التي توغل بها الجيش العراقي في بداية الحرب العراقية-الأيرانية. كان العقبة الوحيدة في طريق استئناف العلاقات الدبلوماسية بين بغداد و واشنطن هو أبو نضال و

مجموعته فتح - المجلس الثوري أو منظمة أبو نضال وسرعان ما غادرت المجموعةالعراق إلى سوريا ارسلت الولايات المتحدة الأمريكية مبعوثها دونالد رامسفيلد إلى بغداد وبدأت صفحة جديدة من العلاقات.

٢. كانت للولايات المتحدة الأمريكية مخاوف من فكرة "تصدير الثورة الأسلامية" فقام مبعوث البيت الابيض، دونالد رامسفيلد بلقاء الرئيس العراقي صدام حسين مرتين في ١٩ كانون ثاني ١٩٨٣ و ٢٤ آذار ١٩٨٤.

ومن الجدير بالذكر ان ٢٤ آذار ١٩٨٤ موعد اللقاء الثاني بين رامسفيلد و صدام حسين هو نفس اليوم الذي اصدرت فيه الأمم المتحدة بيانا يشجب فيه استعمال العراق للاسلحة الكيمياوية في الحرب،وقد قامت الولايات المتحدة الأمريكية بتزويد معلومات استخبارية عسكرية وخرائط جوية للعراق و في نفس الوقت كانت تقوم بتسليح إيران بصورة غير مباشرة عن طريق صفقة الأسلحة المعروفة بتسمية فضيحة إيران-كونترا، وقد اظهرت تقارير من المخابرات الأمريكية تم رفع السرية عنها مؤخرا ان الولايات المتحدة كانت في مصلحتها اطالة امد الحرب و الحيلولة دون احراز إيران على نصر عسكري في الحرب.

٣. استعملت الأدارة الأمريكية الفرع الأمريكي لأكبر البنوك الأيطالية في الولايات المتحدة الأمريكية والتي كانت مقرها مدينة اتلانتا عاصمة ولاية جورجيا لتحويل مبالغ قدرها ٥ مليار دولار إلى العراق من عام ١٩٨٥ إلى ١٩٨٩.

٤. ساهمت الولايات المتحدة ببناء الترسانة العراقية من الأسلحة الكيمياوية عن طريق تزويدها العراق بمواد "ذو استخدام مزدوج" مثل عينات ضخمة من الأنثراكس و الكلوستريدا و الهستوبلازما وهي جميعها جراثيم خطيرة جدا.وكانت هذه المبالغ تصرف من ميزانية وزارة الزراعة الأمريكية

بنسبة قدرها (٤٠٠) مليون دولار في السنة بدءاً من عام ١٩٨٣ ثم ازدادت إلى مليار دولار في السنة من١٩٨٨ إلى ١٩٨٩ وكانت اخر دفعة في عام ١٩٩٠ و كانت تفدر بمبلغ ٥٠٠ مليون دولار. بقيت العلاقات العراقية-الأمريكية جيدة إلى اليوم الذي اجتاح فيه الجيش العراقي الكويت.

٥. في تموز ١٩٩٠ كانت الجيوش العراقية قد بدأت تحشدها على الحدود العراقية الكويتية وفي ٢٥ تموز ١٩٩٠ التقى صدام حسين بالسفيرة الأمريكية ببغداد نيسان غلاسبي والتي قالت بأن بلادها لن تتدخل في الخلاف الكويتي العراقي و الذي يرجح البعض ان صدام حسين اعتبره بمثابة "ضوء اخضر".

٦. من الجدير بالذكر ان جريدة *The Washington Post* الأمريكية نشرت في وقت لاحق خبرا مفاده أن وزير الخارجية الكويتية قد اغمي عليه في القمة العربية التي عقدت في السعودية والتي انتهت في ١ آب بدون نتائج تذكر عندما واجهه ممثل العراق وزير الخارجية الكويتي بوثيقة سرية زعم ان المخابرات العراقية حصلت عليها، هذه الوثيقة التي اصرت الكويت و وكالة المخابرات الأمريكية بأنها مزورة كانت تنص على ما معناه "انه تم عقد لقاء بين رئيس المخابرات الكويتية فهد احمد الفهد و رئيس وكالة المخابرات الأمريكية وليام ويبستر في تشرين ثاني ١٩٨٩ وتم التداول في كيفية زعزعة الأقتصاد العراقي لزيادة الضغط على العراق لحل المشاكل الحدودية العالقة بين البلدين.[١]

[١] عوده بطرس عوده، حرب الخليج – من المسؤول، ص٩٨-١٠١

اجتياح الكويت

في مطلع فجر ٢ آب ١٩٩٠ دخل الجيش العراقي الكويت وتوغلت المدرعات و الدبابات العراقية في العمق الكويتي و قامت بالسيطرة على مراكز رئيسية في شتى انحاء الكويت ومن ضمنها البلاط الأميري. تم اكتساح الجيش الكويتي بسهولة وبدون مقاومة تذكر الا ان معارك عنيفة وقعت بالقرب من قصر امير الكويت و كانت هذه المناوشات كفيلة بأكتساب الوقت الكافي لأمير الكويت من اللجوء إلى السعودية.

بدأت عمليات سلب و نهب واسعة النطاق من قبل القوات العراقية شملت جميع مرافق الكويت من ابسط المواد الغذائية على رفوف الأسواق إلى اجهزة طبية متطورة وبدأت حملة منظمة لنقل ماتم الأستحواذ عليه إلى العراق.

أرتكب الجيش العراقي العديد من الجرائم بحق الشعب الكويتي كعمليات الإعدام بدون محاكمة، وكانت عمليات الإعدام تجرى أمام منزل الضحية و بحضور أسرته، و تجبر الأسرة على دفع ثمن الرصاص لاستلام الجثمان.

قام الجيش العراقي بالسيطرة على الأذاعة و التلفزيون الكويتي وتم اعتقال الالاف من المدنيين الكويتيين بالاضافة إلى اعداد كبيرة من الأجانب الذين كانوا موجودين في الكويت، في ذلك الوقت والذين تم استعمالهم كرهائن لاحقا.أما الكويتيون فقد خضعوا لشتى أنواع التعذيب و التنكيل،ويذكرأن بعد سقوط نظام صدام حسين تم العثور على قبور ما يقارب ٦٠٠ أسير كويتي تم إعدامهم في العراق.

قامت السلطات العراقية و لأغراض دعائية بنصب حكومة صورية برئاسة علاء حسن علي من ٤ آب ١٩٩٠ إلى ٨ آب ١٩٩٠ اي لمدة اربعة ايام وكان علاء

حسن علي يحمل الجنسيتين العراقية و الكويتية حيث نشأ في الكويت وتخرج من جامعات بغداد وانتمى إلى حزب البعث في ايام الدراسة واصبح ضابطا في الجيش الكويتي.

في ٨ آب ١٩٩٠ تم ضم الكويت للعراق ولم يسمع اي خبر عن علاء حسن علي حتى عام ١٩٩٨ حيث عرف انه غادر العراق إلى تركيا تحت اسم مزيف واستقر في النرويج علما ان المحاكم الكويتية اصدرت بحقه حكما بالاعدام في عام ١٩٩٣.

كانت النسخة العراقية من الأحداث و التي حاولت قنوات الأعلام العراقي بنشرها هو ان انقلابا عسكريا حصل في الكويت بقيادة الضابط الكويتي علاء حسن علي الذي طلب الدعم من العراق للاطاحة بأمير الكويت ولكن هذا التحليل لم يلاق قبولا من الرأي العام العالمي.[١]

موقف الدول العربية من الحرب

تباينت دول الجامعة العربية بموقفها من الحرب، الأردن اعلن رسميا تاييده للعراق واعتبر الحرب عدوانا على الامة العربية كما ورد في البيان الاردني،ومثلها فعلت منظمة التحرير الفلسطينية واليمن والسودان وليبيا، وتحفظت كل من الجزائر وتونس، وايدت الحرب كل من دول الخليج ومصر وسوريا والمغرب.أمين الجامعة العربية الشاذلي القليبي أعلن استقالته ساعة بدء الحشد للحرب على العراق.[٢]

---

[١] عوده بطرس عوده، حرب الخليج – من المسؤول، ١٠١-١١٠
[٢] م.ن ص١١٣، م.ن ص١٤٩

الوسائل الدبلوماسية

بعد ساعات من الأجتياح العراقي للكويت طالبت الكويت و الولايات المتحدة بعقد اجتماع طارئ لمجلس الأمن وتم تمريرالقرار ٦٦٠ والتي شجبت فيها الأجتياح وطالبت بانسحاب العراق من الكويت. في ٣ آب عقدت الجامعة العربية اجتماعا طارئا وقامت بنفس الأجراء وفي ٦ آب اصدر مجلس الأمن قرارا بفرض عقوبات اقتصادية على العراق.

بعد اجتياح الكويت بدأت السعودية من ابداء مخاوف عن احتمالية حدوث اجتياح لاراضيها و هذه الأحتمالية لعبت دورا كبيرا في تسارع الأجراءات و التحالفات لحماية حقول النفط السعودية التي ان سيطرت العراق عليها كانت ستؤدي إلى عواقب لم يكن في مقدرة الغرب تحملها.

كان حجم الديون السعودية للعراق اثناء حرب الخليج الأولى تفوق حجم الديون الكويتية اذ كانت تقدر بحوالي ٢٦ مليار دولار ومما زاد حجم تلك المخاوف هو الحملة الأعلامية التي قام العراق بشنها على السعودية،وقام الرئيس العراقي بأضافة كلمة الـلـه أكبر على العلم العراقي في محاولة منه لأضفاء طابع ديني على الحملة و محاولة منه لكسب الأخوان المسلمين و المعارضين السعوديين وزاد حجم هذا الطابع الديني في الحملة الدعائية على السعودية عندما بدأت القوات الأجنبية تتدفق على السعودية.

في بداية الأمر صرح الرئيس الأمريكي جورج بوش الأب بأن الهدف من الحملة هو منع القوات العراقية من اجتياح الأراضي السعودية وسمى الحملة بتسمية عملية درع الصحراء و بدأت القوات الأمريكية بالتدفّق إلى السعودية في ٧ آب ١٩٩٠ في نفس اليوم الذي اعلن العراق فيه ضمه للكويت و اعتباره

"المحافظة التاسعة عشر". وصل حجم التحشدات العسكرية في السعودية إلى ٥٠٠،٠٠٠ جندي.[١]

في خضم هذه التحشدات العسكرية صدرت سلسلة من قرارات لمجلس الأمن و الجامعة العربية و كانت اهمها القرار رقم ٦٧٨ من مجلس الأمن والتي اصدرت في ٢٩ تشرين ثاني ١٩٩٠ والتي اعطت فيه ١٥ كانون ثاني ١٩٩١ موعدا نهائيا للعراق لسحب قواتها من الكويت والا فإن قوات الائتلاف سوف "تستعمل كل الوسائل الضرورية لتطبيق قرار مجلس الأمن رقم ٦٦٠.

قام وزير الخارجية الأمريكي جيمس بيكر بجمع ٣٤ دولة في ائتلاف ضد العراق وكان ٧٤% من العدد الأجمالي للجنود التي تم حشدهم هم جنود امريكيون ووصل العدد الأجمالي لجنود قوات الائتلاف إلى ٦٦٠،٠٠٠. قامت الولايات المتحدة بعدد من الأجراءات لاستمالة الرأي العام في الشارع الأمريكي إلى القبول بفكرة التدخل الأمريكي في مسالة الكويت حيث برزت اصوات معارضة للتدخل في الشارع الأمريكي، وأحد هذه الأجراءات كانت انشاء منظمة مواطنون للكويت الحرة والتي تم تمويلها باموال كويتية حيث قامت بحملات اعلامية لكسب ود الشارع الأمريكي و العالمي وأحد الحملات الدعائية المثيرة للجدل التي قامت بها هذه المنظمة كانت اظهار سيدة على شاشة التلفزيون تصف كيف ان بعض الجنود العراقيين قاموا باخراج الأطفال المرضى من حاضناتهم في أحد المستشفيات والقوا بهم على الأرض ليموتوا. بعد سنة واحدة من عرض هذا الشريط تم اكتشاف ان هذه السيدة كانت من افراد العائلة الحاكمة في الكويت وكانت تعيش في باريس اثناء الأجتياح العراقي للكويت.

---

[١] عودة بطرس عوده، حرب الخليج - من المسؤول، ص ١٢٢-١٣٨

بدأ العراق محولات اعلامية لربط مسالة اجتياح الكويت بقضايا "الأمة العربية" فاعلن العراق ان اي انسحاب من الكويت يجب ان يصاحبه انسحاب سوري من لبنان وانسحاب إسرائيلي من الضفة الغربية و قطاع غزة و هضبة الجولان.

الحملـة الجويـــة

في مطلع فجر ١٦ كانون ثاني ١٩٩١ اي بعد يوم واحد من انتهاء المهلة النهائية التي منحها مجلس الأمن للعراق لسحب قواته من الكويت شنت طائرات قوات الائتلاف حملة جوية مكثفة و واسعة النطاق شملت العراق كله من الشمال إلى الجنوب و بمعدل ١٠٠٠ غارة جوية في اليوم. في ١٧ كانون ثاني ١٩٩١ قام الرئيس صدام حسين باصدار بيان من على شبكة الأذاعة العراقية معلنا فيها ان "ام المعارك قد بدأت".

استعمل في هذه الحملة الجوية من القنابل ما يسمى القنابل الذكية والقنابل العنقودية وصواريخ كروز. قام العراق بالرد على هذه الحملات الجوية بتوجيه ٨ صواريخ سكود (أرض أرض) إلى أهداف داخل إسرائيل في ١٨ كانون ثاني ١٩٩١ م. بالإضافة إلى إطلاق صواريخ سكود على كل من مدينتي الظهران والرياض السعودية، ومن ضمن ابرز الاهداف التي اصابتها الصواريخ العراقية داخل الاراضي السعودية اصابة منطقة عسكرية امريكية في الظهران ادت إلى مقتل ٢٨ جندي امريكي مما ادى إلى عملية انتقامية بعد انسحاب القوات العراقية وقصف القوات المنسحبة في عملية سميت بـ طريق الموت.

وفي الرياض اصابت الصواريخ العراقية مبنى الاحوال المدنية و مبنى مدارس نجد الاهلية الذي كان خاليا وقتها. كان الهدف الأولي لقوات

الائتلاف هو تدمير قوات الدفاع الجوي العراقي لتتمكن بعد ذلك بالقيام بغاراتها بسهولة وقد تم تحقيق هذا الهدف بسرعة وبسهولة حيث تم إسقاط طائرة واحدة فقط من طائرات قوات الائتلاف في الأيام الأولى من الحملة الجوية. كانت معظم الطائرات تنطلق من الأراضي السعودية وحاملات الطائرات الستة المتمركزة في الخليج العربي.[1]

بعد تدمير معظم قوات الدفاع الجوي العراقي اصبحت مراكز الأتصال القيادية الهدف الثاني للغارات الجوية وتم الحاق اضرار كبيرة بمراكز الأتصال مما جعل الأتصال يكاد يكون معدوما بين القيادة العسكرية العراقية و قطعات الجيش. قامت الطائرات الحربية العراقية بطلعات جوية متفرّقة ادت إلى اسقاط ٣٨ طائرة ميك (*Mugs*) عراقية من قبل الدفاعات الجوية لقوات الائتلاف وادرك العراق ان طائراتهاالسوفيتية الصنع ليست بامكانها اختراق الدفاعات الجوية لقوات الائتلاف فقامت بارسال المتبقي من طائراتها إلى إيران و بدأ العراق في ٢٣ كانون ثاني ١٩٩١ بعملية سكب متعمدة لمايقارب مليون طن من النفط الخام إلى مياه الخليج العربي.

بعد تدمير الدفاعات الجوية و مراكز الأتصال العراقية بدأت الغارات تستهدف قواعد اطلاق صواريخ سكود العراقية و مراكز الأبحاث العسكرية العراقية و السفن الحربية العراقية و القطعات العسكرية العراقية المتواجدة في الكويت و مراكز توليد الطاقة الكهربائية و مراكز الأتصال الهاتفي و مراكز تكرير وتوزيع النفط و الموانئ العراقية و الجسور و سكك الحديد و مراكز تصفية المياه وقد ادى هذا الأستهداف الشامل للبنية التحتية العراقية إلى عواقب لاتزال اثارها شاخصة إلى حد هذا اليوم.

---

[1] عودة بطرس عوده، حرب الخليج – من المسؤول، ص١٤٦-١٤٨

في ١٣ شباط ١٩٩١ دمر "صاروخان ذكيان" ملجأ العامرية التي اثيرت حولها جدل كثير والتي ادت إلى مقتل أكثر من ٤٠٠ عراقي معظمهم من النساء و الأطفال.

بدأ العراق باستهداف قواعد قوات الائتلاف في السعودية بالاضافة إلى استهداف إسرائيل و التي كانت على ما يبدو محاولة من القيادة العراقية لجر إسرائيل إلى الصراع املا منها ان يؤدي هذا إلى صدع في صفوف الائتلاف و خاصة في صفوف القوات العربية المشاركة في الائتلاف ولكن هذه المحاولة لم تنجح لان إسرائيل لم تقم بالرد ولم تنضم إلى الائتلاف. في ٢٥ شباط ١٩٩١ نجح صاروخ عراقي في اصابة قاعدة امريكية في الظهران بالسعودية وادت إلى مقتل ٢٨ جندي امريكي.

في ٢٩ كانون ثاني ١٩٩١ تمكنت وحدات من القوات العراقية من السيطرة على مدينة الخفجي السعودية ولكن قوات الحرس الوطني السعودي بالاضافة إلى قوة قطرية تمكنتا من السيطرة على المدينة، ويرى المحللون العسكريون انه لو كانت القوة العراقية المسيطرة على الخفجي أكبر حجما لادى ذلك إلى تغيير كبير في موازين الحرب اذ كانت مدينة الخفجي ذو اهمية استراتيجية كونها معبرا لحقول النفط الشرقية للسعودية ولم تكن الخفجي محمية بقوة كبيرة الأمر الذي استغله القيادة العسكرية العراقية. وسميت هذه المعركة باسم معركة الخفجي

التوغل الأمريكي على الأرض

في ٢٢ شباط ١٩٩١ وافق العراق على مقترح سوفيتي بوقف اطلاق النار والأنسحاب من الأراضي الكويتية خلال فترة قدرها ٣ اسابيع وعلى ان يتم

الأشراف على الأنسحاب من قبل مجلس الأمن. لم توافق الولايات المتحدة على هذا المقترح ولكنها "تعهدت" انها سوف لن تقوم بمهاجمة القطعات العراقية المنسحبة و اعطت مهلة ٢٤ ساعة فقط للقوات العراقية باكمال انسحابها من الكويت بالكامل.

في ٢٤ شباط ١٩٩١ بدأت قوات الائتلاف توغلها في الأراضي الكويتية وبعد ٣ ايام تم اعادة السيطرة على الكويت وكانت قوات الائتلاف تلاقي في طريق تقدمها اعداد كبيرة من الجنود العراقيين الذين كانوا منهارين بكل ماتحمل الكلمة من معاني و بدأت وكالات الأنباء تصور مشاهد للجنود الذين قاموا بتسليم انفسهم إلى قوات الأئتلاف وكان معظمهم حفاة، جائعين، منهارين معنويا.

في ٢٦ شباط ١٩٩١ بدأ الجيش العراقي بالانسحاب بعد ان اضرمت النار في حقول النفط الكويتية وتشكل خط طويل من الدبابات و المدرعات و ناقلات الجنود على طول المعبر الحدودي الرئيسي بين العراق و الكويت، بالرغم من تعهد الجانب الأمريكي بعدم استهداف القطعات العراقية في حال انسحبها إلا ان هذا الخط الطويل من القطعات العسكرية العراقية تم قصفها بقساوة شديدة. هذا القصف الشديد الذي اعتبره الكثير غير مبررا لكون الجيش العراقي في حالة انسحاب ادى تدمير ما يزيد عن ١٥٠٠ عربة عسكرية عراقية وبالرغم من ضخامة عدد الاليات المدمرة الا ان عدد الجنود العراقيين الذين قتلوا على هذا الطريق لم تزد عن ٢٠٠ قتيل لأن معظمهم تركوا عرباتهم العسكرية ولاذوا بالفرار. سمي هذا الطريق فيما بعد بطريق الموت او ممر الموت.

في ٢٧ شباط ١٩٩١ اعلن الرئيس الأمريكي جورج بوش الأب عن " تحرير الكويت" بعد ١٠٠ ساعة من الحملة البرية. ومن الجدير بالذكر انه خلال اليومين من ٢٤ شباط إلى ٢٦ شباط قامت قوة امريكية-بريطانية-فرنسية

مشتركة بشن هجوم على اجنحة الجيش العراقي الذي كان متواجدا في غرب الكويت وقاموا بالتوغل لمسافات بعيدة داخل الأراضي العراقية.

حرائق البترول في دولة الكويت

قام النظام العراقي بإحراق (٧٣٧) بئر نفط كويتي، و قد استمر اشتعال النيران فترة تصل إلى تسعة أشهر من بعد انتهاء الحرب، و تعتبر هذه الحرائق من أعقد و أكبر كوارث التلوث البيئي التي عرفها العالم في التاريخ الحديث.

من أهم الآثار التي ترتبت على إشعال حرائق آبار البترول:

◂ نفث آلاف الأطنان من الدخان و التي كان لها آثارها السلبية الكبيرة لا على دولة الكويت فقط، بل امتدت هذه التأثيرات إلى دول الخليج العربي الأخرى بالإضافة إلى مناطق أخرى.

◂ أثر هذا التلوث البيئي الناتج عن الحرائق على المناخ في المنطقة.

◂ كما انعكس أثر التلوث على الحياة النباتية و المحاصيل الزراعية في المنطقة و ذلك نتيجة لتكون أمطار حمضية.

◂ شكل هذا التلوث خطرا كبيرا على الصحة العامة للسكان و على الأخص الاطفال و كبار السن.

◂ تعرضت التربة إلى ترسب ذرات النفط المتطايرة مما أثر على التركيب الطبيعي فيها و غلق مسامات الطبقة السطحية منها مما أدى إلى منع التهوية التي تحتاج إليها، كما منع نفاذ الماء فيها، إضافة إلى رفع حرارة التربة، و كل هذه الأمور مجتمعة أدت بالطبع إلى التقليل من قدرتها على الإنتاج الزراعي.

- تكون البحيرات النفطية أثناء وقوع هذه الكارثة فكان ذلك أثر فادح على تلوث البيئة.
- اصابة عدد من السكان بسرطان الرئة وسرطانات مختلفة

الدول المشاركة في الائتلاف

تشكلت قوات الائتلاف بقيادة الولايات المتحدة من الدول التالية:

الأرجنتين، أستراليا، البحرين، بنغلاديش، بلجيكا، كندا، تشيكوسلوفاكيا، دانمارك، مصر، فرنسا، ألمانيا، يونان، إيطاليا، اليابان، الكويت، المغرب، هولندا، نيوزيلندا، نيجر، نرويج، عُمان، باكستان، بولندا، برتغال، قطر، المملكة العربية السعودية، سنغال، كوريا الجنوبية، إسبانيا، سوريا، تركيا، الإمارات العربية المتحدة، المملكة المتحدة.

ومن الجدير بالذكر ان الهند شاركت بتزويد الوقود.[١]

خسائر الحرب

حسب احصاءات قوات الائتلاف فإن الخسائر البشرية في صفوفها كانت كالتالي:

الولايات المتحدة (٤٧٢)، السعودية (١٨)، مصر (١٠)، الإمارات العربية المتحدة (٣)، فرنسا (٢)، سوريا (١)، كويت (١).

اما الخسائر العراقية و استنادا إلى نفس المصدر فكانت (١٠٠،٠٠٠) قتيل و (٣٠٠،٠٠٠) جريح.

[١] عودة بطرس عوده، حرب الخليج - من المسؤول، ص٨

تأثير اليورانيوم المنضب

اليورانيوم المنضب Depleted uranium عبارة عن يورانيوم يحتوي على نسبة
مختزلة من نظائر عناصر كيميائية لليورانيوم و يسمى U-٢٣٥. في عام ١٩٩٨ صرح
اطباء في اختصاص طب المجتمع في العراق ان استعمال قوات الائتلاف لهذه المادة
ادت إلى ارتفاع كبير بنسب التشوهات الخلقية للولادات و نسب سرطان الدم
وبالاخص سرطان كريات الدم البيضاء leukemia، وصرح الأطباء ايضا انه ليست
لديهم الأمكانيات التقنية لتقديم الأدلة على هذا الترابط. قامت منظمة الصحة
العالمية بتقديم عرض إلى الحكومة العراقية باجراء تجارب و ابحاث لكشف صحة
هذه المزاعم الا ان الحكومة العراقية رفضت هذا الأقتراح، ولكن المنظمة استطاعت
في عام ٢٠٠١ على اجراء بعض التقيمات المحدودة والتي ادت إلى تصريح من المنظمة
بأن اليورانيوم المنضب هو مادة ذو قوة اشعاعية ضئيلة لذا فإن استنشاق كميات
كبيرة جدا من غبارها سيؤدى إلى ارتفاع محتمل في نسب سرطان الرئة، واعتبرت
المنظمة إن احتمال الأصابة بسرطان الدم نتيجة اليورانيوم اقل بكثير من الأصابة
بسرطان الرئة وإنه لم يتم حسب معلومات المنظمة اكتشاف اي ربط لحد الآن بين
اليورانيوم المنضب و التشوهات الخلقية.

ولكن دراسة بريطانية اجريت عام ٢٠٠٢ اتت بنتائج مختلفة واكدت ان
هناك مخاطر صحية من جراء التعرض إلى اليورانيوم المنضب.

عواقب الحرب

بعد انتهاء الحرب كان الجيش العراقي جيشا ضعيفا و الحكومة العراقية في
اضعف حالاتها وكان كل المراقبين يتصورون أنه سوف يتم

الأطاحة بحكومة الرئيس صدام حسين،وقام الرئيس الأمريكي بصورة غير مباشرة بتشجيع العراقيين على القيام بثورة ضد الرئيس صدام حسين حيث صرح ان المهمة الرئيسية لقوات الائتلاف كانت "تحرير الكويت" وان تغيير النظام السياسي في العراق هو "شأن داخلي".

وبدأ تذمر واسع النطاق بين صفوف الجيش العراقي المنسحب و بدأت ما تسمى بالأنتفاضة العراقية ١٩٩١، عندما صوب جندي مجهول فوهة دبابته إلى أحد صور الرئيس صدام حسين في أحد الساحات الرئيسية في مدينة البصرة وكانت هذه الحادثة باعتبار البعض الشرارة الأولى للانتفاضة التي عمت جنوب العراق و تبعتها المناطق الشمالية ولكن وحدات الحرس الجمهوري و بعض قيادات الجيش العراقي ظلت موالية للرئيس العراقي، و قامت باخماد نيران الأنتفاضة بسرعة و بدأ الأكراد في الشمال بالنزوح بالملايين نحو الحدود العراقية مع إيران و تركيا.

ويرجح معظم المؤرخين ان سبب فشل الأنتفاضة كان اتفاقا عقد في صفوان و عرف باسم اتفاقية خيمة صفوان وفيه سمح قائد القوات الأمريكية نورمان شوارزكوف لقيادات الجيش العراقي باستعمال المروحيات التي استعلها الجيش العراقي بكثافة لاخماد الأنتفاضة.

اقامت الولايات المتحدة، منطقة حظر الطيران لحماية المدنيين العراقيين في منطقة الشمال و الجنوب وهذه المنطقة كانت العامل الرئيسي في اقامة اقليم كردستان في شمال العراق لاحقا.

الأضرار التي لحقت بالبنية التحتية للعراق من مصافي النفط و مولدات الطاقة الكهربائية و محطات تصفية المياه ادت إلى تدني هائل في جميع المرافق الأقتصادية و الصحية و الأجتماعية في العراق.

مرض حرب الخليج

مرض حرب الخليج هي تسمية اطلقت على مجموعة من الأعراض البدنية و النفسية التى عانى منها جنود قوات الائتلاف بعد عودتهم إلى اوطانهم ولا يزال الجدل محتدما حول أسباب الأعراض المرضية التي يعاني منها بعض هؤلاء الجنود ومن بعض هذه الأعراض، ازدياد نسبة امراض الجهاز المناعي *immune system disorders* و الخمول المزمن و فقدان السيطرة على العضلات الأرادية و الأسهال و الصداع و نوع من فقدان الذاكرة و التوازن والارتباك وآلام المفاصل والقيء وتضخم الغدد والحمى.

من الاحتمالات التي طرحت كاسباب لهذه الحالة هي:

◄ اليورانيوم المنضب.

◄ الأسلحة الكيمياوية و خاصة غاز الخردل.

◄ الأمصال التي حقن بهاالجنود قبل الحرب لوقايتهم من الأسلحة البيولوجية.

◄ الروائح والأصوات ومذاق بعض الأطعمة المرتبطة في أذهان هؤلاء الجنود بالحرب.

◄ تصرف الجهاز المناعي كما لو كان الجسد يتعرض لهجوم، فيستثار الجهاز المناعي، الذي يطلق هجوما مضادا ينتج عنه الإحساس بالضعف والوهن.

◄ احتراق وقود الديزل من حقول النفط المحترقة.

◀ التعرض إلى بخار حامض النتريك المنبعث من اطلاق الصواريخ والقذائف.

ويعتقد ان مزيجا من العلاج النفسي والجسمي يمكن أن يأتي بنتائج إيجابية مع بعض المرضى وقد أظهر بحث أن ٣٦ في المئة من بين عينة عشوائية مكونة من ٧٠٩ جندي، شاركوا في حرب الخليج الثانية، يعانون من أمراض نفسية تحتاج إلى علاج وأوضح البحث أن الانفعالات النفسية الحادة الناتجة عن استرجاع الذاكرة لأهوال الحرب يمكن أن تصيب الجنود بعد عشرات السنين من وقوعها

ويرى الأطباء النفسيون أن تناول العقاقير التي تؤدي إلى إخماد رد فعل الجهاز المناعي يمكن أن تقلل من الآثار الجسمية التي يولدها الانفعال النفسي الذي تحفزه الروائح والأصوات المرتبطة بالحرب وقد تباينت الأعراض المرضية بصورة واسعة بين الجنود، مما دعا بالأطباء إلى الاعتقاد بأن أعراض حرب الخليج هي في واقع الأمر ليست مرضا واحداً وإنما مجموعة من الأمراض المختلفة ذات أسباب مختلفة.

التقنية في الحرب

تم في هذا الحرب استعمال القنبلة الذكية Precision guided munitions وكانت لها دور كبير في تقليل الخسائر البشرية في صفوف المدنيين مقارنة بالحروب الأخرى في التاريخ. وهذه القنابل يتم توجيهها باشعة الليزر ويعتبر حرب الخليج الثانية ثاني حرب استعملت فيه هذه القنابل اذ كانت المرة الأولى في الحرب على جزر الفوكلاند بين الأرجنتين و المملكة

المتحدة عام ١٩٨٢. وهذه القنابل لا تتاثر بالظروف الجوية السيئة حيث انها توجه بواسطة نظام الاقمار الاصطناعية *Satellite navigation system*

استعملت الولايات المتحدة ايضا صواريخ باتريوت الدفاعية *Patriot missile defense* التي استعملت لأول مرة في تاريخ الحروب وكانت تستعمل لاسقاط صواريخ سكود العراقية (ارض-ارض) بدقة ١٠٠%. صواريخ باتريوت هي صواريخ متوسطة المدى تصنع من قبل شركة *Raytheon* في الولايات المتحدة وكلمة باتريوت PATRIOT هو مختصر لعبارة *Phased Array TRacking to Intercept Of Target*.

الغزو الأمريكي على العراق
حرب الخليج الثالثة

الغزو الأمريكي للعراق (حرب العراق أو **تحرير العراق** أو **احتلال العراق** أو **حرب الخليج الثالثة**) بعض من أسماء كثيرة التي استعملت لوصف العمليات العسكرية التي وقعت في العراق عام ٢٠٠٣ والتي ادت إلى احتلال العراق عسكريا من قبل الولايات المتحدة الأمريكية حسب تعريف مجلس الأمن لحالة العراق في قانونها المرقم ١٤٨٣ في ٢٠٠٣. من الأسماء الأخرى التي اطلقت على هذا الصراع هي "حرب العراق" و حرب الخليج الثالثة و "عملية تحرير العراق" و اطلق المناهضون لهذا الحرب تسمية "حرب بوش" على هذا الصراع. بدأت عملية غزو العراق في ٢٠ آذار ٢٠٠٣ من قبل ائتلاف بقياده الولايات المتحدة الأمريكية واطلقت عليه تسمية ائتلاف الراغبين وكان هذا الائتلاف يختلف اختلافا كبيرا عن الائتلاف الذي خاض حرب الخليج الثانية بكونه ائتلافا كان صعب التشكيل. شكلت القوات العسكرية الأمريكية و البريطانية نسبة ٩٨% من هذا الأئتلاف.

تبريرات الحرب حسب الأدارة الأمريكية

قدمت الأدارة الأمريكة قبل و اثناء و بعد سقوط بغداد في ٩ نيسان ٢٠٠٣ مجموعة من التبريرات لأقناع الشارع الأمريكي و الرأي العام العالمي بشرعية الحرب ويمكن تلخيص هذه المبررات بالتالي:

- استمرار حكومة الرئيس العراقي السابق صدام حسين في عدم تطبيقه لقرارات الأمم المتحدة المتعلقة بالسماح للجان تفتيش الأسلحة بمزاولة

اعمالها في العراق. ومن الجدير بالذكر ان الولايات المتحدة الأمريكية وضعت مهلة نهائية لبدء العمليات العسكرية بينما كانت فرق التفتيش تقوم باعمالها في العراق.

- استمرار حكومة الرئيس العراقي السابق صدام حسين بتصنيع و امتلاك "اسلحة دمار شاملة" وعدم تعاون القيادة العراقية في تطبيق ١٩ قرارا للامم المتحدة بشان اعطاء بيانات كاملة عن ترسانتها من "اسلحة الدمار الشامل". ومن الجدير بالذكر انه لم يتم لحد هذا اليوم العثور على "اسلحة دمار شامل" في العراق.
- امتلاك حكومة الرئيس السابق صدام حسين لعلاقات مع تنظيم القاعدة و منظمات "ارهابية" اخرى تشكل خطرا على امن و استقرار العالم، وأثبت بالقول القاطع عكس ذلك.
- نشر الأفكار الديمقراطية في منطقة الشرق الأوسط.

قبل انتخاب جورج و. بوش كرئيس للولايات المتحدة قام دك تشيني و دونالد رامسفيلد و باول ولفويتس بكتابة مذكرة تحت عنوان "اعادة بناء القدرات الدفاعية للولايات المتحدة"، في أيلول ٢٠٠٠ اي قبل عام من احداث أيلول ٢٠٠١ و ورد في هذه المذكرة ما معناه انه بالرغم من الخلافات مع نظام صدام حسين والذي يستدعي تواجدا امريكيا في منطقة الخليج العربي الا ان اهمية واسباب التواجد الأمريكي في المنطقة تفوق سبب وجود صدام حسين في السلطة و يمكن قراءة النص الكامل للمذكرة في *Rebuilding America's Defences Strategies*، *Forces And Resources For A New Century*.[١]

[١] منار الرشواني، الغزو الأمريكي - الدوافع والأبعاد، ص٥٣-٥٨

بعد احداث ١١ أيلول ٢٠٠١ و النجـاح النسبي الـذي حققـه الغـزو الأمريكي لافغانستان تصورت الأدارة الأمريكية ان لهـا التبريـرات العسكرية و الأسناد العـالمي الكافيتين لازالة مصادر الخطر على "امن و استقرار العالم" في منطقة الشرق الأوسـط واصبح واضحا منـذ نهايـات عـام ٢٠٠١ ان الأدارة الأمريكيـة مصـممة علـى الأطاحـة بحكومة صدام حسين.

تبريرات الحرب حسب المناهضين للحرب

تعرضت التبريرات التي قدمتها الأدارة الأمريكية إلى انتقـادات واسـعة النطـاق بدءا من الشارع الأمريكي إلى الرأي العام العـالمي وانتهـاء بصفـوف بعـض المعارضين لحكم صدام حسين و يمكن تلخيص هذه التبريرات بالتالي:

◄ الهيمنة على سوق النفط العالمية ودعم الدولار الأمريكي حيث ان صدام حسين كان قد اتخذ قرارا عـام ٢٠٠٠ باستعمال اليورو كعملـة وحيـدة لشـراء الـنفط العراقي.

◄ ضمان عدم حصول ازمة وقود في الولايات المتحدة بسيطرتها بصورة غير مباشرة على ثاني أكبر احتياطي للنفط في العالم.

◄ المصالح الشخصية لبعض شركات الأعمال و الدفاع الكبرى في الولايات المتحدة.

◄ دعم و استمرار الشـعبية التي حظي بهـا الحـزب الجمهـوري الأمريكي ابـان احداث أيلول ٢٠٠١ بغية استمرار هيمنة الحزب على صـنع القرار السياسي في الولايات المتحدة.

- تطبيق ما ورد في مذكرة جيني-رامسفيلد-ولفوتز التي كتبت عام ٢٠٠٠ والتي تمهد لدور استراتيجي أكثر فاعلية للولايات المتحدة في الشرق الأوسط.
- انتقام شخصي من جورج و. بوش بحق صدام حسين لضلوعه في محولة اغتيال والده في الكويت عام ١٩٩٣.
- انجاز المهمة التي لم يكملها والد جورج و. بوش في حرب الخليج الثانية.[١]

اسلحة الدمار الشامل

ان تبرير امتلاك العراق لاسلحة الدمار الشامل من اهم التبريرات التي حاولت الأدارة الأمريكية و على لسان وزير خارجيتها كولن باول ترويجها في الأمم المتحدة و مجلس الأمن. قبل وقوع الحرب صرح كبير مفتشي الأسلحة في العراق هانز بليكس ان فريقه لم يعثر على اسلحة نووية و كيمياوية و بايلوجية ولكنه عثر على صواريخ تفوق مداها عن المدى المقرر في قرار الأمم المتحدة (١٥٠ كم) المرقم ٦٨٧ في عام ١٩٩١، وكان العراق يطلق على هذه الصواريخ اسم صواريخ الصمود. وقد وافق صدام حسين و محاولة منه لتفادي الصراع بتدميرها من قبل فريق هانز بليكس.[٢]

بعد سقوط بغداد قام الرئيس الأمريكي بارسال فريق تفتيش برئاسة ديفد كي الذي كتب تقريرا سلمه إلى الرئيس الأمريكي في ٣ تشرين أول ٢٠٠٣ نص فيه انه " لم يتم العثور لغاية الآن على أي أثر لاسلحة دمار شامل عراقية" واضاف (ديفيد كي) في استجواب له امام مجلس الشيوخ الأمريكي ان

---

[١] منار الرشواني، الغزو الأمريكي – الدوافع والأبعاد، ص٦٢-٦٧

[٢] م.ن، ص٦٨

" بتصوري نحن جعلنا الوضع في العراق اخطر مما كان عليه قبل الحرب، وفي حزيران ٢٠٠٤ وفي سابقة هي نادرة الحدوث ان ينتقد رئيس امريكي سابق رئيسا امريكيا حاليا قال بيل كلنتون في مقابلة له نشر في مجلة تايمز *Time Magazine* انه كان من الأفضل التريث في بدء الحملة العسكرية لحين اكمال فريق هانز بليكس لمهامه في العراق. ولكن جورج و. بوش قال في ٢ آب ٢٠٠٤ " حتى لو كنت اعرف قبل الحرب ما اعرفه الآن من عدم وجود اسلحة محظورة في العراق فاني كنت ساقوم بدخول العراق"

في ١٢ كانون أول ٢٠٠٥ تم حل فرقة التفتيش الذي شكل من قبل جورج و. بوش بعد فشلهم على العثور على اسلحة محضورة.

العلاقة بين صدام حسين و أسامة بن لادن

وصل الأمر ببعض المسؤولين في الأدارة الأمريكية من استعمالهم إلى هذا التبرير لحد توجيه التهمة إلى صدام حسين بضلوعه في احداث ١١ أيلول. استندت هذه الأتهامات على مزاعم ان ٦ من منفذي احداث ١١ أيلول ومن ضمنهم محمد عطا قد التقوا عدة مرات مع افراد في المخابرات العراقية في احد الدول الأوروبية وان هناك معسكرا لتنظيم القاعدة في منطقة سلمان باك جنوب العاصمة بغداد ويعتقد ان وكالة المخابرات الأمريكية استندت في هذه المزاعم على اقوال عراقيين نزحوا إلى الغرب وكانوا منتمين إلى حزب المؤتمر الوطني العراقي المعارض بزعامة أحمد الجلبي. في ٢٩ تموز ٢٠٠٤ صدر تقرير من هيئة شكلت من قبل مجلس الشيوخ لتقصي حقيقة الأمر نصت فيه انه بعد جهود حثيثة من الهيئة لم يتم التوصل إلى دليل ملموس على ارتباط

صدام حسين بتنظيم القاعدة وفي أيلول ٢٠٠٥ نفى كولن باول وجود اي علاقة بين الطرفين.[1]

ظهر فيما بعد اسماء محددة للمصادر التي زعم ان وكالة المخابرات الأمريكية استعملتها في الجزم بهذه العلاقة و منها:

◄ احد مساعدي احمد الجلبي الذي كان يسمى بالاسم السري الكرة المنحنية Curvebal.

◄ ابن الشيخ الليبي احد قياديي القاعدة الذي تم اسره وقام بتقديم معلومات عن ارتباط حكومة العراق مع تنظيم القاعدة إلا انه تراجع عن اقواله فيما بعد و صرح ان معلوماته الأولية كانت خاطئة.

◄ محمد منصور شهاب، مهرب اسلحة زعم عند القاء القبض عليه في احد صفقات بيعه اسلحة غير قانونية انه قام بتهريب السلاح من العراق إلى تنظيم القاعدة.

◄ عباس الجنابي، لاجئ سياسي عراقي يعيش في المملكة المتحدة كان معاونا شخصيا لعدي صدام حسين الذي زعم ان هناك معسكرا لتدريب اعضاء منظمة القاعدة في منطقة سلمان باك قرب العاصمة بغداد ولكن بعد سقوط بغداد تم اكتشاف ان المكان المذكور كان مجمعا للفلسطينيين الساكنين في العراق.

---

[1] منار الرشواني، الغزو الأمريكي – الدوافع والأبعاد، ص٧٠-٧٢

٢٤٣

شرعية الحرب من وجهة نظر قانونية.

عارض الكثيرون حملة غزو العراق ٢٠٠٣ لكونها وبرأيهم تخالف القوانين الدولية. قبيل بدء الحملة العسكرية حاولت الولايات المتحدة و المملكة المتحدة الحصول على تشريع دولي للحملة العسكرية من خلال الأمم المتحدة ولكن هذه المحاولات فشلت. نظمت الولايات المتحدة تقريرا لمجلس الأمن واستندت في هذا التقرير على معلومات قدمت من قبل وكالة المخابرات الأمريكية و المخابرات البريطانية تزعم امتلاك العراق لأسلحة دمار شاملة وقت نفت الحكومة العراقية هذه المزاعم بصورة متكررة، وفي ١٢ كانون أول ٢٠٠٥ حلت الولايات المتحدة فرقها للتفتيش لعدم عثورها على على اي اثر على اسلحة الدمار الشامل.

استنادا لدستور الولايات المتحدة لا يمتلك الرئيس صلاحية اعلان الحرب وان هذه الأمر هو من صلاحيات الكونغرس الأمريكي ولكن حسب قانون صلاحيات الحرب الأمريكي لعام ١٩٧٣ *Resolution of* ١٩٧٣ *War Powers* يمكن لرئيس الولايات المتحدة ارسال الجيوش إلى دولة اجنبية لمدة ٦٠ إلى ٩٠ يوما دون الرجوع إلى الكونغرس. في ٣ تشرين أول ٢٠٠٣ حصل جورج و. بوش على موافقة الكونغرس بعد خلافات عديدة من اعضاء الكونغرس من الحزب الديمقراطي.

اصدر مجلس الأمن القرار رقم ١٤٤١ الذي دعى إلى عودة لجان التفتيش عن الأسلحة إلى العراق و في حالة رفض العراق التعاون مع هذه اللجان فانها ستتحمل "عواقب وخيمة". لم يذكر كلمة استعمال القوة في القرار رقم ١٤٤١ وعندما وافق عليه مجلس الأمن بالإجماع لم يكن في تصور الدول المصوتة ان العواقب الوخيمة كانت محاولة دبلوماسية من الولايات المتحدة لتشريع

الحملة العسكرية ومن الجدير بالذكر ان السكرتير العام للامم المتحدة كوفي عنان صرح بعد سقوط بغداد ان الغزو كان منافيا لدستور الأمم المتحدة.

عند صدور القرار اعلنت كل من روسيا و الصين و فرنسا وهم من الأعضاء الدائمين في مجلس الأمن ان القرار ١٤٤١ لا تعطي الصلاحية باستعمال القوة ضد العراق وكان هذا الموقف هو نفس الموقف الأمريكي و البريطاني في بداية الأمر ولكن موقف الولايات المتحدة تغير بعد ذلك ويعتقد بعض المراقبين ان الولايات المتحدة كانت مصمة على استهداف العراق عسكريا بغض النظر عن إجماع الأمم المتحدة وان لجوئها للامم المتحدة كانت محاولة لكسب شرعية دولية للحرب على غرار حرب الخليج الثانية. كانت المملكة المتحدة وحتى ايام قبل بدء الحملة العسكرية تحاول الحصول على قرار دولي صريح وبدون غموض يشرع استخدام القوة على عكس الأدارة الأمريكية التي بدت قبل ايام من بدأ الحملة غير مبالية كثيرا بالحصول على إجماع دولي ويرجع هذا إلى الأختلاف الشاسع في وجهتي نظر الشارع البريطاني و الأمريكي تجاه الحرب فعلى عكس الشارع الأمريكي الذي كان اغلبه لايمانع العمل العسكري لقي طوني بلير معارضة شديدة من الشارع البريطاني وحتى في صفوف حزبه حزب العمال.

يرى الكثيرون ان الحملة العسكرية كانت مخالفة للبند الرابع من المادة الثانية للقوانين الدولية و التي تنص على انه "لا يحق لدولة عضو في الأمم المتحدة من تهديد او استعمال القوة ضد دولة ذات سيادة لاغراض غير اغراض الدفاع عن النفس ومن الجدير بالذكر ان السكرتير العام للامم المتحدة كوفي عنان صرح بعد سقوط بغداد ان الغزو كان منافيا لدستور الأمم المتحدة، وكان هذا مطابقا لرأي السكرتير السابق للامم المتحدة بطرس بطرس غالي

وفي ٢٨ نيسان ٢٠٠٥ اصدر وزير العدل البريطاني مذكرة نصت على ان اي حملة عسكرية هدفها تغيير نظام سياسي هو عمل غير مشروع.

الدول التي دعمت و الدول التي ناهضت

استطاعت الولايات المتحدة من حصول التأييد لحملته لغزو العراق من ٤٩ دولة وكان هذا الائتلاف يعرف "بائتلاف الراغبين" ولكن هذا الائتلاف لم يكن قويا كائتلاف حرب الخليج الثانية حيث كانت ٩٨% من القوات العسكرية هي قوات امريكية و بريطانية. وصل العدد الأجمالي لجنود الائتلاف ٣٠٠٨٨٤ وكانوا موزعين كالتالي:

• الولايات المتحدة الأمريكية ٢٥٠,٠٠٠ (٨٣%)

• المملكة المتحدة ٤٥,٠٠٠ (١٥%)

• كوريا الجنوبية ٣,٥٠٠ (١,١%)

• استراليا ٢,٠٠٠ (٠,٦%)

• الدانمارك ٢٠٠ (٠,٠٦%)

• بولندا ١٨٤ (٠,٠٦%)

ساهمت ١٠ دول اخرى باعداد صغيرة من قوى "غير قتالية". كان هناك دعم ضئيل من قبل الرأي العام في معظم الدول المتحالفة مع الولايات المتحدة فعلى سبيل المثال في اسبانيا اظهرت استطلاعات الرأي ان ٩٠% من الأسبان لا يؤيدون الحرب.

بدأت تظاهرات عالمية مناهضة للحرب في معظم الدول العربية اضافة إلى كندا و بلجيكا و روسيا و فرنسا و الصين و ألمانيا و سويسرا و الفاتيكان و الهند و إندونيسيا و ماليزيا و البرازيل و المكسيك.[1]

اعلن وزير الخارجية السعودية ان السعودية لن تسمح باستخدام قواعدها للهجوم على العراق ورفض البرلمان التركي نفس الشيء واعربت الجامعة العربية ودول الأتحاد الأفريقي معارضتها لغزو العراق

قبل بدء الغزو

منذ انتهاء حرب الخليج الثانية عام ١٩٩١ استمرت العلاقات المتوترة بين العراق من جهة و الولايات المتحدة و المملكة المتحدة و الأمم المتحدة من جهة اخرى وبدأ الائتلاف القوي الذي اخرج الجيش العراقي من الكويت بالتصدع ولم يكن من السهولة اصدار قرارات ضد العراق في مجلس الأمن بالأجماع كما كان الحال في عام ١٩٩١. اثناء ولاية الرئيس الأمريكي بيل كلنتون استمرت الطائرات الأمريكية في مراقبتها لمنطقة حظر الطيران واصدرت الأدارة الأمريكية في تشرين أول ١٩٩٨ "قانون تحرير العراق" الذي كان عبارة عن منح ٩٧ مليون دولار لقوى "المعارضة الديمقراطية العراقية" وكان بيل كلينتون متفقا مع رئيس الوزراء البريطاني طوني بلير بأن أي عملية عسكرية واسعة النطاق سوف تكون غير مبررة في تلك الظروف وعند مجيئ الحزب الجمهوري الأمريكي للبيت الأبيض قام وزارة الدفاع و وكالة المخابرات الأمريكية بدعم احمد الجلبي وحزبه المؤتمر الوطني العراقي.

---

[1] نادر فرجاني، احتلال العراق بين التحرير ومطامع الاستعمار، ص١٠١-١٠٤

بعـد احـداث أيلـول وادراج اسـم العـراق في "محـور الشرـ" بـدأت الجهـود الدبلوماسية الأمريكية بالتحرك للاطاحة بحكومة صدام حسين.

اعتبرت الولايات المتحدة عودة المفتشين الدوليين عـن اسلحـة الـدمار الشامل شيئا لابد من بعد احداث ١١ أيلـول. في نـوفمبر ٢٠٠٢ مـرر مجلس الأمـن بالإجماع القرار رقم ١٤٤١ الذي دعى إلى عودة لجان التفتيش عـن الأسلحة إلى العراق و في حالة رفض العراق التعاون مع هذه اللجان فانها ستتحمل "عواقب وخيمة". لم يذكر كلمة استعمال القوة في القرار رقم ١٤٤١ وعندما وافق عليه مجلس الأمن بالإجماع لم يكن في تصور الدول المصوتة ان العواقب الوخيمة كانت محاولـة دبلوماسية مـن الولايات المتحدة لتشريع الحملة العسكرية ومن الجدير بالـذكر ان السكرتير العام للامم المتحدة كوفي عنان صرح بعد سقوط بغداد ان الغزو كان منافيا لدستور الأمـم المتحدة.

بداية العمليات المسلحة

في ٢٠ آذار ٢٠٠٣ وفي الساعة ٠٢:٣٠ بتوقيت كرنتش اي بعد انقضاء ٩٠ دقيقة على المهلـة التـي اعطاهـا جـورج و. بـوش لصـدام حسـين و نجليه بمغـادرة العراق سمعت دوي انفجارات في بغداد وبعد ٤٥ دقيقة صرح الـرئيس الأمـريكي انـه اصـدر اوامره لتوجية "ضربة الفرصة" الذي علم فيما بعد انه كانت ضربـة استهدفت منـزلا كان يعتقد ان صدام حسين متواجدا فيه.

اعتمدت قيادات الجيش الأمريكي على عنصر المفاجاة فكان التوقع السائد هو ان تسبق الحملة البرية حملة جوية كما حدث في حرب الخليج الثانية فكـان عنصرـ المفاجئة هنا هو البدء بالحملتين في ان واحد وبصورة سريعة جـدا اطلقت عليهـا تسمية "الصدمة والترويع" *Shock and Awe*

وكان الاعتقاد السائد لدى الجيش الأمريكي انه باستهداف القيادة العراقية والقضاء عليها فان الشعب العراقي سوف ينظم للحملة وسوف يتم تحقيق الهدف باقل الخسائر الممكنة.

كان الغزو سريعا بالفعل فبعد حوالي ثلاثة اسابيع سقطت الحكومة العراقية وخوفا من تكرار ماحدث في حرب الخليج الثانية من اشعال للنيران في حقول النفط قامت القوات البريطانية باحكام سيطرتها على حقول نفط الرميلة و ام قصر و الفاو بمساعدة القوات الأسترالية. توغلت الدبابات الأمريكية في الصحراء العراقية متجاوزة المدن الرئيسية في طريقها تجنبا منها لحرب المدن.[١]

في ٢٧ آذار ٢٠٠٣ ابطات العواصف الرملية التقدّم السريع للقوات الأمريكية وواجهت القوات الأمريكية مقاومة شرسة من الجيش العراقي بالقرب من منطقة الكفل الواقعة بالقرب من النجف و الكوفة و اثناء هذه الأحداث في وسط العراق وبعد ان تصور جميع المراقبين ان الجنوب العراقي اصبحت تحت سيطرة القوات البريطانية نقلت شاشات التلفزيون مشاهدا لمقاومة شرسة في اقصى الجنوب بالقرب من ميناء ام قصر وتم ايضا اطلاق صاوخ من تلك المنطقة على الأراضي الكويتية.

حاصرت القوات البريطانية مدينة البصرة لأسبوعين قبل ان تستطيع اقتحامها حيث كان التعويل على ان الحصار كفيل باضعاف معنويات الجيش و فدائيي صدام مما سوف يؤدي في نهاية الأمر إلى حدوث انتفاضة جماهيرية من قبل سكان المدينة لكن هذا التعويل لم يكن مثمرا واستطاعت القوات البريطانية اقتحام المدينة بعد معركة عنيفة بالدبابات اعتبرت اعنف معركة خاضتها القوات المدرعة البريطانية منذ الحرب العالمية الثانية وتم

[١] عبدالإله بلقريز، المشروع الممتع، ١١٥-١٢١

السيطرة على البصرة في ٢٧ آذار بعد تدمير ١٤ دبابة عراقية. في ٩ نيسان انهارت القوات العراقية في مدينة العمارة.

في هذه الأثناء و في شمال العراق قامت مجموعة من القوات الخاصة الأمريكية بانزال بالمظلات في شمال العراق لان البرلمان التركي لم يسمح باستعمال الأراضي التركية لدخول العراق وقامت هذه القوات الخاصة وبإسناد من القوة الجوية الأمريكية و بدعم معلوماتي من الأحزاب الكردية بدك معاقل حزب انصار الأسلام.

سقوط بغداد

بعد ثلاثة اسابيع من بداية الحملة بدات القوات الأمريكة تحركها نحو بغداد. كان التوقع الأولي ان تقوم القوات المدرعة الأمريكية بحصار بغداد وتقوم بحرب شوارع في بغداد باسناد من القوة الجوية الأمريكية. في ٥ نيسان ٢٠٠٣ قامت مجموعة من المدرعات الأمريكية وعددها ٢٩ دبابة و ١٤ مدرعة نوع برادلي (*Fighting Vehicles Bradley Armored*) بشن هجوم على مطار بغداد الدولي وقوبلت هذه القوة بمقاومة شديدة من قبل وحدات الجيش العراقي التي كانت تدافع عن المطار وقوبلت القوة الأمريكية بعدد من العمليات الأنتحارية ومنها عمليتان قامتا بهما سيدتان عراقيتان كانتا قد اعلنتا عن عزمهما بالقيام باحد العمليات الأنتحارية من على شاشة التلفاز العراقي.

في ٧ نيسان ٢٠٠٣ قامت قوة مدرعة اخرى بشن هجوم على القصر الجمهوري واستطاعت من تثبيت موطئ قدم لها في القصر وبعد ساعات من هذا حدث انهيار كامل لمقاومة الجيش العراقي لأسباب لاتزال مبهمة اذ ان

هناك مزاعم ان قيادات الجيش الأمريكي تمكنت من ابرام صفقات مع بعض قيادات الجيش العراقي الذي اضمحل فجأة بعد ان كان الجميع يتوقعون معارك عنيفة في شوارع بغداد.

في ٩ نيسان ٢٠٠٣ اعلنت القوات الأمريكية بسط سيطرتها على معظم المناطق ونقلت وكالات الأنباء مشاهد لحشد صغير يحاولون الأطاحة بتمثال للرئيس العراقي صدام حسين في وسط بغداد والتي قاموا بها بمساعدة من ناقلة دبابات امريكية وقام المارينز بوضع العلم الأمريكي على وجه التمثال ليستبدلوه بعلم عراقي فيما بعد بعد أن ادركوا أن للامر رموزا و معاني قد تثير المشاكل. ومن الجدير بالذكر أن أحد المحطات الفضائية العربية كانت قد بثت لاحقا لقطات للرئيس السابق صدام حسين وهو يتجول في احد مناطق بغداد في نفس يوم سقوط التمثال التي اصبحت من احد المشاهد العالقة في ذاكرة الكثيرين.

تولى القائد العسكري الأمريكي تومي فرانكس قيادة العراق في تلك الفترة باعتباره القائد العام للقوات الأمريكية، وفي أيار ٢٠٠٣ استقال فرانكس وصرح في احد المقابلات مع صحيفة الدفاع الأسبوعي *Defense Week* انه تم بالفعل دفع مبالغ لقيادات الجيش العراقي اثناء الحملة لأمريكية و حصار بغداد للتخلي عن مراكزهم القيادية في الجيش العراقي.

بعد سقوط بغداد في ٩ نيسان ٢٠٠٣، دخلت القوات الأمريكية مدينة كركوك في ١٠ نيسان و تكريت في ١٥ نيسان ٢٠٠٣.

العراق ما بعد ٩ نيسان ٢٠٠٤

بعد ٩ نيسان ٢٠٠٣ بدأت عمليات سلب و نهب واسعة النطاق في بغداد وبعض المدن الأخرى وقد نقلت هذه العمليات للعالم كله عبر شاشات التلفزيون حيث قام الجيش الأمريكي فقط بحماية مباني وزارتي النفط و الداخلية ومن ضمنها المخابرات العراقية وبقيت المؤسسات الأخرى كالبنوك و مخازن الأسلحة و المنشآت النووية و المستشفيات بدون اي حماية وعزت قيادات الجيش الأمريكي ذلك إلى عدم توفر العدد الكافي لجنودها لحماية المواقع الأخرى.

من الأماكن التي تعرضت إلى نهب و سلب وتركت جروح عميقة في ذاكرة العراقيين و جميع العالم هو سرقة المتحف الوطني العراقي حيث سرق من المتحف ١٧٠،٠٠٠ قطعة اثرية وكانت بعض هذه القطع من الضخامة في الحجم ما يستحيل سرقته من قبل افراد عاديين وبرزت شكوك على ان تكون هذه السرقة بالذات منظمة. استدعت القوات الأمريكية مكتب التحقيقات الفيدرالي ليساعد في اعادة التاريخ العراقي المسروق.

من السرقات التي حصلت وكان لها دورا بارزا في الأوضاع السياسية في العراق بعد ٩ نيسان ٢٠٠٣ كانت سرقة الاف الأطنان من الذخيرة الحربية من معسكرات الجيش العراقي و سرقة مركز لأبحاث النووية والتي كانت تحتوي على ١٠٠ طن من اليورانيوم حيث قامت شاحنات بنقل محتويات هذا المركز إلى جهات مجهولة.

صرحت زينب بحراني استاذة الأثار الشرقية القديمة في جامعة كولومبيا الأمريكية *University Columbia* ان المروحيات التي هبطت على مدينة بابل الأثرية قامت بأزالة طبقات من التربة الأثرية في الموقع وقد

تهدم حسب تصريح زينب بحراني التي زارت الموقع سقف معبد نـابو و نـيما التي يرجعان إلى ٦٠٠٠ سنة قبل الميلاد نتيجة لحركة الطائرات المروحية.[١]

الخسائر البشرية

وهذه الأرقام تتعرض للتغير بصورة دائمية حسب توفر احصاءات جديدة. هذه الاحصائات مستندة على (*Lancet survey of mortality before and after the* ٢٠٠٣ *invasion of Iraq*)

هذه ارقام حسب احصاءات ٠٨ نيسان ٢٠٠٧

- القتلى من المدنيين العراقيين الذين ثبت وفاتهم بوثائق شهادة الوفاة: ٥٣٣٧٢
- القتلى من المدنيين العراقين بدون وثائق شهادة الوفاة: ٤٧٠١٦الى ٥٢١٤٢(٩٥% نسبة الدقة)
- القتلى من القوات الأمريكية: ٣٥٠٠ (أحصائية حزيران ٢٠٠٧)
- الجرحى من القوات الأمريكية: ٢٤٣١٤
- القتلى من القوات الأخرى: المملكة المتحدة (١٤٠)، إيطاليا (٣٣)، اوكرانيا (١٨)، بولندا (١٧)، بلغاريا (١٣)، اسبانيا (١١)، دانمارك (٦)، أستراليا(٢)

[١] كاظم المقدادي، التأثيرات الصحية للحرب على العراق، ص٢٢٤-٢٢٥

◂ اشارت دراسة مسحية اجرتها مجلة لانسيت الطبية البريطانية المرموقة إلى ان ٦٥٥٠٠٠ عراقي قتلوا منذ بداية الغزو الامريكي في ١٩ آذار ٢٠٠٣ وحتى ١١ تشرين ثاني ٢٠٠٦

◂ قالت الامم المتحدة ان نحو ٣٤٠٠٠ عراقي قتلوا خلال عام ٢٠٠٦ فقط ولا تزال الحرب تحصد الأرواح لغاية اليوم ٢٠٠٨/١٠/٢٥

العدوان الاسرائيلي على لبنان ٢٠٠٦ أو **مواجهة إسرائيل-حزب الـلـه ٢٠٠٦** هي العمليات العسكرية التي بدأ بها الجيش الإسرائيلي في لبنان في ١٢ تموز ٢٠٠٦ عقب اجتياح قوة لـحزب الـلـه للأراضي الإسرائيلية حيث شن هجوما انتهى بمقتل ٤ جنود إسرائيليين وخطف الجنديين الإسرائيليين إيهود غولدواسير و إلداد ريجيف إلى لبنان.

سميت العملية العسكرية لخطف الجنديين بعملية **الوعد الصادق** حسب إعلام حزب الـلـه بينما سميت العملية العسكرية الإسرائيلية لتحرير الجنديين عملية **الثواب العادل** من قبل الحكومة الإسرائيلية.

وسائل الإعلام الإسرائيلية تشير إلى هذه الأحداث باسم "حرب لبنان الثانية". اعتبرت بعض وسائل الإعلام العربي و الإسلامي و هيئة تطوير العلاقات العربية البريطانية العملية العسكرية **عدوانا**، في حين اعتبرت القنصلية الأوروبية *Council of Europe* وبعض الدول الأعضاء في مجموعة الثمانية G٨ تطورات الأحداث مقلقة جدا و مهددة لاستقرار الوضع في منطقة الشرق الأوسط رغم اعترافهم بحق إسرائيل بالدفاع عن مواطنيها.

كان رد فعل الحكومة الإسرائيلية مبالغا فيه حسب قناعة التيارات اليسارية الإسرائيلية وكوفي عنان الذي صرح بان الإسرائيليين إذا قاموا "بإنشاء ما وصفوه في الماضي بمنطقة أمنية أو اتفاق امني فإنها ستكون منطقة أمنية لهم ولكن للآخرين ستكون احتلالا وهذا سيكثف المقاومة."إستنادا إلى تصريحات رسمية من الحكومة الإسرائيلية فإن إسرائيل لم تنوِ في عدوانها العسكري على الجنوب اللبناني القيام باجتياح واسع النطاق لأراضي لبنان

برغم قيام الجيش باستدعاء الاحتياطي وإلقاء منشورات تطالب برحيل المدنيين عن جنوب لبنان وإن حملتها العسكرية موجهة إلى عناصر حزب الله فقط وليست الحكومة اللبنانية، وقد بلغ عدد القتلى من اللبنانيين منذ بدء الهجوم الإسرائيلي أكثر من ١٣٠٠ شخصا معظمهم من المدنيين. أما على الجانب الإسرائيلي فقد قتل ١٠٣ جنديا و ٤٠ مدني.

لم يكن الموقف الغربي وحده منقسما على شرعية الإعتداء الإسرائيلي فقد شهد الصف العربي إنقساما واضحا وخاصة في موقف السعودية الرسمي التي وصفت عملية خطف الجنديين "بالمغامرات غير المسؤولة" وكانت السعودية قد اصدرت بيانا هاجمت فيه ما سمته "عناصر" لبنانية بسبب ما اعتبرته "مغامرة غير محسوبة دون الرجوع إلى السلطة الشرعية" ودون التنسيق مع الدول العربية حدث أثناء العدوان نزوح أعداد كبيرة من اللبنانيين قدر عددهم بنصف مليون نازح لبناني من مناطق القتال فقد إستقبلت مدينة صيدا أكثر من مئة الف نازح وتوجه البعض الآخر إلى سوريا وتم إجلاء نحو ٢٠٠٠ من الرعايا الأجانب إلى سوريا و قبرص وقتل اثناء النزوح ١٨ مدنيا لبنانيا في قصف إسرائيلي على موكبهم.

شهد العدوان الإسرائيلي دعما كاملا من قبل الحكومة الأمريكية فقد ذكرت صحيفة "نيويورك تايمز" الامريكية ان واشنطن تكثف جهودها لارسال قنابل موجهة بالغة الدقة إلى إسرائيل التي طلبت تسريع الصفقة بعدما بدأت هجومها على لبنان، ورفضت وزيرة الخارجية الأمريكية كوندوليزا رايس الدعوات الدولية لوقف فوري لاطلاق النار في لبنان.

وقعت الغارة الأخيرة في الساعة ٧,٤٥ صباحا في ١٥ آب ٢٠٠٦ واستهدفت بساتين الأطراف الشرقية لمدينة صور وبعد ١٥ دقيقة من هذا القصف دخل تطبيق قرار "وقف الأعمال العدائية" الذي نص عليه القرار ١٧٠١ لمجلس الأمن

الدولي حيز التنفيذ ٣٣. ونص القرار ١٧٠١ على انهاء العمليات العسكرية الهجومية الإسرائيلية، و انهاء هجمات حزب اللـه على إسرائيل وانتشار قوة دولية لحفظ السلام مع انسحاب الجيش الإسرائيلي و انتشار الجيش اللبناني في الجنوب.

وبعد وقف إطلاق النار اشادالرئيس السوري بشار الاسد بما اسماه انتصارا لحزب اللـه في "معركة مجيدة" ضد إسرائيل في لبنان، بينما قال نظيره الإيراني محمود أحمدي نجاد ان حزب اللـه افشل خطط الولايات المتحدة للسيطرة على الشرق الاوسط.

بعد وقف إطلاق النار شهدت الضاحية الجنوبية لبيروت، معقل قيادي حزب اللـه عودة النازحين والمهجرين الذين تهجروا خلال ٣٤ يوما من القتال الضاري كما شهدت الطرقات والشوارع المؤدية إلى المدن والبلدات جنوبي نهر الليطاني، ورغم ما لحق بها من تدمير، أزمة كبيرة جراء توجه النازحين، الذين فروا من الهجمات الإسرائيلية، إلى بيوتهم، التي ربما تكون قد سويت بالأرض ومن جهته، أكد الأمين العام لحزب اللـه، حسن نصر اللـه، أن "مقاتلي الحزب سطروا نصراً تاريخياً ليس للبنان فقط، بل لكل الأمة" وقال إنه لن يدخل في هذا جدل نزع سلاح حزبه وقال إن طرح هذا النقاش في هذه المرحلة وهذا الوقت " يخدم العدو ولا يخدم الوحدة الوطنية.

بعد وقف إطلاق النار ألقى رئيس الوزراء الإسرائيلي، إيهود أولمرت كلمة في الكنيست يستعرض ما اعتبره إنجازات الجيش الإسرائيلي في لبنان وما حققته إسرائيل من هذه المعارك ولكنه قوطع باصوات معارضة في البرلمان الإسرائيلي وبخاصة من جانب النائب العربي، أحمد الطيبي، الأمر الذي أدى إلى طرده من الجلسة حيث قال الطيبي مقاطعا "هل هذا بيان انتصار؟ هل انتصرتم؟ لقد هزمتم يا سيد أولمرت!" وقال له: "هل تهدد بالاغتيالات؟ ماذا عن

وقف إطلاق النار؟ هل تهدد بحرب ثانية؟" عندها صرخ الوزير زئيف بويم على النائب الطيبي قائلاً: "أنت مندوب لحزب الله.. أنت عميل لنصر الله!" ورد الطيبي صارخاً: "اخرس! أنت وزير وقح، وهكذا حكومة تضم وزراء سوقيين!

عدوان أم أزمة

بالرغم من كون مصطلح العدوان و العدو مصطلحات نسبوية ويتم إستعمالها من قبل الأطراف المتنازعة لكيل الإتهامات لبعضهم البعض إلا ان الأمم المتحدة تمكنت بعد نقاشات طويلة إلى تعريف ماهية العدوان. قبل تأسيس الأمم المتحدة طرح الإتحاد السوفيتي في مؤتمر نزع السلاح بتاريخ ٦ شباط عام ١٩٣٣ تعريفا للعدوان نص على اعتبار دولة معتدية في النزاع الدولي **تلك الدولة التي تقدم على القيام بأحدى الخطوات التالية:**

◄ إعلان الحرب على دولة أخرى.

◄ لزج بقواتها المسلحة للتدخل في أراضي دولة أخرى مع أو دون إعلان حالة الحرب ضدها.

◄ قصف أراضي دولة أخرى براً أو بحراً أو جواً أو مهاجمة سفنها أو طائراتها.

◄ ضرب حصار بحري على شواطئ أو موانئ دولة أخرى.

وتضمن الاقتراح السوفيتي أيضاً التوصية بإثني عشرة نقطة لا تعتبر مبرراً للعدوان من ضمنها حوادث الحدود.

إستناداً إلى القرار المرقّم ٣٣١٤ الصادر من الأمم المتحدة والمؤرخ ١٨ كانون ثاني ١٩٦٧ والمعدل بتاريخ ١٢ نيسان ١٩٧٤ والهادفة إلى تعريف عالمي للعدوان لغرض دعم وتقوية دعائم السلام العالمي قامت الأمم المتحدة بوضع التعريف التالي للعدوان «إستعمال القوة المسلحة من قبل دولة ذات سيادة و عضوة في الأمم المتحدة ضد دولة اخرى ذات سيادة جغرافية ومتمتعة بإستقلال سياسي بشكل يتعارض مع ميثاق الامم المتحدة».

و جاء في نفس نص القرار أنه «لا يصلح تبريراً للعدوان أي اعتبار مهما كان باعثه سياسياً أو اقتصادياً أو عسكرياً أو غير ذلك وأن حرب الاعتداء جريمة ضد السلام العالمي وينتج عن العدوان مسؤولية دولية لا يمكن الاعتراف بالصيغة القانونية لأية مكاسب إقليمية أو غيرها من المكاسب الناتجة عن العدوان.»

إستنادا إلى توضيح التعريف فإن وجود دولة بادئة بالهجوم المسلح كفيلة بتعريف لعملية العدوان ومن الشروط الأخرى اللازمة لتعريف العدوان هو كون العمل المسلح غير متناسبا مع حجم الظروف التي ادت إلى بدأ عملية العدوان. جاء في البند الثالث من التعريف اعلاه إن العملية العسكرية مهما كانت طارئة او وقتية او مستمرة لفترة غير طويلة زمنيا فإنها إن إستوفت الشروط اعلاه فإنها كفيلة بتعريفها كعدوان. هناك شرطين إذا توفرتا في اي عمل عسكري فإن العمل يعتبر عدوانا وهما:

◀ قصف دولة ذات سيادة لأراضى دولة اخرى ذات سيادة.

◀ إغلاق ميناء او ساحل لدولة ذات سيادة من قبل قوات مسلحة لدولة اخرى

كما أن استخدام القوة حسب ميثاق الامم المتحدة لايجوز أن يتم الا وفق آليات الأمم المتحدة وأذا ما استخدمت خارجها يعتبر خرقا للفقرة الاولى من المادة الاولى من ميثاق الأمم المتحدة، حيث أن المقصد الاول للامم المتحدة هو حفظ السلم والامن الدوليين وتحقيقا لهذه الغاية تتخذ الهيئة التدابير المشتركة الفعالة (وليست أحادية) لمنع الاسباب التي تهدد السلم ولأزالتها.

و نصت الفقرة ٣ من المادة الثانية من الميثاق على ان يفض جميع اعضاء الهيئة منازعاتهم الدولية بالوسائل السلمية على وجه لا يجعل السلم والامن والعدل الدولي عرضة للخطر. و المادة ٣٣ من الميثاق تنص على: (يجب على جميع أطراف أي نزاع من شأن استمراره أن يعرض حفظ السلم والامن الدولي للخطر أن يلتمسوا حلّه بادىء ذي بدء بطريق المفاوضة والتحقيق والوساطة والتوفيق والتحكيم والتسوية القضائية، أو أن يلجأوا إلى الوكالات والتنظيمات الاقليمية أو غيرها من الوسائل السلمية التي يقع عليها اختيارها).

كما يعرف نظام المحكمة الدولية العدوان في مادته السادسة (أ)، بجريمة ضد السلام بالذات. أما جوهر العدوان فيتلخص في ضم أو اغتصاب أرض الغير ونهب واستعباد الشعوب الأخرى وإبادة السكان المدنيين الآمنين بالجملة وإبعادهم وتهجيرهم. من جانب آخر يعرف قاموس التراث الأمريكي الأزمة بكونها نقطة تحول مصيرية و حاسمة في موقف سياسي او اجتماعي او اقتصادي حرج وغير مستقر وتكون على مشارف تغيرات حاسمة، بينما يعرف مجموعة ميونخ للأبحاث الأزمة بتوتر غير طبيعي في طبيعة حدث معين وتغير في مسار السياسة الدولية و نزاع بين اطراف متعادية وإحتمالية عالية لحدوث عمليات عسكرية

صفقات تبادل الأسرى

بالرغم من الإعتراضات الموجهة لصفقات تبادل الأسرى من كلا الجانبين فقد قامت إسرائيل في تاريخ نزاعها مع العرب بعدة صفقات من هذا النوع. في عام ١٩٨٥ قامت إسرائيل بتحرير ١١٥٠ اسيرا فلسطينيا مقابل ٣ جنود إسرائيلين كانوا معتقلين في لبنان.

في عام ٢٠٠٤ وبوساطة المانية تم تبادل ٤٣٦ اسير مقابل رجل اعمال إسرائيلي محتجز لدى حزب الله و رفات ٣ جنود إسرائيليين تم قتلهم في تشرين أول ٢٠٠٠. يكمن إعتراض الجانب العربي على هذه الصفقات كونها لاتشمل اسماء قياديين بارزين في المعتقلات الإسرائيلية ومنهم مروان البرغوثي و سمير القنطار الذي يعتبر أقدم أسير لبناني في إسرائيل، معتقل منذ ٢٨ عامابينما يعترض الجانب الإسرائيلي على هذه الصفقات كونها غير متكافئة من حيث العدد وتوفر فرصة وإحتمالية لتجنيد السجناء المحررين في صفوف القوات المقاومة للإحتلال الإسرائيلي.

إنتهج حزب الله منذ بدأيات ٢٠٠٦ سياسة خطف جنود إسرائيليين ومبادلتهم بأسرى فلسطينيين وعرب بالمعتقلات الإسرائيلية، ويُقدر عدد الأسرى العرب في السجون الإسرائيلية بعشرة آلاف أسير.

وفي ١٤ تموز ٢٠٠٦ أكد الأمين العام لحزب الله، حسن نصر الله أن "الأسيرين إيهود غولدواسير و إلداد ريجيف لن يعودا إلا بالتفاوض غير المباشر وتبادل الأسرى". ورفضت الحكومة الإسرائيلية مؤخرا مطالب حماس التي اختطفت الجندي الإسرائيلي جلعاد شاليط في هجوم بجنوب إسرائيل، بإطلاق سراح ألف أسير عربي من السجون الإسرائيلية ونفى نصر الله أن يكون هناك

رابط بين خطف شاليط في غزة في حزيران ٢٠٠٦ وخطف الجنديين الإسرائيليين في جنوب لبنان في ١٢ تموز ٢٠٠٦.

البدايات

تمت عملية خطف الجنديين الإسرائيليين في وضح النهار و أسفرت عن قتل ٨ جنود وجرح أحد وعشرين جنديا بغية تحرير أسرى لبنانيين محتجزين في السجون الإسرائيلية حسب ما أوضح بيان الحزب بعد العملية وأشارت مصادر عسكرية إلى أن العملية تمت على مرحلتين الأولى شن قصف تكتيكي قوي على أحد المواقع الإسرائيلية بصواريخ الكاتيوشا والآخر استهدف قرب موشاف (مزرعة جماعية) عند الحدود الإسرائيلية.

عقب العملية بدأت القوات الإسرائيلية البرية و الجوية بقصف الجنوب اللبناني مستهدفة محطات الكهرباء و شبكة من الجسور و الطرق. في نفس اليوم قام اللأمين العام لحزب الله حسن نصر الله بعقد مؤتمر صحفي أعلن فيه أن الجنديين الإسرائيليين تم ترحيلهما إلى مكان بعيد و أن العملية عملية فردية يتحمل مسؤوليتها الحزب وحده و لاعلاقة للحكومة اللبنانية بها.

في نفس المؤتمر دعا حسن نصر الله الحكومة الإسرائيلية للتفاوض في إتمام تبادل للأسرى وهددها بأن قوات حزب الله جاهزة للتصعيد إذا بادرت هي بالتصعيد يذكر أن عدد الأسرى اللبنانين في السجون الإسرائيلية يبلغ حوالي ١٥٠ معتقلا.

أهمية العملية تأتي في توقيتها الذي يوافق فترة عملية أمطار الصيف التي شنت فيها القوات الإسرائيلية عدوانا عسكريا على قطاع غزة إثر اختطاف عناصر مقاومة فلسطينية لجندي إسرائيلي أسيرا و في هذه العملية تم تدمير

الكثير من البنية التحتية الفلسطينية في قطاع غزة و قصف مباني السلطة الفلسطينية و وزاراتها على مرأى من العالم و سكوت الحكومات العربية.

هذه العملية و تبعاتها تعيد أيضا قضية "نزع سلاح حزب الله" المطلب الأمريكي من الحكومة اللبنانية و الذي كان يناقش في جلسات الحوار الوطني اللبناني لتحديد كيفية اتخاذ قرار الحرب و السلم في لبنان و قضية السيطرة على الحدود الجنوبية للبنان. من ناحية اقليمية يعتبر الكثيرون حزب الله مجرد أداة بيد السياسة الإيرانية و حليفتها في المنطقة الحكومة السورية و أن معظم عملياتها تأتي بإيعاز خارجي إيراني سوري خصوصا في وقت يضيق الخناق به على إيران و سوريا

العمليات العسكرية

قصفت الطائرات احياء الضاحية الجنوبية للعاصمة اللبنانية ومحيط مدينة صور واستهدفت أحدى الغارات محطة كهرباء الجية التي تقع إلى الجنوب من العاصمة بيروت مما ادى إلى اندلاع حرائق فيها. في ٢١ تموز ٢٠٠٦ تم إستهداف منطقة سكنية في صور وقتل العديد من المدنيين بما فيهم أطفال، ورصدت منظمة مراقبة حقوق الإنسان حالات لإستهداف مدنيين نازحين رافعين للرايات البيضاء وأحداها حدثت في ٢٣ تموز ٣٠٠٦ في صور من جانب آخر قُتل تسعة إسرائيليين، وأُصيب قرابة عشرين آخرين في قصف صاروخي شنه حزب الله صباح ١٦ تموز ٢٠٠٦ على مدينة حيفا شمالي إسرائيل وأصابت الصواريخ محطة قطار وشارعاً رئيسياً في المدينة، بينما استهدفت صواريخ أخرى مصفاة لتكرير النفط بالقرب من ميناء حيفا الذي يعد أكبر موانئ إسرائيل. إستهدفت صواريخ اخرى مدن رئيسية في إسرائيل منها الناصرة

وطبرية و نهاريا وصفد والعفولة وفي ١٨ تموز ٢٠٠٦ صرحت منظمة مراقبة حقوق الإنسان إن الهجوم الصاروخي الذي إستهدف حيفا هو الأسوء من ناحية كونهاإستهدافا متعمدا لأهداف مدنية.

المناطق التي استهدفها القصف الإسرائيلي في لبنان من ١٢ تموز حتى ٢٧ تموز. في ٢٤ تموز ٢٠٠٦ حدثت الإستهدافات التالية للمدنيين: مقتل مدنيين لبنانيين وإصابة سبعة آخرين بجروح في قصف استهدف سيارة بمنطقة المعلية قرب مدينة صور جنوب لبنان. مقتل طفلة وجرح ١٤ آخرين في غارة على الحلوسية جنوبي لبنان، والغارة تدمر خمسة منازل، ومصير عائلة كاملة تحت الأنقاض ما زال مجهولا بعدما دمر منزلهم وهم نيام في وقت مبكر.

إصابة ١٠ مدنيين في قصف للدوير قرب النبطية وتدمير عدد من المنازل وجرح ثلاثة مدنيين في مدينة النبطية و مقتل شخص وجرح ستة فلسطينيين في قصف حدث في مخيم الرشيدية للاجئين الفلسطينيين وجرح شخص واحد من جراء سقوط صواريخ حزب الله على مستوطنة شلومي.

في ٣٠ تموز ٢٠٠٦ حدث تصعيد خطير في إستهداف المدنيين حيث قتل ما يزيد على ٥٤ شخصاً معظمهم من النساء و الأطفال في مبنى سكني يستخدم كملجأ للنازحين في بلدة "قانا"، جنوبي لبنان حيث قامت المقاتلات الإسرائيلية بقصف المبنى ذو الأربعة طوابق الذي كان يأوي قرابة ٦٥ شخصاً، غالبيتهم من النساء والأطفال.

كان التبرير الجيش الإسرائيلي للقصف أن لديهم إثباتات بأن حزب الله كان يستخدم موقعا يبعد نحو ٩ أمتار - ١٨ مترا تقريباً عن موقع المبنى الذي تم قصفه في قانا وإن المبنى بحد ذاته لم يكن هدف وقد اثار مذبحة قانا ٢٠٠٦ ردود فعل غاضبة من رئيس الوزراء اللبناني فؤاد السنيورة الذي رفض أية

مفاوضات قبل وقف إطلاق النار بعد مجزرة قانا وصرح السنيورة ان الوقت غير مناسب بعد ذلك الحادثة لزيارة وزيرة الخارجية الأمريكية كوندوليزا رايس لبيروت.

من جانبها رد حزب الله على الفور على المذبحة بمواصلة القصف على مستوطنات في شمال إسرائيل وقال الحزب في بيان صدر على تلفزيون المنار التابع له: "إن مجزرة "قانا" لن تبقى دون رد. كما نقل تلفزيون "المنار" التابع لحزب الله عن الحزب قوله إن المجتمع الدولي يتحمل المسؤولية عن استمرار العدوان على المدنيين في المقابل أعلن رئيس الوزراء الإسرائيلي إيهود أولمرت أنه لن يطالب بوقف لإطلاق النار ولن يأمر الجيش بتعديل عملياته بالرغم من أنه أعرب عن أسفه لما حصل في قانا.

القنابل العنقودية

ذكرت الحملة السويسرية ضد للألغام المضادة للأشخاص في البيان الذي أصدرته يوم الأربعاء ٢٦ تموز في جنيف، "إن القوات الإسرائيلية بحوزتها عدة ملايين من هذه الذخيرة التي تم تطويرها وإنتاجها بالتعاون مع شركة صناعة الأسلحة السويسرية "رواغ" (RUAG)، التي تمتلكها الحكومة الفدرالية السويسرية. وأضافت هذه الحملة، التي تضم حوالي ٥٠ منظمة غير حكومية سويسرية، أن الجيش السويسري يقوم بتخزين هذه الذخيرة. كما عبّرت عن "الأسف لاستعمال إسرائيل لهذه الألغام في منطقة تم نزع الألغام منها مؤخرا، مما يجعلها غير آمنة لوقت طويل بعد انتهاء الصراع الحالي".

وكانت منظمة هيومان رايتس واتش، المدافعة عن حقوق الإنسان قد قامت بتحقيق ميداني في لبنان، استنتجت فيه أن "إسرائيل تستخدم قذائف المدفعية العنقودية في المناطق المأهولة بالسكان في لبنان".

الأمم المتحدة

تتلخص مطالب الأمم المتحدة بتنفيذ قرار مجلس الأمن رقم ١٥٥٩ الصادر في أيلول عام ٢٠٠٤ الداعية إلى "حل ونزع سلاح كافة الميليشيات اللبنانية وغير اللبنانية" وكذلك "بسط سيطرة الحكومة اللبنانية على كافة أراضي لبنان".

وكذلك تقترح الأمم المتحدة نشر قوة دولية في جنوب لبنان وقد طلب الامين العام للامم المتحدة كوفي عنان بوقف فوري لاطلاق النار في لبنان وأدان عنان حزب اللـه "لإشعاله فتيل العنف الدائر في لبنان"، كما انتقد في الوقت ذاته إسرائيل بسبب "الاستخدام المفرط للقوة" ومن جهة أخرى شن رئيس مجلس النواب اللبناني نبيه بري هجوما كلاميا عنيفا على الأمم المتحدة، متهما إياها بالـ" مشاركة في جريمة مروحين"، على حد تعبيره، في إشارة إلى مقتل على الأقل ١٨ نازحا لبنانيا في قصف إسرائيلي على موكبهم يوم ١٥ تموز ٢٠٠٦.

صرح جون بولتون السفير الامريكي في الامم المتحدة في مقابلة مع شبكة "سي ان ان" الامريكية ان الادارة الامريكية تبحث بعناية فكرة نشر قوات متعددة الجنسيات بناء على تفويض من مجلس الامن" ومن الجدير بالذكر ان وزير الدفاع الإسرائيلي عمير بيريتز قال ان بلاده قد تقبل قوات حفظ سلام تابعة

لحلف الناتو في جنوب لبنان لضمان ابعاد حزب الله عن الحدود الإسرائيلية اللبنانية.

وقالت مصادر من الأمم المتحدة إن فرنسا وتركيا في مقدمة الدول المرشحة لقيادة مثل هذه القوة وان إيطاليا واليونان والبرازيل أبدت استعدادها للمشاركة فيها في ٢٦ تموز ٢٠٠٦ وبإشراف كوفي عنان عقد اجتماع حول الأزمة في لبنان في روما بحضور فؤاد السنيورة و كوندوليزا رايس و وزير الخارجية الإيطالي ماسيمو داليما وجاء في البيان الختامي إن هناك حاجة إلى قوة دولية لدعم الجيش اللبناني.

وصرح كوفي عنان أن قوة متعددة الجنسيات بامكانها أن تساعد لبنان على فرض سلطتها وتطبيق قرارات مجلس الأمن التي تؤدي إلى نزع سلاح حزب الله كما أعرب عن اعتقاده أنه من الضروري ضم سوريا وإيران إلى أي اتفاق نهائي حول لبنان.

بعد حدوث مذبحة قانا ٢٠٠٦ في ٣٠ تموز ٢٠٠٦ وبعد ساعات على الإعلان عن مقتل المدنيين في قانا، خرجت تظاهرة غاضبة في وسط بيروت أمام مبنى الأمم المتحدة "الأسكوا"، ردّد فيها المشاركون شعارات منددة بإسرائيل وهاجم المتظاهرون مبنى الأمم المتحدة واقتحموا المكاتب محدثين أضرارا كبيرة فيها كما رفعوا اعلام حزب الله مكان أعلام المنظمة العالمية وأحرقوا الأعلام الإسرائيلية وقد دفع ذلك رئيس مجلس النواب نبيه بري إلى توجيه رسالة تلفزيونية إلى المتظاهرين يطالبهم فيها بعدم التعرّض للمبنى.

زلة لسان أم موقف رسمي

في ١٧ تموز ٢٠٠٦ وأثناء اجتماع رسمي لمجموعة الثمانية G٨ تمكنت وسائل الإعلام العالمية من إلتقاط حوار شخصي بين الرئيس الأمريكي جورج بوش و رئيس الوزراء البريطاني توني بلير ولم يكن الأثنان اثناء الحوار على علم إن ميكروفونهم الشخصي كان مفتوحا. في هذا الحوار الشخصي اعرب بوش عن شعوره بالإحباط تجاه الوضع في لبنان وتفوه بعبارات غير دبلوماسية ومن هذه العبارات

◄ "إن المفارقة هنا هو إن كل ماعليهم ان يعملوه هو الضغط على سوريا لتضغط بدورها على حزب الـلـه وهذا كفيل بأن يوقف حزب الـلـه.

◄ "لايعجبني موقف كوفي عنان لأنه ميال إلى وقف إطلاق النار".

◄ "اريد من كوفي عنان ان يتصل هاتفيا مع بشار الأسد ويحقق شيئا ملموسا".

أثناء الحوار الشخصي لوحظ توني بلير وهو يحاول إقناع الرئيس الأمريكي بأهمية موقف عالمى موحد لحل الصراع. إستمر الحوار الشخصي المسموع والمرئي إلى ان إنتبه توني بلير إلى الميكروفون المفتوح وقام بإغلاقه. رسميا وبعيدا عن ذلك الحوار الشخصي لخص جورج بوش مطالب حكومته بنزع سلاح حزب الـلـه إستنادا إلى قرار مجلس الأمن المرقم ١٥٥٩ المطالبة بنزع سلاح جميع الميليشيات اللبنانية وغير اللبنانية.

القدرات الصاروخية لحزب الـلـه

صرح الأمين العام لحزب الـلـه، حسن نصرالله في ٢٣ أيار ٢٠٠٦ إن حزبه يمتلك نحو ١٢،٠٠٠ صاروخ وحسب تقارير مجلة "جينز" المتخصصة بشؤون الدفاع فإن الحزب يمتلك ما بين ١٠،٠٠٠ إلى ١٥،٠٠٠ صاروخ. يعتقد المحللين العسكريين أن القدرات الصاروخية التي يمتلكها حزب الـلـه مصدرها إيران بصورة رئيسية، وتأتي في المرتبة الثانية من سوريا. من الصواريخ التي يمتلكها حزب الـلـه:

هناك مصادر تشير إلى ان حزب الـلـه يمتلك طائرة بدون طيار او بريداتور ويعتقد إن بإمكان هذه الطائرة التحليق فوق إسرائيل و تحديد الهدف و اصابته بدقة، حيث حلقت هذه الطائرة قبل عام وإلتقت صور فيديو لشمال إسرائيل و بالتالي يمكن أن تحمل متفجرات و إن كانت غير ثقيلية و لكن موجهة و باسلوب بدائي.

ردود الفعل العالمية الرسمية

◀ سوريا: قال فاروق الشرع، نائب الرئيس السوري "إن الاحتلال هو مصدر وسبب رئيسي للتحريض ضد الشعبين الفلسطيني واللبناني، لذلك هناك مقاومة لبنانية وفلسطينية والقول الفصل هو للمقاومة في فلسطين وجنوب لبنان، وهم يقررون ماذا يفعلون، ولماذا يفعلون"

◀ لبنان: اعلنت على لسان رئيس الوزراء، فؤاد السنيورة، قوله إن "حكومته ليست مسؤولة، ولم تقر عملية اختطاف الجنديين الإسرائيليين."

◀ الأردن: أدان جلالة الملك عبد الـلـه الثاني المعظم التصعيد الإسرائيلي على الجبهة اللبنانية، داعيا إسرائيل إلى وقف العمليات العسكرية التي تستهدف المدنيين والبنية التحتية اللبنانية وشدد على أهمية بلورة موقف

عربي موحد يقوي الحكومة اللبنانية ويساعد الشعب اللبناني ودعا إلى وحدة الشعب اللبناني لتجاوز هذه الظروف الصعبة.

◀ المملكة العربية السعودية: ألقت السعودية باللوم على "عناصر" في داخل لبنان في العنف مع إسرائيل، وقال بيان نشرته وكالة الأنباء السعودية إن السعودية "تود أن تعلن بوضوح أنه لا بد من التفرقة بين المقاومة الشرعية وبين المغامرات غير المحسوبة التي تقوم بها عناصر داخل الدولة ومن وراءها، دون رجوع إلى السلطة الشرعية في دولتها، ودون تشاور أو تنسيق مع الدول العربية، فتوجد بذلك وضعاً بالغ الخطورة، يُعّرض جميع الدول العربية ومنجزاتها للدمار، دون أن يكون لهذه الدول أي رأي أو قول." ويعتبر هذا الموقف انتقاد صريح على غير العادة موجه إلى جماعة حزب الـلـه وأنصارها الإيرانيين

◀ المملكة المغربية: قال نبيل بن عبدالله، الناطق الرسمي باسم الحكومة، ان هذه العمليات العسكرية "تشكل رد فعل غير مبرر ولجوء مفرط ومبالغ فيه للقوة لا يمكن ابداً تبريره تحت اي ذريعة كانت،" واصفا اياها بأنها "تصعيد عسكري خطير سيعمق من ماساة والام المواطنين المدنيين."

◀ الولايات المتحدة الأمريكية أكد جورج بوش، على حق إسرائيل في الدفاع عن نفسها، وانتقد حزب الـلـه لتقويضه جهود السلام في منطقة الشرق الأوسط، محملا سوريا مسؤولية تدهور الأوضاع بسبب إيوائها قيادات حماس وعلاقتها بحزب الـلـه

ولا ندري ما هي الحروب القادمة، فهل يبقى العرب رهينة قبضة الغرب، أم يتحرروا؟ وهل سنبقى نمجد الأشخاص دون تفكير بما قدموه لنا وللأمة الإسلامية؟ وهل سنعود أولاً وأخيراً إلى الإسلام ووحدة الأمة تحت قيادة واحدة والبعد عن الأقليميات والعنصريات البغيضة؟ متى سيكون ذلك؟ وإن كان بإذن الـلـه سيتغير وجه التاريخ وستعود للأمة أمجادها!!!!

الفصل الثاني

مشاريع التسوية السلمية
للقضية الفلسطينية

مشاريع التسوية السلمية للقضية الفلسطينية

يحمل مصطلح التسوية السلمية معنى محاولة فض النزاع بين طرفين أو أكثر حول القضية مثار الخلاف بالطرق السلمية، وعادة ما تتم بقبول الأطراف لحل يوقعون عليه، ويلتزمون بتنفيذه، بناء على اتفاقية محددة. وليس شرطا أن تكون التسوية السلمية " عادلة " أو حلا " وسطا "، إذ إنها تعكس في كثير من الأحيان موازين القوى، وحالات الانتصار والهزيمة، والضغوط الداخلية والخارجية. كما أن التسوية السلمية ليست بالضرورة حلا دائما، إذ قد تلجأ اليها القوى المتصارعة لأخذ فسحة من الوقت بانتظار تغيير الظروف إلى الأفضل، من أجل فرض تسويات جديدة تعكس تغير موازين القوى.

ولكن هذا المصطلح قد يكون مضللا عندما يتعلق بالشأن الفلسطيني، إذ إن معظم مشاريع التسوية السلمية تكون عادة بين دول مختلفة متحاربة، أو بين أطراف داخلية متنازعة من أبناء الوطن الواحد. أما المعاهدات التي تنتزعها قوى منتصرة نتيجة احتلالها لأرض شعب مقهور، وهي تعكس حالة استسلام من الطرف الضعيف إلى الطرف الأقوى، وهي بالتالي ليست صراعاً حدوديا أو إسقاطا لنظام حكم..، ,وإنما هي حالة استعمارية تكون أي تسوية فيها مهما كانت.. تسوية ظالمة لأهل الأرض المحتلة، لأنها بالضرورة ستنتقص ولو جزءا من أرضهم، أو حريتهم في تقرير مصيرهم، أو سيادتهم التامة على دولتهم. ولذلك، فإن من عادة الحركات الوطنية في البلدان المستعمرة الكفاح من أجل حريتها واستقلالها، وإذا ما حدثت مفاوضات واتفاقات فإنها لا تعطي للقوى الغاصبة حقا في الأرض نفسها، وإنما قد توافق مرحليا - بانتظار تحسن الظروف -على بعض الأمور التي قد تنتقص من حريتها وسيادتها كوجود

قواعد عسكرية أو شروط اقتصادية مجحفة أو تحكم المستعمر بالشؤون الخارجية.

إن أول ما يجب التنبيه إليه أن الوجود الصهيوني -اليهودي في فلسطين هو حالة استعمار واغتصاب بالقهر والقوة، وليس نزاعا بين بلدين متجاورين. وإن جوهر القضية أن القوى الكبرى (وبالذات بريطانيا وأمريكا) قد سعت متحالفة مع الصهيونية العالمية لإيجاد كيان يهودي في فلسطين - قلب العالم العربي -يمتلك آليات القوة والتوسع، ويكون سيفا مسلطا على رقاب العرب في المنطقة يمنع وحدتهم ويضمن ضعفهم وتخلفهم، ويحرمهم من شروط النهضة الحضارية، ويبقى منطقتهم مصدرا للمواد الخام وسوقا للسلع الاستهلاكية الغربية.

وبالتالي فإن أي مشروع يطرحه الغرب أو الصهاينة -أو يمكن أن يقبلوه- لابد وأن يشترط بقاء هذا الكيان اليهودي -الصهيوني وقوته وازدهاره. وهو بالتالي لن يكون عادلا مهما حصل الفلسطينون والعرب من مكاسب لأنها لن تتضمن استعادة لكامل حقوقهم في أرضهم وسيادتهم عليها أو خروج الغاصبين المحتلين. ولذلك فإن أي حل يمكن أن يقبل به الفلسطينيون والعرب والمسلمون سيكون حلا مؤقتا، وسيزول بزوال مسبباته (ضعفهم وقوة خصمهم)، ذلك أن عناصر التفجير ستبقى (الإيمان بفلسطينية وعروبة وإسلامية الأرض، والشعور بالظلم). وكما أن اليهود لن يتركوا عقيدتهم في "أرض الميعاد"، وكما أن الغرب لن يترك أطماعه، فإن العرب لن يتنازلوا عن حقوقهم، كما أن العرب لن يتركوا إسلامهم وعروبتهم. وعلى هذا فإن أية تسوية " عادلة دائمة " يجب أن تتم بناء على زوال الاحتلال واستعادة الحقوق كاملة، وإلا فإن نذر الحرب ستظل تلوح في الأفق.

لقد تمت هجرة اليهود إلى فلسطين قهرا ودون موافقة أهل البلاد، وتملكوا الأراضي قهرا، وأنشأوا مؤسساتهم العسكرية والمدنية والاقتصادية قهرا.. تحت الاحتلال البريطاني وأقاموا الكيان الصهيوني سنة ١٩٤٨ على ٧٧% من ارض فلسطين قهرا. وكل التسويات السلمية لا تتحدث عن إزالة هذا القهر والعدوان، وإنما في أحسن الأحوال عن " قهر دون قهر "، بما يضمن إعطاء الشرعية لمعظم ما تم اغتصابه.

تطور مشاريع التسوية السلمية حتى حرب ١٩٤٨

ركزت المطالب اليهودية -الصهيونية منذ أواخر القرن ١٩م على إنشاء وطن لليهود في فلسطين ولم يجمع اليهود أو الحركة الصهيونية على تحديد دقيق على حدود الدولة اليهودية المقترحة. لكن الأطماع وصلت بمؤسس المنظمة الصهيونة العالمية وأول رئيس لها (هيرتزل) إلى الإشارة في مذكراته أنها ستكون من النيل إلى الفرات ضامة أجزاء كبيرة من مصر وكل بلاد الشام ومعظم العراق وشمال الكويت والسعودية بما فيها المدينة المنورة وخيبر.

وهي تشبه التصور الذي وجد في خزائن روتشلد الزعيم الصهيوني البريطاني الذي أرسل إليه وعد بلفور رسمياً. ولكن "وعد بلفور " تحدث عن "إنشاء وطن قومي لليهود في فلسطين" دونما إلى إشارة إلى حدودها، غير أن الصهاينة فهموا أن ذلك يشمل شرق الأردن.

وقد قدمت المنظمة الصهيونية العالمية سنة ١٩١٩ تصورا لحدود الوطن القومي اليهودي، ليشمل كل فلسطين الحالية وأجزاء من جنوب لبنان تبدأ من ساحل صيدا شرقا مخترقة الحدود الحالية مع سوريا، ثم تتجه إلى الجنوب ضامة مناطق الجولان ثم تخترق شرق الأردن على خط سكة حديد

الحجاز تقريبا ضامة كل مناطق الأغوار واربد وعجلون والسلط والكرك ومعان وصولا إلى العقبة على الحدود الحالية مع السعودية، ثم تتجه شمالا باتجاه العريش على البحر الأبيض المتوسط ضامة أجزاء من شبه جزيرة سيناء المصرية. واعتبرت الحركة الصهيونية ذلك تصورا واقعيا يلبي الاحتياجات الضرورية لإنشاء الوطن اليهودي.

وحتى انتهاء احتلال البريطانيين لفلسطين سنة ١٩١٨، لم يكن هناك ما يمكن التفاوض عليه، فاليهود كانوا ٥٥ ألفا أي ٨% من السكان ولا يملكون أكثر من ٢% من أرض فلسطين. وعندما أخذ المشروع اليهودي/ الصهيوني في النمو في فلسطين بدرجة خطيرة، خصوصا في الثلاثينيات من القرن العشرين، وعندما قام أبناء فلسطين بالثورات تلو الثورات دفاعا عن أرضهم واستقلالهم، وعندما وجد الإحتلال البريطاني نفسه أمام مأزق الاستمرار في المشروع الصهيوني، وبالتالي إلحاق خسائر باهظه به في الجنود والأموال نتيجة الثورات التي ربما تؤدي إلى خروجه كمستعمر وإسقاط المشروع الصهيوني نفسه، فإن البريطانيين فضلوا التفكير في حلول " وسط" تضمن إنشاء كيان يهودي ولو على أجزاء من فلسطين...، ومنذ تلك الفترة أقرت سلسلة مشاريع واقتراحات التسوية اليهودية والعربية والدولية والتي تجاوزت بضعة مئات إلى وقتنا هذا وسوف نستعرض هنا المشاريع التي اتخذت طابعا جديا ولقيت تطبيقا أو اهتماما من الأطراف المختلفة، أو شكلت تطورا في المواقف السياسية بمختلف الأطراف.

مشروع بيل لتقسيم فلسطين سنة ١٩٣٧

بيل Peel هو إسم رئيس اللجنة الملكية التي عينتها الحكومة البريطانية سنة ١٩٣٦ نتيجة المرحلة الأولى من الثورة الكبرى التي حدثت في ذلك العام والتي أجبرت بريطانيا لأول مرة على إعادة النظر في مشروعها الإستعماري /الصهيوني في فلسطين. وقد وصلت اللجنة إلى فلسطين في ١٢ تشرين ثاني ١٩٣٦ واستمر تحقيقاتها ستة أشهر، وقدمت تقريرها وتوصياتها في ٧ تموز ١٩٣٧ في مجلد من أكثر من ٤٠٠ صفحة يعد في حد ذاته مرجعا في تاريخ فلسطين الحديث، على الأقل من وجهة النظر البريطانية.

وقد توصلت اللجنة إلى حقيقة تعارض صك الانتداب البريطاني على فلسطين، الذي يتعهد بمساعدة الشعب الموضوع تحت الانتداب (الفلسطينيون) على ترقية نفسه والوقوف على قدميه، ويتعهد في الوقت نفسه بوضع فلسطين تحت ظروف تضمن انشاء الوطن القومي اليهودي. واعترفت اللجنة أن الفلسطينيين قادرين على حكم أنفسهم بأنفسهم وكذلك اليهود.

ورأت أن استمرار الانتداب يعني إستمرار الثورة والاضطراب. ولذلك أوصت إلى تقسيم فلسطين إلى دولتين: دولة يهودية تتضمن جميع مناطق الجليل ومرج ابن عامر في شمال فلسطين "بما فيها صفد وطبريا وبيسان وحيفا وعكا..." والسهل الساحلي الممتد من شمال فلسطين إلى نحو ٢٥ كم جنوبي تل أبيب، أما مناطق القدس وبيت لحم والناصرة مع ممر يصل القدس بيافا فتبقى تحت الانتداب ويتم توحيد باقي أرض فلسطين مع شرق الأردن.

وقد رفض الفلسطينيون بشكل مطلق هذا المشروع واستأنفوا بشكل أشد وأعنف المرحلة الثانية من الثورة الكبرى. أما اليهود، فقد رفضت قيادة الحركة الصهيونية ما قالته لجنة بيل من أن الانتداب غير عملي، كما رفضت الحدود

المقترحة، لكنها فوضت لجنتها التنفيذية للدخول في مفاوضات مع بريطانيا للتحقق من خطة التقسيم، ثم إحالتها إلى مؤتمر صهيوني جديد لإصدار قرار بشأنها.

الكتاب البريطاني الأبيض أيار ١٩٣٩م

واشتهر كذلك باسم كتاب مكدونالد الأبيض على اسم وزير المستعمرات البريطاني مالكوم مكدونالد. وقد صدر هذا الكتاب بعد أن اشتعلت الثورة في فلسطين مرة أخرى بشكل أكثر قوة وعنفا , وتمكنت من احتلال الريف الفلسطيني.

وشغلت قوات بريطانية ضخمة في قمعها وسحقها، في وقت كانت بريطانيا فيه بأمس الحاجة لقواتها مع تصاعد نذر الحرب العالمية الثانية. كما جاء إثر التقرير السلبي للجنة وودهيد التي عينتها بريطانيا لبحث التطبيقات العملية لمشروع التقسيم الذي قدمته لجنة بيل، وكذلك بعد فشل مباحثات مؤتمر لندن بين الوفود العربية وبريطانيا واليهود "تشرين ثاني/ آذار١٩٣٩م". ويبدو أن الآراء وسط البريطانيين أخذت تتزايد -نتيجة الثورة -بأنه فلسطين لم تعد تستطيع أن تستوعب أكثر مما استوعبت من اليهود وإلا أخلت بحقوق غير اليهود، وأن بريطانيا وفت إلى هذا الحد بما عليها تجاه وعد بلفور. واعترف مكدونلد وغيره بقوة حجة العرب ومظلمتهم. وكانت أبرز نقاط هذا الكتاب الذي تعهدت بريطانيا بتنفيذه بغض النظر عن قبول العرب واليهود أو رفضهم:

١- أكد أن بريطانيا غير عازمة على إقامة دولة يهودية في فلسطين.

٢- سوف تقام بعد ١٠ سنوات دولة فلسطينية، يتقاسم فيها العرب واليهود المسؤولية والسلطة بما يحقق مصالح الطرفين.

٣- تحديد الهجرة اليهودية خلال الخمس سنوات التالية بعشرة آلاف مهاجر سنويا بالإضافة إلى ٢٥ ألفا يسمح لهم فورا بالهجرة. وبعد "هجرة هؤلاء (الـ ٧٥ ألفا) تتوقف الهجرة اليهودية ولا تتم إلا بموافقة العرب، وبشرط ألا يزيد اليهود عن ثلث السكان.

٤- وقف بيع الأرض نهائيا لليهود في فلسطين إلا في مناطق محددة، وضمن شروط لا تضر بالفلسطينيين حسب رأي المندوب السامي البريطاني.

شكل هذا الكتاب انتصارا سياسيا مرحليا للعرب، لكن معظم القيادة الفلسطينية رفضت المشروع لشكهم أساسا في حقيقة الوعود والنوايا البريطانية، ولأنه ربط استقلال فلسطين بمدى موافقة اليهود وتعاونهم، وليس ممثلا بمجلس تشريعي منتخب، مما يعني عمليا تعطيل الاستقلال. كما أن الكتاب لم يعد بإصدار عفو عام على الثوار. ورأى الفلسطينيون أنه ما دامت بريطانيا مصرة على تنفيذ المشروع، فليس من الحكمة الموافقة المبكرة عليه، والزمن كفيل بكشف مدى جديتها.

أما الصهاينة فأصيبوا بانتكاسة وصدمة كبيرة، واتهموا بريطانيا بخيانتهم، وقرروا إسقاط الكتاب الأبيض بأي ثمن، وهاجمت بعض عصاباتهم القوات البريطانية داخل فلسطين. لكن الصهاينة كانوا مضطرين للوقوف مع بريطانيا- على أي حال- في الحرب العالمية الثانية، ولذلك قال زعيمهم في فلسطين (بن جوريون):" سنحارب مع بريطانيا في هذه الحرب كما لو لم يكن هناك كتاب أبيض، وسنحارب الكتاب الأبيض كما لو تكن هناك حرب " !!".

مشروع تقسيم فلسطين حسب قرار الأمم المتحدة ١٨١ سنة ١٩٤٧م:

استغل اليهود الصهاينة أجواء الحرب العالمية الثانية استغلالا كبيرا، وسعوا إلى استثمار التعاطف الذي نشأ بسبب المذابح التي ارتكبها هتلر ضدهم، والتي تم تضخيمها وتهويلها بشكل عظيم، مؤكدين أن لا بديل لنجاتهم إلا بإقامتهم في وطن قومي خاص بهم. وحول اليهود مركز نفوذهم إلى القوة العظمى الصاعدة الولايات المتحدة، وحصلوا على دعم الحزبين الجمهوري والديمقراطي لإلغاء الكتاب البريطاني الأبيض لعام ١٩٣٩. وأظهر الرئيس الأمريكي الجديد " ترومان" تعاطفا أكبر مع الصهيونية.

وفي جو من الضغط الأمريكي-اليهودي والضعف العربي، قام البريطانيون بالتخلي رسميا عن الكتاب الأبيض في البيان الذي أصدره وزير الخارجية Bevin في ١٤ تشرين ثاني ١٩٤٥. وتشكلت لجنة أنجلو-أمريكية (بتوصية من بيان بيفن) للتحقيق في قضية فلسطين، مما أدخل أمريكا بشكل مباشر في القضية، وقد أوصت اللجنة بهجرة مائة ألف يهودي، وبحرية انتقال الأراضي وبيعها لليهود.

وعرضت بريطانيا في مؤتمر لندن ١٠ أيلول-٢ تشرين أول ١٩٤٦ مشروعا اتحاديا " مشروع موريسون" ويتضمن تقسيم فلسطين لأربعة مناطق إدارية.

١-   منطقة يهودية.

٢-   منطقة عربية.

٣-   القدس

٤-   النقب.

بحيث تمنح المنطقتان العربية واليهودية استقلالا ذاتيا. وقد رفض العرب المشروع وأسقطوه.

بعد ذلك، قررت بريطانيا أن ترفع قضية فلسطين إلى الأمم المتحدة بحجة أنها قررت إنهاء انتدابها على فلسطين. فدعت في ٢نيسان ١٩٤٧ الأمم المتحدة لعقد دورة استثنائية وبعد مناقشات مسهبة قررت الجمعية العامة في ١٥ أيار ١٩٤٧ تأليف اللجنة الخاصة للأمم المتحدة بشأن فلسطين (انسكوبUNSCOP) وتألفت من ١١ دولة هي: استراليا-كندا-تشيكوسلوفاكيا-جواتيمالا-الهند-ايران-بيرو-السويد-الأرجواي-يوجوسلافيا-هولندا.

ومهمة اللجنة التحقيق في قضية فلسطين، ورفع تقرير اللجنة العامة وتقديم الاقتراحات التي تراها ملائمة لذلك. وعقدت الانسكوب ١٦ اجتماعا عاما، و٣٦ اجتماعا خاصا بين ٢٦ أيار و٣١ آب ١٩٤٧، واستمعت لبيانات سلطات الانتداب البريطاني وشهادات العرب واليهود. وأقرت في تقريرها أن العرب أكثر من ثلثي السكان وأنهم يملكون ما يزيد على ٨٦% (النسبة الحقيقية أكبر وهي ٩٣,٥%) من أرض فلسطين، وأنهم بموجب حقهم الطبيعي القانوني تواقوان للحصول على استقلالهم الناجز.

وتضمن تقرير اللجنة توصيات وافق عليها أعضاؤها بالإجماع وهي: إنهاء الانتداب البريطاني، واستقلال فلسطين على أن تسبق ذلك مرحلة انتقالية، تكون السلطة في أثناءها مسؤولة أمام الأمم المتحدة، مع بقاء الصبغة الدينية للأماكن المقدسة.

وانقسم الأعضاء في تفصيلات النقاط الأخرى فانقسموا إلى أكثرية قدمت المشروع التالي:

١- تقسيم فلسطين إلى دولتين يربط بينها اتحاد اقتصادي.

٢- تكون الدولة العربية على مساحة ٤٢,٨٨% من المساحة لأرض فلسطين ويسكنها ٧٢٥ ألف عربي و١٠آلاف يهودي.

٣- تكون الدولة على مساحة ٦,٧٤% وسكانها ٤٩٨ ألف يهودي و٤٩٧ ألف عربي.

٤- يوضع للقدس كيان مستقل خاضع لنظام دولي خاص، تتولى الأمم المتحدة إدارته عبر مجلس وصاية (القدس والبلدان المجاورة حتى أبو ديس شرقا وبيت لحم جنوبا وعين كارم غربا)وتضم ١٠٥ آلاف عربي و١٠٠ ألف يهودي.

أماالاقتراح الأقلية فقدمته إيران والهند ويوغوسلافيا، وتضمن إقامة دولة اتحادية عاصمتها القدس، تضم حكومتين مستقلتين استقلالا داخليا.

وأمتنعت استراليا عن تأييد أي من الاقتراحين.

وفي ٣ أيلول ١٩٤٧ جعلت الأمم المتحدة في نفسها لجنة خاصة لبحث المشروعين، حيث عقدت ٣٤ اجتماعا بين ٢٥ أيلول و٢٥ تشرين ثاني ١٩٤٧. ورفضت الجمعية العامة اقتراحا بدعوة محكمة العدل الدولية لتقرير صلاحية الأمم المتحدة في النظر في تقسيم فلسطين بأغلبية ٢٥ ضد ١٨ وامتناع ١١. وبالعكس صوتت ٢١ دولة مقابل ٢٠ على أن للأمم المتحدة صلاحية التوصية بتطبيق قرار التقسيم، دون حاجة لموافقة أكثرية شعب فلسطين !! وتعكس

حالة التصويت هذه مخالفة الأمم المتحدة لأبرز مواثيقها التي قامت على أساسها، وهي حق الشعوب في تقرير مصيرها. وهذا انعكاس طبيعي لنفوذ الدول الكبرى، وعدم عضوية أغلبية دول العالم العربي وإفريقيا في ذلك الوقت في الأمم المتحدة، لأنها كانت ما تزال تحت الاستعمار، مما يجعل للدول الغربية ومن يدور في فلكها فرصة أكبر للنجاح في التصويت.

وفي ٢٥ تشرين ثاني ١٩٤٧ وافقت اللجنة الخاصة على خطة التقسيم مع وحدة اقتصادية بـ٢٥ صوتا مقابل ١٣ وامتناع ١٧. واختلف مضمون القرار بأن أنقص من المنطقة المخصصة للدولة اليهودية بجعله يافا وحوالي ٥٠٠ ألف دونم من صحراء النقب من نصيب الدولة العربية لتصبح النسب ٤٬٧% للدولة اليهودية (١٤٤٠٠كم٢)، و٤٤٬٨% للدولة العربية (١١٧٨٠كم٢) ونحو ٠٬٥% لمنطقة القدس ورفع الأمر للجمعية العامة لاتخاذ قرار يحتاج إلى أغلبية الثلثين الحاضرين المشتركين في التصويت.

ولم تكن القوى الكبرى تملك أغلبية الثلثين، وكاد في يوم ٢٦ تشرين ثاني أن يحدث تصويت، ولو تم لسقط مشروع التقسيم، لكن رئيس الجمعية مندوب البرازيل أجل الجلسة. وقام اليهود والأمريكان بحملة محمومة نجحت بمختلف الوسائل في زيادة الأصوات المؤيدة، فقد استلمت زوجات ممثلي أمريكا اللاتينية هدايا كثيرة معظمها ألماس ومعاطف فرو ثمينة. وأمرت حكومة هايتي (التي كانت قد صوتت ضد التقسيم) مندوبا بالتصويت معه، بعد أن وعدتها أمريكا بالمساعدة الاقتصادية. واستخدام رجل الأعمال الأمريكي روبرت ناثان نفوذه الاقتصادي لشراء صوت جواتيمالا، وهددت شركة فايرستون ليبيريا اقتصاديا إن لم تتحول من الامتناع إلى التأييد، وتعرضت الفلبين لضغوط شديدة، وتدخل رئيس جمهوريتها، فأمر مندوبه بالموافقة على القرار.

ووفق هذه الألعاب المشبوهة تم تقرير مصير أحد أقدس وأطهر البقع في الأرض. ترى ما هو المنطق في أن يتقرر مصير شعب عربي وأرض مقدسة بناء على أن زوجة فلان من أمريكا اللاتينية حصلت على طقم ألماس أو معطف فرو!! أو لأن ليبيريا تخشى نفوذ شركة أمريكية !!.

وفي يوم ٢٩ تشرين ثاني ١٩٤٧ فاز قرار التقسيم بأغلبية ٣٣ مقابل ١٣ وامتناع ١٠ (وكانت بريطانيا ضمن الممتنعين عن التصويت).

إن قرار الأمم المتحدة هذا من أغرب القرارات الدولية فقد:

١- صدر مخالفا لأحد أهم أهداف المنظمة الدولية وهو حق الشعوب في تقرير مصيرها.

٢- يفتقر إلى أي سند قانوني، فالجمعية العامة لا تملك سلطة التصرف في شؤون الأقاليم الموضوعة تحت الانتداب، ومنها فلسطين. فقد أنشأت الأمم المتحدة نظام " الوصاية " وكان عليها أن تدخل في مفاوضات لوضع فلسطين تحت الوصاية، وتقرر إنهاء الانتداب على فلسطين، إذا كان قد حقق أهدافه في تهيئة البلد للاستقلال.

٣- ليس في ميثاق الأمم المتحدة أو أي هيئة رئيسية فيه سلطة تقسيم إقليم محدد دوليا خلافا لرغبة لسكانه.

٤- هذا القرار يعد في الفقه الدولي- السائد في حينه -توصية غير ملزمة، صدرت وفق المادة العاشرة من ميثاق الأمم المتحدة، وهي لا يمكن أن تمس الحقوق الثابتة للشعب الفلسطيني.

٥- قرار التقسيم -جدلا- مخالف للعدل في التوزيع فلا هو راعى نسبة ملكية الأراضي (اليهود لا يملكون أكثر من ٦,٥%) ولا هو راعى نسبة السكان (اليهود ٣١,٧%).

ورغم ذلك فإن مشروع التقسيم هذا اتخذ هالة كبيرة وقوة عملية لأنه يخدم الجانب اليهودي وأهداف القوى الكبرى. ومن الجدير بالذكر أن الاتحاد السوفييتي أيد هذا القرار بقوة وعبأ أنصاره باتجاهه. ورغم أن اليهود بذلوا جهد المستميت لإنجاح القرار واستقبلوه بفرحة عارمة، إلا أن الكيان الصهيوني لم يعترف مطلقا "بشكل رسمي" بهذا القرار، وتعامل معه كأمر واقع ومسالة إجرائية. وسعى بعد ذلك إلى تجاوزه بشن الحملات الحربية التي وسعت كيانه إلى ٧٧% نتيجة حرب ١٩٤٨، (وإلى احتلال كامل فلسطين سنة ١٩٦٧).

وبعد انتهاء حرب عام ١٩٤٨، لم تقم الأمم المتحدة أو القوى الكبرى بإلزام الكيان الصهيوني للعودة للحدود المقترحة في قرار تقسيم فلسطين، وإنما سعت إلى تثبيت الحدود الجديدة وفق اتفاقيات هدنة عقدت بين الجانب (الاسرائيلي) مع مصر في ٢٤ شباط ١٩٤٩، ثم لبنان في ٢٣ آذار ثم الأردن في ٣ نيسان ثم سوريا في ٢٠ تموز ١٩٤٩. وتعاملت القوى الغربية والعظمى مع الأراضي التي ضمها الكيان الصهيوني إليه بالقوة في أثناء الحرب باعتبارها جزءا لا يتجزأ من هذا الكيان. وهذا يظهر لامبالاه حقيقية بموضوع الحقوق وقرارات الأمم المتحدة عندما يتعلق الأمر بالفلسطينيين والعرب والعرب.

مشاريع التسوية السلمية ١٩٤٨- ١٩٦٧

كان القاسم المشترك لمشاريع التسوية في هذا المرحلة هو التعامل مع قضية فلسطين بإعتبارها قضية لاجئين، أي الشق الإنساني في الموضوع وليس السياسي.

ففي ١١ كانون أول ١٩٤٨ وبناء على مشروع بريطاني وافقت الأمم المتحدة على إصدار القرار١٩٤ القاضي بوجوب السماح بالعودة للاجئين الفلسطينيين الراغبين في العودة إلى بيوتهم في أقرب وقت ممكن، ووجوب دفع تعويضات عن ممتلكات الذين يقررون عدم العودة إلى بيوتهم وأن يتم تعويض أي مفقود أو مصاب بضرر من الجهة المسؤولة عن ذلك ويعني قرار العودة هذا أن:

١- العودة حق واجب التنفيذ.

٢- العودة تتوقف على اختيار الحر للاجئ.

٣- العودة حق طبيعي وليس منه من أحد.

٤- ولا يجوز لأحد منع هذا الحق أو حجبه.

٥- وأن عودته إلى وطنه هي عودة مواطن له كامل الحقوق المدنية والسياسية.

ومن الجدير بالذكر أن قرار حق العودة هذا قد جرى التأكيد عليه سنويا في اجتماعات الأمم المتحدة، وصدر أكثر من ١١٠ مرات حتى الآن، مع رفض " اسرائيلي " مستمر لتنفيذه، ودون أن تتحرك الأمم المتحدة بأي خطوة عملية لإلزام الكيان الصهيوني به. وقد كان قد تم تشريد ٨٠٠ ألف فلسطيني من أصل ٩٢٠ ألف كانوا يسكنون المنطقة التي استولى عليها الصهاينة.

مشاريع التسوية ١٩٦٧-١٩٨٧

أفرزت حرب تموز ١٩٦٧ حقائق جديدة على الأرض، فقد احتل الصهاينة ما تبقى من فلسطين (الضفة الغربية) وقطاع غزة، فضلا عن سيناء المصرية والجولان السورية. وكانت كارثة بحق، فقد تبخرت ثقة الحكومات العربية بقدرتها على تحرير فلسطين، كما تبخرت ثقة الجماهير العربية بهذه الحكومات. وتحول الشغل الشاغل للأنظمة العربية عن تحرير الأرض المحتلة سنة ١٩٦٧، أو تحقيق أي تسوية سلمية تضمن " إزالة آثار العدوان" أي عدوان ١٩٦٧. وبالتالي تمكن الكيان الصهيوني من فرض جدول جديد لمشاريع التسوية، تركز على أرض لم تكن محتلة أصلا بحيث أصبحت هي موضوع المساومة، وليس أرض ١٩٤٨ التي ضمن الصهاينة أن تخرج عن دائرة البحث ابتداء.

ورغم أن مؤتمر قمة الدول العربية الذي انعقد في الخرطوم في ٢٩ آب ١٩٦٧ خرج باللاءات الثلاث الشهيرة " لا صلح، لا مفاوضات، لا استسلام"، إلا أن ذلك كان استجابة للحالة النفسية للجماهير العربية المصدومة التي تطالب بالثأر والانتقام، ولم يكن ذلك خطا أصيلا يرفض على أساسه مشاريع التسوية، إذ أن الحكومات العربية سرعان ما ستتعامل مع هذه المشاريع. كما أنها لن تقوم بتنفيذ خطط عمل استراتيجية تخدم تلك الشعارات المعلنة.

وقد أصبحت مشاريع التسوية من الكثرة بحيث يصعب مجرد سردها، غير أن الإطار العام للمشاريع العربية سيتركز على انسحاب الكيان الصهيوني من الأرض المحتلة سنة ١٩٦٧، والإطار العام للمشاريع الإسرائيلية سيتركز على إنهاء حالة الحرب وإقامة علاقة طبيعية مع البلاد العربية، مع إنكار حقوق الشعب الفلسطيني. أما الإطار العام للمشاريع الدولية فسيحاول الجمع بين

الرؤيتين العربية والصهيونية، بحسب الجهة التي تقدم المشروع وطبيعة علاقتها بالطرفين.

مشروع آلون:

بعد شهر واحد من حرب ١٩٦٧ طرح وزير الخارجية الإسرائيلية إيجال آلون مشروعه الذي حظي بشهرة واسعة وتضمنت أفكاره:

١. الحدود الشرقية للكيان الإسرائيلي هي نهر الأردن وخط يقطع البحر الميت من منتصفه.

٢. ضم المناطق الغربية لغور الأردن والبحر الميت بعرض بضعة كيلومترات إلى نحو ١٥ كيلومترا، وإقامة مستوطنات صهيونية زراعية وعسكرية ومدنية فيها بأسرع ما يمكن وإقامة ضواحي سكنية يهودية شرقي القدس.

٣. تجنب ضم السكان العرب إلى الكيان الإسرائيلي قدر الإمكان.

٤. إقامة حكم ذاتي فلسطيني في الضفة الغربية في المناطق التي لن يضمها الكيان الإسرائيلي.

٥. ضم قطاع غزة للكيان الإسرائيلي بسكانه الأصليين فقط، ونقل لاجئي ١٩٤٨ من هناك وتوطينهم في الضفة الغربية أو العريش.

٦. حل مشكلة اللاجئين على أساس تعاون إقليمي يتمتع بمساعدة دولية. وتقوم " إسرائيل: بإقامة عدة قرى " نموذجية " للاجئين في الضفة وربما في سيناء.

ورغم أن آلون طرح مشروعه على حكومته إلا أنها لم تقم بمناقشته أو تنبيه رسميا. ومع ذلك، فإن هذا المشروع أصبح بعد ذلك أساسا تنطلق منه معظم –أو كل- مشاريع التي الإسرائيلية حتى أواخر القرن العشرين مع بعض التعديلات أو الديكورات الطفيفة.

قرار مجلس الأمن ٢٤٢ في ٢٢ تشرين ثاني ١٩٦٧:

يعد قرار مجلس الأمن ٢٤٢ من أهم المشاريع التي لا تزال تستند إليها كافة مشاريع التسوية إلى الآن. وقد قدمت بريطانيا هذا المشروع ووافق عليه مجلس الأمن الدولي بالإجماع. وكان مجلس الأمن قد انعقد في الفترة ٩-٢٢ تشرين ثاني ١٩٦٧ واستمرت اجتماعاته ١٠٧ ساعات في ٣٢ جلسة، قدمت فيها أربعة مشاريع: سوفييتي وأمريكي وبريطاني، ومشروع قدمته ثلاث دول هي الهند ومالي ونيجيريا.

أما نص القرار فنذكره لأهميته ولأنه الأكثر تداولا حتى الآن.

" إن مجلس الأمن إذ يعرب عن قلقه المتواصل بشأن الوضع الخطر في الشرق الأوسط وإذ يؤكد عدم القبول بالاستيلاء على أراض بواسطة الحرب، والحاجة إلى العمل من أجل سلام عادل ودائم تستطيع كل دولة أن تعيش فيه بأمن، وإذ يؤكد أن جميع الدول الأعضاء بقبولها ميثاق الأمم المتحدة قد التزمت بالعمل وفقا للمادة الثانية من الميثاق.

أولا: يؤكد أن تحقيق مبادئ الميثاق يتطلب إقامة سلام عادل ودائم في الشرق الأوسط ويستوجب تطبيق المبدأين التاليين:

أ- سحب القوات الإسرائيلية المسلحة من أراض احتلت في النزاع الأخير.

ب-إنهاء جميع ادعاءات الحرب أو حالاتها واحترام السيادة والوحدة لأراضي كل دولة في المنطقة والاعتراف بذلك، وكذلك استقلالها السياسي، وحقها في العيش بسلام ضمن حدود آمنة ومعترف بها وحرة من التهديد أو أعمال القوة.

ثانيا: يؤكد أيضا الحاجة إلى:

أ. ضمان حرية الملاحة في الممرات المائية الدولية في المنطقة.

ب. تحقيق تسوية عادلة لمشكلة اللاجئين.

جـ ضمان المناعة الإقليمية والاستقلال السياسي لكل دولة في المنطقة، عن طريق إجراءات بينها إقامة مناطق مجردة من السلاح.

ثالثا: يطلب من الأمين العام تعيين ممثل خاص للذهاب إلى الشرق الأوسط كي يقيم ويجري اتصالات مع الدول المعنية بغية إيجاد اتفاق ومساعدة الجهود لتحقيق تسوية سلمية ومقبولة وفقا للنصوص والمبادئ الواردة في مشروع القرار هذا.

رابعا: يطلب من الأمين العام أن يرفع تقريرا إلى مجلس الأمن حول تقدم جهود الممثل الخاص في أقرب وقت ممكن.

ومن أبرز عيوب هذا القرار أنه:

- لا يعين بوضوح الخطوط التي يجب أن ينسحب منها الكيان الإسرائيلي.

- يقر للكيان الإسرائيلي ما حازه من توسع غير قانوني قبل حرب ١٩٦٧.

- لا يتناول جوهر " النزاع " وهو قضية فلسطين إلا من زاوية اللاجئين أي أنه لا يتعرض للحقوق السياسية المشروعة للشعب الفلسطيني.

- يجعل الانسحاب " الإسرائيلي " رهنا بتحقيق شروط أخرى.

- تم حذف " الـ" التعريف في النص الإنجليزي (The) ليصبح الانسحاب من " أرض " وليس " الأراضي " التي احتلها الصهاينة. بمعنى أن الإنسحاب لن يكون بالضرورة شاملا من كل الأرض.

- أما النصين الفرنسي والإسباني فقد أبقيا على أداة التعريف، ولذلك ذكرت فرنسا والاتحاد السوفييتي ومالي والهند ونيجيريا قبل الموافقة على القرار أنها تفهم أن الانسحاب سيكون شاملا. وبالطبع، فإن الكيان الاسرائيلي والأمريكان يرفضون الرجوع إلى النص الانجليزي.

وفي الفترة ٩-١٢ كانون أول ١٩٨١ أصدرت الجمعية العامة للأمم المتحدة عدة قرارات كان من ضمنها أن قرار ٢٤٢ لا يؤمن مستقبل الشعب الفلسطيني وحقوقه الثابتة، وأكدت حقه في العودة وتقرير المصير والاستقلال الوطني والسيادة الوطنية.

وقد رفضت(م. ت. ف). وكل المنظمات الفدائية الفلسطينية قرار ٢٤٢ حين صدوره لأنه يعني " تصفية القضية الفلسطينية تصفية نهائية " كما رفضت سوريا والعراق والجزائر هذا القرار.

وقد عينت الأمم المتحدة جونار يارنج (سفير السويد في موسكو) مبعوثا خاصا لها لمتابعة تنفيذ هذا القرار، وقد قام بعدة جولات واتصالات على مدى يزيد عن ثلاث سنوات، حيث ركزت المطالب العربية على اشتراط أن أي تسوية سلمية تعني العودة إلى حدود ما قبل حرب ١٩٦٧ مع عودة اللاجئين. أما الكيان الإسرائيلي فركز على الدخول في محادثات سلام دون شروط مسبقة، كما عرض انسحابات من سيناء بشرط أن تكون منزوعة السلاح وأن يبقى شرم الشيخ بيده، وعرض انسحابات من أجزاء من الضفة الغربية، لكنه رفض إعادة قطاع غزة والجولان، وأصر على بقاء القدس الموحدة (الشرقية والغربية) جزءا من الكيان الإسرائيلي، مع رفض إقامة دولة فلسطينية في الضفة الغربية. وهذا ما تم عرضه في مشروع اسرائيلي عرف باسم رئيسة وزرائها " مشروع جولدامائير " في ٩ تشرين ثاني ١٩٧١ " في ٩ شباط ١٩٧١ وفشلت في النهاية مهمة يارنج، رغم كثرة المشاريع المتبادلة بين الطرفين.

مشروع روجرز ٢٥ حزيران ١٩٧٠:

وليم روجرز هو وزير الخارجية الأمريكي، وقد طرح مشروعا على الأردن ومصر والكيان الإسرائيلي يستند أساسا إلى تنفيذ قرار ٢٤٢، وإقامة مباحثات للتوصل إلى اتفاق سلام " عادل ودائم " على أساس الاعتراف بالسيادة وسلامة الكيان الإقليمي لكل طرف واستقلاله السياسي.

وافقت مصر في ٢٣ تموز والأردن في ٢٦ تموز ١٩٧٠ على مشروع روجرز. وقد رفضته " اسرائيل"في البداية، لكنها عادت تحت الضغط الأمريكي فأبدت موافقة متحفظة في ٦ آب ١٩٧٠. أن الكيان الإسرائيلي نفسه حاول التهرب وإفشال المشروع لأنه يتضمن انسحابا من بعض الأراضي.

مشروع المملكة العربية المتحدة ١٩٧٢

وهو أن تتكون المملكة من قطرين فلسطين (الضفة الغربية وأي جزء يتم تحريره أو يرغب بالانضمام) والأردن، ويرتبط القطران بوحدة فدرالية تحت سلطة الملك. وهناك سلطة تنفيذية مركزية يتولاها الملك ومعه مجلس وزراء مركزي. وهناك سلطة تشريعية مركزية يتولاها الملك ومعه " مجلس الأمة " ينتخب أعضاءه بالاقتراع السري المباشر وبعدد متساو من الأعضاء لكل من القطرين. ولكل قطر حاكم عام من أبنائه ومجلس وزراء قطري من أبنائه أيضا، وله سلطة تشريعية خاصة به هي " مجلس الشعب ". وللمملكة قوات مسلحة واحدة قائدها هوجلالة الملك.

ولم يكتب لهذا المشروع النجاح، فالضفة الغربية تحت الاحتلال" الإسرائيلي " الذي لا يرغب بالانسحاب. كما كان لـ م. ت. ف والمنظمات الفدائية تواجد وتأييد قوي في الساحة الفلسطينية يمكن أن يعطل هذا المشروع. وقد رفضت م. ت. ف دورة استثنائية في نيسان / نيسان ١٩٧٢ وانعقد بموازاته مؤتمر شعبي حضره نحو ٥٠٠ شخص يمثلون بشكل واسع الأوساط الفلسطينية حيث تم رفض المشروع.

قرار مجلس الأمن ٣٣٨ (سنة ١٩٧٣).

أصدر مجلس الأمن هذا القرار في ٢٢ تشرين أول / تشرين أول ١٩٧٣ والذي على أساسه توقفت حرب تشرين / تشرين أول ١٩٧٣ التي خاضتها مصر وسوريا ضد الكيان الإسرائيلي. وقد دعا إلى البدء فورا بتنفيذ قرار مجلس الأمن ٢٤٢ بجميع أجزائه، وإلى عقد مفاوضات تحت الإشراف الملائم بهدف إقامة سلام عادل ودائم في الشرق الأوسط. ووافقت مصر وسوريا والأردن على

القرار، كما وافقت عليه " إسرائيل " بشيء من التحفظ، بينما رفضته م. ت. ف مؤكدة أنها ليست معنية به، وأنها ستتابع الكفاح المسلح والجماهيري " ضد الكيان الصهيوني من أجل تحرير الوطن، وحق شعبنا في تقرير مصيره بنفسه وعلى أرضه.

وبناء على قرار ٣٣٨ فقد انعقد في جنيف مؤتمر السلام للشرق ا لأوسط في ٢١-٢٢ كانون أول ١٩٧٣. وقد وضع الكيان الصهيوني تعقيدات كبيرة في وجه التنفيذ الفعلي للقرار، رغم مشاركته في المؤتمر. وقد شاركت في مصر والأردن بينما رفضت سوريا المشاركة. ولم يتمخض عن هذا المؤتمر شيء عملي سوى تشكيل لجنة عسكرية، تولت فك الاشتباك بين القوات المصرية والصهيونية على جانبي قناة السويس

الفلسطينيون وحق تقرير المصير في الأمم المتحدة:

شهدت منتصف السبعينات من القرن العشرين نجاحات دبلوماسية فلسطينية كبيرة على صعيد الأمم المتحدة باتجاه إقرار الحقوق المشروعة للشعب الفلسطيني وعلى رأسها الحق في تقرير المصير والاستقلال.

وكانت الأمم المتحدة قد أشارت لأول مرة للفلسطينيين باعتبارهم شعبا في قرارها ٢٥٣٥/أ، ب، ج الصادر في في ١٠ كانون أول ١٩٦٩ عندما ذكرت لأول مرة " حقوق شعب فلسطين الثابتة ". وفي نهاية ١٩٧٠ اعترفت الأمم المتحدة لأول مرة بحق شعب فلسطين في تقرير مصيره، وعدت ذلك عنصرا لا غنى عنه في إقامة سلام عادل ودائم في الشرق الأوسط. وقد اتخذ هذا القرار بأكثرية غير كبيرة من ٤٧ ضد ٢٢ وامتناع ٥٠. ثم أخذت قرارات الأمم المتحدة تزداد قوة ووضوحا وتأييدا عالميا. كما في القرارين: ٢٧٨٧، ٢٧٩٢/د في ٦ كانون أول

١٩٧١، وقرار ٢٩٦٣/ هـ في ١٣ كانون أول١٩٧٢ وقرار ٣٠٨٩ /ج، د في ٧ كانون أول ١٩٧٣.

ويعد قرار ٣٢١٠ في تشرين أول ١٩٧٤ تطورا ذا أهمية، إذا اعتبر ان الشعب الفلسطيني هو الطرف الأساسي المعني في قضية فلسطين. وقرر دعوة (م.ت.ف) (الممثلة للشعب الفلسطيني للاشتراك في مداولات الأمم المتحدة)، وصوت مع القرار أغلبية ساحقة من ١٠٥ ضد أربعة وامتناع عشرين ودعي أبو عمار (ياسر عرفات) لإلقاء خطاب (م.ت.ف) في الأمم المتحدة حيث ألقى كلمته في منتصف تشرين ثاني ١٩٧٤، والتي لقيت إهتماما وتجاوبا عالميا كبيرا.

وصدر إثر ذلك (قرار تاريخي) للأمم المتحدة يحمل رقم ٣٢٣٦ في ٢٢ تشرين ثاني ١٩٧٤ بأغلبية ٨٩ صوتا مقابل ٨ وامتناع ٣٧، ويحمل هذا القرار عنوان " **حقوق الشعب الفلسطيني**" وفيه يؤكد الحقوق الثابتة لشعب فلسطين وخصوصا:

– الحق في تقرير مصيره دون تدخل خارجي.

– الحق في الاستقلال والسيادة الوطنية.

– الحق في عودة اللاجئين والمطالبة في إعادتهم.

– الاحترام الكلي لحقوق الشعب الفلسطيني، وأنه أمر لا غنى عنه لحل قضية فلسطين.

– إن الشعب الفلسطيني طرف رئيسي في إقامة سلم عادل ودائم في الشرق الأوسط.

– حق الشعب الفلسطيني في إستعادة حقوقه في كافة الوسائل، وفقا لمقاصد ميثاق الأمم المتحدة ومبادئه.

وناشد القرار جميع الدول والمنظمات الدولية مد يد العون للشعب الفلسطيني لاسترداد حقوقه، كما طلب من الأمين العام للأمم المتحدة أن يقيم اتصالات مع م.ت.ف في كل الشؤون المتعلقة بقضية فلسطين.

وبموجب قرار الأمم المتحدة رقم ٣٢٣٧ (٢٢تشرين ثاني ١٩٧٤) منحت (م.ت.ف) مركز مراقب دائم في الأمم المتحدة. وفي السنة التالية قررت الجمعية العامة تأليف لجنة من ٢٠ دولة للبحث لمساعدة الشعب الفلسطيني لحقوقه الثابتة وفق قرار ٣٢٣٦ حيث تقوم اللجنة بتقديم تقرير سنوي حول ذلك.

وقد رفضت الجمعية العامة ١٩٧٩ اعتماد ما جاء في اتفاقية كامب ديفيد المصرية /الإسرائيلية حول فلسطين وفي ١٥كانون أول ١٩٨٠ أصدرت قرارها ١٦٩/٣٥ أكدت توصياتها السابقة في قرار ٣٢٣٦، وطالب مجلس الأمن الدولي بوضع جدول زمني لانسحاب الكيان الإسرائيلي من الأرض المحتلة سنة ١٩٦٧، وتسليم الأرض للأمم المتحدة التي تسلمها بدورها إلى (م. ت.ف) بالتعاون مع جامعة الدول العربية.

وتكمن أهمية هذه القرارات في تحول قضية فلسطين من قضية لاجئين إلى قضية شعب له الحق في تقرير مصيره وتحرير أرضه، كما أنها ترفع الشرعية عن اغتصاب الصهاينة من الأرض المحتلة سنة ١٩٦٧ بما فيها القدس، فضلا عن حق الفلسطينيين في العودة إلى الأرض المحتلة سنة ١٩٤٨. كما أصبح للفلسطينيين من يتحدث بإسمهم باعتراف عربي ودولي باعتباره ممثله الشرعي الوحيد (أي م.ت.ف) ورغم أن هذا الأمر قد زاد من (اقليمية) القضية الفلسطينية، إلا أنه جعل هذه القضية عصية على التذويب أو القفز عن حقوق الشعب الفلسطيني وفق أي تسوية قد تشارك بها أطراف عربية أخرى. ثم أن هذه المكاسب السياسية قد حققت تعاطفا دوليا واسعا، وعزلت الكيان الصهيوني سياسيا، بالإضافة إلى قطع معظم دول العالم علاقتها به.

غير أن قرارات الجمعية العامة للأمم المتحدة لا تعني شيئا كثيرا فهي **مجرد توصيات** والجهة الوحيدة القادرة على إصدار قرارات ملزمة هي مجلس الأمن، حيث أن من حق أي من الدول الكبرى الخمس (الولايات المتحدة، روسيا، بريطانيا، فرنسا، الصين) اتخاذ حق النقض "الفيتو" (*Veto*) ضد أي مشروع لا يتوافق مع مصالحها وعلى ذلك، فقد كان الأمريكان جاهزين دامًا للاتخاذ قرار الفيتو ضد أي قرار يلزم الكيان الصهيوني بأي أمر يراه تنازلا أو إضعافا لخططه وبرامجه. **وبذلك تظل الأمم المتحدة منبرا دوليا للدعاية والعلاقات العامة أكثر من أي شيء آخر خصوصا عندما يتعلق الأمر بقضية فلسطين.**

(م.ت.ف) وبداية المسار السلمي.

كان المطلب الفلسطيني الشعبي والرسمي الذي لا يقبل التنازل أو المساومة هو تحرير فلسطين كاملة من النهر إلى البحر، وإخراج المهاجرين اليهود الصهاينة منها. وقد أخذ هذا الموقف بالتبدل من الناحية الرسمية أو من ناحية متصدري العمل الفلسطيني منذ ١٩٦٨. إذ عرض أبو إياد صلاح خلف في ١٠ تشرين أول ١٩٦٨ هدف فتح الاستراتيجي وهو إنشاء دولة دمقراطية في فلسطين يعيش فيها المسلمون والمسيحيون واليهود في مساواة تامة وتكافؤ كامل. وهو ما تم تبنيه في م.ت.ف في المجلس الوطني الخامس في شباط ١٩٦٩. ويعني ذلك أن الفلسطينيين لم يعودوا يصرون على خروج المهاجرين اليهود المعتدين من فلسطين، مهما كان عددهم وسنة هجرتهم مع إعطائهم حق المواطنة الكاملة فيها.

وإثر الخروج الفدائي الفلسطيني والأوضاع المحلية والدولية بعد حرب تشرين ١٩٧٣، أقر المجلس الوطني الفلسطيني برنامج النقاط العشر" البرنامج السياسي المرحلي" في دورته الثانية عشر في ١-٨حزيران ١٩٧٤ القاهرة. وقد أفسح هذا البرنامج مجالا هاما في التحرك السياسي الفلسطيني، ووضع عبارات مبهمة تهيأ لإحتمال المشاركة في التسويات السياسية.

فقد نص ميثاق (م.ت.ف) على أن الكفاح المسلح هو الطريق الوحيد لتحرير فلسطين، بينما ذكر برنامج النقاط العشرة أن " منظمة التحرير تناضل بكل الوسائل وعلى رأسها الكفاح المسلح، لتحرير الأرض الفلسطينية وإقامة سلطة الشعب الوطنية المستقلة المقاتلة على كل جزء من الأرض الفلسطينية التي يتم تحريرها". فلم يعد الكفاح المسلح طريقا وحيدا للتحرير، كما وافق البرنامج لأول مرة على تجزأة مشروع التحرير خطوة خطوة ورفض المنهج السابق الذي يؤكد على شمولية التحرير كأمر لا يقبل التنازل.

وقد أعطى هذا البرنامج انطباعا لدى البلاد العربية والعالمية أن م.ت.ف قد أصبحت أكثر" إيجابية" وأكثر " واقعية"، وهو ما أعطى القيادة الفلسطينية مجالا أكبر للمناورة السياسية. وقد تحققت نتائج ذلك عاجلا في قمة زعماء الدول العربية في الرباط في تشرين أول ١٩٧٤ الذي اعترف بـ(م.ت.ف) ممثلاً شرعياً وحيداً للشعب الفلسطيني وفي دعوة الجمعية العامة للأمم المتحدة لـ م.ت.ف للمشاركة في أعمالها، وإلقاء عرفات لخطابه فيها في ١٣ تشرين ثاني ١٩٧٤. وحققت (م.ت.ف) العديد من المكاسب السياسية على منابر الأمم المتحدة.

وقد ترافق التحرك السياسي مع تنازل متعلق بالإتصالات السياسية باليهود (وخصوصا داخل فلسطين) والتي كانت تعد قبل ذلك نوعا من الخيانة. إذ سمح المجلس الوطني الفلسطيني الثالث عشر (القاهرة) ١٢-٢٢ آذار١٩٧٧) بذلك مؤكدا على " أهمية العلاقة والتنسيق مع القوى اليهودية الديمقراطية والتقدميّة المناضلة داخل الوطن المحتل وخارجه ضد الصهيونية كعقيدة ومآذارة".

إتفاقيات كامب ديفيد بين مصر والكيان الإسرائيلي ١٩٧٨:

قام الرئيس المصري أنور السادات زيارة مفاجئة إلى الكيان الإسرائيلي في ١٩ تشرين ثاني ١٩٧٧ وألقى خطابا في الكنيست " الإسرائيلي" ودعا إلى تسوية سلمية وبدأت بعد ذلك لأول مرة مفاوضات مصرية -"إسرائيلية" مباشرة وعلنية. وقد نتج عنها توقيع إتفاقيات كامب ديفيد في الولايات المتحدة في ١٧ أيلول ١٩٧٨ بين مصر (ويمثلها أنور السادات)، والكيان الإسرائيلي (ويمثله مناحيم بيغن)، برعاية الرئيس الأمريكي جيمي كارتر. وقد دخلت الاتفاقية حيّز التنفيذ في ٢٦ آذار ١٩٧٩.

والاتفاقية مقسومة إلى وثيقتين الأولى تتناول أسس علاقة الكيان الإسرائيلي مع البلاد العربية ومستقبل الضفة الغربية والقطاع، وأما الثانية فتحدد أسس معاهدة السلام بين مصر والكيان الإسرائيلي. وقد استرجعت مصر في موجب هذه الاتفاقية أرض سيناء وفق شروط تضبط تواجد قواتها فيها. ووافقت مصر على إقامة علاقة سلام دائم، وتطبيع العلاقات سياسيا واقتصاديا وثقافيا... مع الكيان الإسرائيلي.

وفيما يتعلق بالشعب الفلسطيني فقد دعت إلى مشاركة ممثلي الشعب الفلسطيني في المفاوضات، واقترحت **حكما ذاتيا** فلسطينيا في الضفة والقطاع بحيث يشترك في المفاوضات بشأنه وشأن مستقبله مصر والأردن و " الكيان الإسرائيلي" وممثلون عن الضفة والقطاع يضمهم في البداية وفدا مصر والأردن. وقد يضم الوفد فلسطينيين آخرين "وفقا لما يتفق عليه " أي بمعنى أن للكيان الإسرائيلي حق رفضهم أو قبولهم. كما تضمنت التصورات التفصيلية التالية:

١- تكون هناك ترتيبات إنتقالية بالنسبة للضفة الغربية وقطاع غزة لمدة لا تتجاوز خمس سنوات.

٢- تنسحب الحكومة العسكرية " الإسرائيلية " وإدارتها المدنية بمجرد أن يتم إنتخاب سلطة الحكم الذاتي من قبل السكان عن طريق الانتخاب الحر.

٣- تتفاوض الأطراف " مصر، الأردن، ممثلو الضفة والقطاع، الكيان الإسرائيلي" بشأن اتفاقية تحدد مسؤوليات الحكم الذاتي في الضفة والقطاع.

٤- سيكون هناك إعادة توزيع للقوات الإسرائيلية التي ستبقى في مواقع معينة، وستتضمن الاتفاقية ترتيبات لتأكيد الأمن الداخلي والخارجي والنظام العام.

٥- ستتم المفاوضات وفق قرار مجلس الأمن الدولي رقم ٢٤٢ بكافة أجزائه. وستعالج المفاوضات – من بين أمور أخرى- موضوع الحدود، وطبيعة الإجراءات الأمنية.

٦- يجب أن يعترف الحل الناتج عن المفاوضات بالحقوق المشروعة للشعب الفلسطيني ومطالبه العادلة.

٧- سيشترك الفلسطينيون بتقرير مستقبلهم من خلال:

أ- يتم الاتفاق في المفاوضات بين مصر و"إسرائيل" والأردن وممثلي السكان في الضفة والقطاع على الوضع النهائي للضفة والقطاع والمسائل البارزة الأخرى بحلول نهاية المرحلة الانتقالية.

ب- يعرض الاتفاق على ممثلي الضفة والقطاع المنتخبين للتصويت عليه.

ج-تتاح الفرصة للمثلين المنتخبين عن السكان في الضفة وغزة لتحديد الكيفية التي سيحكمون بها أنفسهم تمشيا مع نصوص الاتفاق.

د- المشاركة في عمل اللجنة التي تتفاوض بشأن معاهدة السلام بين الأردن " والكيان الإسرائيلي".

٨- سيتم تشكيل قوة شرطة محلية قوية قد تضم مواطنين أردنيين، وستشترك قوات " إسرائيلية " واردنية في دوريات مشتركة، وفي العمل على ضمان أمن الحدود.

٩- وعندما يتم إنشاء سلطة الحكم الذاتي (مجلس إداري) ستبدأ المرحلة الانتقالية من خمس سنوات. وستتم بأسرع ما يمكن، وبما لا يزيد عن السنة الثالثة من بدء هذه المرحلة، المفاوضات النهائية لتقرير الوضع النهائي للضفة والقطاع وعلاقتها بغيرها، والوصول إلى معاهدة سلام بين الكيان " الإسرائيلي" وبين الأردن مع نهاية المدة الانتقالية.

١٠- سيتم اتخاذ كل الإجراءات التي تضمن أمن " إسرائيل" وجيرانها.

١١- خلال المرحلة الانتقالية تشكل لجنة من الأردن ومصر وممثلو الضفة والقطاع و" إسرائيل" للاتفاق على مدى السماح بعودة النازحين المطرودين من الضفة والقطاع سنة ١٩٦٧. وستعمل مصر و" إسرائيل والأطراف الأخرى المهتمة لوضع إجراءات متفق عليها لتحقيق حل عاجل وعادل ودائم لمشكلة اللاجئين.

لقد أثارت هذه الاتفاقية أحد أشد حملات الرفض والاحتجاج في العالم العربي، وانطلقت المظاهرات في كل مكان معبرة عن سخط جماهيري شامل. واتهم السادات بأشنع أوصاف الخيانة وبيع الحقوق العربية. وقامت جماعة إسلامية باغتياله في ٦ تشرين أول ١٩٨١، ولم تخف قطاعات واسعة من العرب والعرب فرحها بذلك و" شماتتها " به. وفي مؤتمر القمة العربية في بغداد ١٩٧٩ تم قطع العلاقات السياسية مع مصر، وجرى عزل مصر عن محيطها العربي. كما تم تشكيل جبهة الصمود والتصدي مع عدد من الأقطار العربية (سوريا،العراق، ليبيا، الجزائر، اليمن الجنوبي، و(م.ت.ف) لمواجهة مشروع كامب ديفيد. وعدت (م.ت.ف) في بيان أصدرته هذا الاتفاق " أخطر حلقات المؤامرة المعادية منذ عام ١٩٤٨" وأنه يمثل " استسلاما كاملا من جانب السادات لمشروع مناحيم بيجن" وأن السادات أعطى " تسليمه بكامل شروطهم لتصفية القضية الفلسطينية والعربية " وأن " الاتفاق بين تواطؤ السادات التام مع الأهداف الصهيونية، في إنكار الحقوق الوطنية الفلسطينية بكاملها، وفي الاستعداد المشترك لضرب القضية الفلسطينية أرضا وشعبا وثورة تحت إشراف وتخطيط الإمبريالية الأمريكية ". وأكد البيان أن شعب فلسطين " لا يمكن أن يساوم أو يهادن أي مشروع تصفوي على غرار الحكم الذاتي".

وبالطبع فقد سقط الشق الفلسطيني من اتفاقية كامب ديفيد في ذلك الوقت لرفضه بالإجماع فلسطينيا، كما رفضته الأردن مما أفقده أية إمكانية عملية للتنفيذ.

مشروع خالد الحسن ١٩٨٢:

قدم خالد الحسن عضو اللجنة المركزية لحركة فتح، ورئيس لجنة العلاقات الخارجية في المجلس الوطني الفلسطيني في ١٤ أيار ١٩٨٢ مشروعا سماه أفكار للنقاش لحل النزاع، حيث دعا إلى انسحاب الكيان الإسرائيلي من الأراضي المحتلة سنة ١٩٦٧، وإقامة الدولة الفلسطينية على تلك الأراضي، وأن تكون أحكام الشرعية الدولية وقرارات الأمم المتحدة هي المرجع القانوني.

والحسن بطرحه هذا يقترب كثيرا من المشروعات العربية- التي رفضتها (م.ت.ف) دائما وبإصرار -التي تعترف ضمنا بالكيان الصهيوني وتتقبل ما اغتصبه من أرض سنة ١٩٤٨ وبالتأكيد فإن طرح الحسن (الذي ظهر وكأنه مشروعه الخاص) كان يعكس حالة النقاش الدائرة في صفوف القيادة الفلسطينية، وارتفاع أصوات التيار " الواقعي" المتراجع عن الثوابت ضمن (م.ت.ف) وكان أقرب إلى بالون اختبار لجس نبض الشارع الفلسطيني والعربي وردود الفعل الدولية.

مشروع ريجان ١٩٨٢:

مثل الاجتياح " الإسرائيلي" لبنان، وتدمير معظم البنية التحتية لـ (م.ت.ف)، وإجبار نحو عشرة آلاف من مقاتليها على الخروج من لبنان في صيف ١٩٨٢، مرحلة جديدة في مسار التسوية السلمية. إذ وجدت القيادة الفلسطينية

نفسها في تونس معزولة عن فلسطين، محرومة من أي قاعدة استراتيجية أو لوجستية في دول المواجهة مع الكيان الصهيوني. وساعد هذا الوضع على إيجاد أجواء عربية وفلسطينية جديدة تسير باتجاه متابعة منحنى التسوية الذي اختطته مصر. وأسهمت حالة العجز العربي وعدم جدية أو فاعلية برامج المقاومة والتحرير التي تعلنها في طرح مشاريع تسوية تلقى قبولا وتبنيا رسميا عربيا، وتتضمن التنازل عن أرض فلسطين المحتلة عام ١٩٤٨، والتعايش السلمي مع الكيان الصهيوني.

كان مشروع الرئيس الأمريكي رونالد ريجان الذي أعلنه في ٢ من أيلول ١٩٨٢ من أوائل المشاريع التي طرحت إثر الاجتياح " الإسرائيلي " للبنان. وقد دعا إلى عدم تقسيم مدينة القدس والاتفاق على مستقبلها عن طريق المفاوضات. وتعهد بحماية أمن " إسرائيل " ويبدو أن هذا المشروع كان مقدمة لاستثمار الظروف السياسية التي نتجت عن الاجتياح الإسرائيلي للبنان، وهو لا يختلف كثيرا عن الشق الفلسطيني في اتفاقية كامب ديفيد.

مشروع السلام العربي (مشروع فاس) ١٩٨٢:

وكان في أصله مشروعا طرحه الأمير فهد بن عبد العزيز قبل أن يصبح ملكا على السعودية، وقد تبناه مؤتمر القمة العربية المنعقد في مدينة فاس بالمغرب في ٦- ٩ أيلول ١٩٨٢، إثر الخروج الفدائي الفلسطيني من بيروت. وقد تضمن النقاط التالية:

١- إنسحاب "إسرائيل" من جميع الأراضي العربية التي احتلتها عام ١٩٦٧ بما فيها القدس.

٢- إزالة المستوطنات التي أقامتها " إسرائيل" في الأراضي المحتلة عام ١٩٦٧.

٣- ضمان حرية العبادة وممارسة الشعائر الدينية لجميع الأديان في الأماكن المقدسة.

٤- تأكيد حق الشعب الفلسطيني في تقرير مصيره بقيادة م. ت.ف، وتعويض من لا يرغب بالعودة.

٥- إخضاع الضفة الغربية وقطاع غزة لمرحلة انتقالية تحت إشراف الأمم المتحدة لبضعة أشهر.

٦- قيام الدولة الفلسطينية المستقلة وعاصمتها القدس.

٧- يضع مجلس الأمن الدولي ضمانات سلام بين جميع دول المنطقة بما فيها الدولة الفلسطينية المستقلة.

٨- يقوم مجلس الأمن الدولي بضمان تنفيذ تلك المبادئ.

وقد مثل مشروع فاس الخط السياسي العربي العام الذي ساد حقبة الثمانينات. والذي يجمع بين الأعتراف الضمني بالكيان الإسرائيلي وإقامة الدولة الفلسطينية على الضفة والقطاع.

مشروع بريجينيف للسلام ١٩٨٢:

وهو مشروع يمثل التصور السوفييتي للتسوية، وقد طرحه الرئيس ليونيد بريجينيف في ١٥ أيلول ١٩٨٢. وركّز على حق شعب فلسطين في تقرير مصيره وإقامة دولة مستقلة في الضفة الغربية وقطاع غزة بما فيها القدس

الشرقية. وأكد على حق جميع الدول المنطقة في الوجود والتطور السلميين والأمنيين، وعلى إنهاء حالة الحرب وإحلال السلام بين الدول العربية و" إسرائيل" وعلى إيجاد ضمانات دولية للتسوية.

مشروع الكونفدرالية الأردنية -الفلسطينية ١٩٨٤-١٩٨٥:

طرح جلالة المغفور له بإذن الله الملك حسين رحمه الله لدى افتتاحه الدورة السابعة عشر للمجلس الوطني الفلسطيني المنعقدة في عمان في ٢٢ تشرين ثاني ١٩٨٤ الخطوط العريضة لمبادرة أردنية -فلسطينية مشتركة مبنية على قرار ٢٤٢ كأساس للتسوية، وعلى مبدأ الأرض مقابل السلام، في إطار مؤتمر دولي تحت إشراف الأمم المتحدة.

وقد جرت مباحثات أردنية -فلسطينية مشتركة تم في ختامها إقرار الاتفاق الأردني-الفلسطيني في ١١/ شباط ١٩٨٥، وكان من أبرز أفكاره:

١-   يتم التحرك الأردني -الفلسطيني على أسس الشرعية الدولية التي تمثلها قرارات الأمم المتحدة، التي تنص على الحقوق المشروعة للشعب الفلسطيني مع مراعاة قرارات ٢٤٢ و ٣٣٨.

٢- يجب أن تتم عملية السلام من خلال مؤتمر دولي تشارك فيه م.ت.ف.

٣- الاعتراف بمبدأ السلام بمقابل الأرض، وانسحاب " إسرائيل " الكامل من الأراضي المحتلة عام ١٩٦٧، وحق الشعب الفلسطيني في تقرير مصيره.

٤- تكون العلاقة المستقبلية بين الأردن وم.ت.ف علاقة كونفدرالية فيما إذا
قامت الدولة الفلسطينية.

٥- الاتفاق أنه في حالة نجاح مفاوضات الملك فهد خادم الحرمين رحمه الله في
واشنطن وقبول الإدارة الأمريكية بمقترحاته، أن تقوم (م.ت.ف) للتعامل
مع الضغوط الدولية (الأمريكية و" الإسرائيلية" بالذات) التي تفضل
التعامل مع قضية فلسطين من خلال البوابة الأردنية، فضلا عن تراجع
(م.ت.ف) عن إصرارها على إقامة الدولة الفلسطينية المستقلة. وعلى
أية حال، فلم يكتب لهذا المشروع النجاح إذ لقي معارضة فلسطينية
داخلية من بعض الفصائل

مشاريع التسوية ١٩٨٧-٢٠٠٠

تمثل هذه الفترة مرحلة دخول (م.ت.ف) فيما كانت ترفضه من قبل، ولقد سارت الحكومات العربية خطوات من التراجع والتنازل حتى وجدت نفسها في مربع التسوية. وكيفت نفسها مع الشروط الأمريكية-الاسرائيلية للدخول في المفاوضات.

عانت (م.ت.ف) خلال ١٩٨٦-١٩٨٧ حالة من الاستضعاف السياسي، وحالة متزايدة من محاولات التهميش. غير ان اندلاع الانتفاضة المباركة في ٩ كانون أول ١٩٨٧ وفر لها رافعة سياسية كبيرة، وكرس من جديد الهوية الفلسطينية. وأظهرت الانتفاضة الدور الريادي لأبناء الداخل في المقاومة (الذين تمسهم أساسا كل التسويات المطروحة)لتصفية القضية.

وعادت الانتفاضة لتبرز من جديد الوجه الحقيقي للاحتلال الصهيوني، ومعاناة شعب يرزح تحت الاحتلال ويرفضه ويقاومه بكل ما لديه، حتى لو لم يكن ذلك بغير الحجارة. وتصدرت القضية الفلسطينية مرة أخرى جدول أعمال الأمم المتحدة والقوى الكبرى والبلاد العربية ووسائل الإعلام العالمية. وقد حاولت (م.ت.ف) اقتناص الفرصة لتقدم نفسها طرفا مقبولا، ولا يمكن تجاوزه، لأية تسوية متعلقة بالقضية.

ولم تكن الرياح تجري بما لا تشتهي سفن المنظمة أو الشعب الفلسطيني، فقد كان هناك حالة عجز وتفكيك عربي، وكانت العراق وإيران على وشك الخروج منهكتين من حرب الثمانية أعوام (١٩٨٠-١٩٨٨) التي دمرت اقتصادهما ومواردهما البشرية والمالية والعسكرية. وعانت البلدان النفطية من تراجع إيرادات النفط وانخفاض أسعاره. ثم ما لبث العالم العربي أن انقسم

على نفسه إثر الاجتياح العراقي للكويت في ٢ آب ١٩٩٠، وما تلاه من حرب الخليج التي أورثت وضعا عربيا بائسا ممزقا. ونضبت المساعدات المالية من البلاد الخليجية لـ(م.ت.ف) والفلسطينيين، بسبب استنزاف مواردها المالية في الحرب، وبسبب وقوف (م.ت.ف) إلى جانب العراق. فيما فرضت أمريكا هيمنتها وتوجهاتها على المنطقة. وفي الوقت نفسه انهار الاتحاد السوفييتي، وانهار معه النظام العالمي ثنائي القطبية الذي سيطر على السياسة الدولية طوال الفترة ١٩٤٥-١٩٩٠. وضعفت بالتالي قدرة دول العالم الثالث –وضمنها البلاد العربية والاسلامية على الإستفادة من لعبة موازين القوى الدولية لخدمة مصالحها. وزادت صعوبة التحرر من الهيمنة الأمريكية التي أخذت تمثل القوة " البشرية" الكبرى الوحيدة، وسعت إلى تحويل العالم إلى نظام يدور حول قطبها (أحادي القطبية) ويخدم مصالحها.

وأصبحت " شرطي " العالم، وقدمت مفاهيمها ومعاييرها للسياسة والاقتصاد بل والثقافة والحياة الاجتماعية لتكون الأساس الذي يحكم العلاقات الدولية وحياة الناس. وزاد الأمر سوءا أن النفوذ اليهودي-الصهيوني تزايد بشكل كبير ومكشوف في الحياة السياسية الأمريكية، وخصوصا في إدارة بيل كلينتون (كانون أول ١٩٩٢-٢٠٠١) الذي كان في جزء طويل من حكمه وزراء الخارجية والدفاع والمالية والزراعة وحاكم البنك المركزي، ومدير الـ سي آي إيه CIA وسبعة من أعضاء مجلس الأمن القومي الأحد عشر. كلهم من اليهود !! رغم أن نسبة اليهود في أمريكا لا تزيد عن ٢,٢% من كل السكان. وقد مثل ذلك كله وضعا مثاليا بالنسبة إلى الكيان الصهيوني لعقد أي تسوية سلمية.

مشروع السلام الفلسطيني (تشرين ثاني ١٩٨٨):

حاولت (م.ت.ف) استثمار الانتفاضة المباركة سياسيا، فشكلت القيادة الوطنية الموحدة للانتفاضة لينضبط ايقاع المقاومة مع ايقاع تحركها السياسي. وصدرت عن بسام أبو شريف –المقرب من الرئيس ياسر عرفات رحمه الله- إحدى مؤشرات الاستعداد للتسوية والتنازل في الرسالة التي نشرها في حزيران ١٩٨٨ ودعا إلى السلام والتعايش مع " إسرائيل". وقد أفادت (م.ت.ف) من قرار الأردن في ٣١ تموز ١٩٨٨ فك رابطه الإدارية والقانونية مع الضفة الغربية، فأكدت بذلك تمثيلها الرسمي الوحيد لأهل الضفة الغربية.

وقد سعى الأردن من خلال فك روابطه مع الضفة إلى إفشال الاقتراحات والأفكار التي كثر الحديث عنها " إسرائيليا " والتي طرحت الخيار الأردني وأن الأردن هي وطن الفلسطينيين، بل واجترأ بعضها ليتحدث عن إمكانية تغيير نظام الحكم في الأردن بحيث يتولى الحكم زعيم فلسطيني وعندما انعقد المجلس الوطني الفلسطيني التاسع عشر في ١٢-١٥ تشرين ثاني ١٩٨٨ تم وضع برنامج فلسطيني جديد، بناء على نصائح عربية وسوفييتية، تضمن تنازلات جديدة، على أمل أن تجعل من (م.ت.ف) طرفا مقبولا (أمريكيا وإسرائيليا) للدخول في أية تسوية سياسية. في هذا البرنامج:

١-   اعترفت (م.ت.ف) رسميا لأول مرة بقرار تقسيم فلسطين إلى دولتين عربية ويهودية رقم ١٨١ الصادر عن الأمم المتحدة في ٢٩ تشرين ثاني ١٩٤٧.

٢- اعترفت (م.ت.ف) رسميا لأول مرة بقرار مجلس الأمن الدولي رقم ٢٤٢ الصادر في ٢٢ تشرين ثاني ١٩٦٧.

٣- وحتى لا يتقبل" الفلسطينيون عند (م.ت.ف) القرارين السابقين، فقد أعلن المجلس " استقلال فلسطين " الذي كان من الناحية الفعلية عملا عاطفيا و"أملا " أو " حلما " لم تتراءى بداياته الأولى بعد. ولم تكن له أية إسقاطات حقيقية على أرض الواقع.

٤- الدعوة إلى عقد مؤتمر دولي تحت إشراف الأمم المتحدة.، بمشاركة القوى الكبرى، وجميع أطراف الصراع بما فيها (م.ت.ف) وعلى قاعدة قراري مجلس الأمن ٢٤٢و ٣٣٨ والحقوق المشروعة للشعب الفلسطيني وفي مقدمتها حقه في تقرير المصير.

٥- إنسحاب الكيان الإسرائيلي من الأراضي المحتلة سنة ١٩٦٧.

٦- إلغاء إجراءات الضم الإسرائيلي للأراضي الفلسطينية في الضفة والقطاع وإزالة المستوطنات.

٧- حل قضية اللاجئين وفق قرار الأمم المتحدة.

٨- وضع الضفة والقطاع لفترة محددة تحت إشراف الأمم المتحدة، لتوفير مناخ مناسب لأعمال المؤتمر الدولي، ولتسهيل الوصول إلى تسوية سياسية، ولتمكين الدولة الفلسطينية من مآذارة سلطتها الفعلية.

وبغض النظر عن الشكل الاحتفالي الذي ظهر فيه إعلان الدولة الفلسطينية، والتي اعترفت بها خلال بضعة أشهر نحو ١٢٠ دولة في العالم، فقد كان هذا المشروع مجرد اقتراب فلسطيني أكثر من مربع الشروط " الإسرائيلية ".. وهو اقتراب لم يجابه بأي اقتراب إسرائيلي " من المطالب الفلسطينية. لكن الولايات المتحدة كانت معنية بالظهور كطرف وسيط، وبإغراء الطرف الفلسطيني لتقديم المزيد من التنازلات، فاعتبرت هذا المشروع

بادرة إيجابية غير كافية. واستفادت أمريكا من مجمل الحالة العربية والدولية التي ترى أن أوراق حل القضية الفلسطينية بيد أمريكا، والتي دفعت (م.ت.ف) لإيجاد السبل لفتح البوابة الأمريكية لها.

وقد اشترطت الولايات المتحدة -منذ أمد طويل- للدخول (م.ت.ف) في أي حوار ثلاثة شروط، الأول: الموافقة على قرار ٢٤٢، والثاني: وقف العمليات العسكرية ضد الكيان الإسرائيلي، والثالث: إعلان نبذ " الإرهاب ". وحتى يسترضي أمريكا، قام الرئيس عرفات بالتوقيع على وثيقة ستوكهولم في ٧ كانون أول/ ١٩٨٨ التي تضمنت اعترافا صريحا بالكيان " الإسرائيلي " وقراري مجلس الأمن ٢٤٢ و٣٣٨ ونبذ " الإرهاب ".

ألقى الرئيس عرفات رحمه الله خطابه في ١٤ كانون أول ١٩٨٨. وفي ١٥ من الشهر نفسه اضطره لإعادة الاعتراف بعبارة صريحة محددة اشترطتها أمريكا بنفسها.

وبعد ذلك بساعات أعلنت أمريكا فتح الحوار مع (م.ت.ف)، حيث بدأ في ١٦ كانون أول ١٩٨٨ في تونس، ومثل أمريكا فيه سفيرها في تونس روبرت بليترو. غير أن هذا الحوار كان أشبه بالتحقيق وجلسات الاستماع غير المجدية، ولم يرتفع بمستواه ولا بجديته إلى درجة المفاوضات الحقيقية.

مشروع شامير للحكم الذاتي /أيار (١٩٨٩):

لم يكن رئيس الوزراء الليكودي المتطرّف إسحق شامير يرغب بتقديم أية تنازلات للفلسطينيين، وكانت سياسته العامة بالتعاون مع شريكه في الائتلاف الحكومي حزب العمل هي القضاء على الانتفاضة وسحقها. غير أن الانتفاضة شوهت الوجه " الإسرائيلي " دوليا، وكشفت زيف ادعاءاته وحقيقة احتلاله.

كما كانت ظاهرة الانبعاث العربي في العالم العربي، وتنامي التيار العربي الجهادي في فلسطين، وظهور الأنظمة العربية الصديقة لأمريكا في وضع حرج تجاه شعوبها، كل ذلك كان ظواهر مقلقة لأمريكا والكيان " الإسرائيلي ". وهذا دفع أمريكا لتحريك عملية السلام، فكانت مبادرة جورج شولتز وزير الخارجية الأمريكي في النصف الأول من عام ١٩٨٨ وهي أقرب إلى الشق الفلسطيني في اتفاقية كامب ديفيد مع مصر. وعندما قام الرئيس ياسر عرفات رحمه اللـه " بهجوم السلام الفلسطيني " وقدم مبادرة السلام الفلسطينية،إضطرت حكومة شامير لتقديم مبادرة " سلمية " تخرجها من زاوية الحرج السياسي، وتضع الكرة مرة أخرى في الملعب الفلسطيني.

وقد قدم شامير خطته في عشرين نقطة، واعتمدتها حكومته في ١٤ أيار ١٩٨٩، ووافق عليها الكنيست بعد أسبوعين من ذلك. ومثل مشروع شامير في جوهرة -مرة أخرى -الشق الفلسطيني من اتفاقية كامب ديفيد مع مصر. فدعا إلى انتخابات في الضفة والقطاع (ما عدا القدس الشرقية) لاختيار فلسطينيين من غير أعضاء (م.ت.ف)، ليتفاوض معهم الكيان الاسرائيلي حول إقامة حكم ذاتي في مرحلة انتقالية مدتها خمس سنوات، يتم بعدها الاتفاق على الوضع النهائي.

وقد ضغطت أمريكا على (م.ت.ف) للموافقة على خطة شامير، وهددت بتجميد الوضع السياسي. وقد رفضت المنظمة مشروع شامير لتجاهله الحقوق الأساسية للشعب الفلسطيني. ووجدت (م.ت.ف) نفسها مرة أخرى في مأزق سياسي، لا تستطيع الخروج منه إلا بمزيد من التنازلات.

مؤتمر مدريد للسلام (تشرين أول ١٩٩١).

سعت الولايات المتحدة إلى استثمار حالة التمزق والتشرذم العربي التي أعقبت حرب الخليج، فدعا الرئيس الأمريكي جورج بوش، بعد بضعة أيام من إجبار العراق على الانسحاب من الكويت، في ٦ آذار ١٩٩١ إلى عقد مؤتمر دولي لتسوية الصراع العربي-الاسرائيلي " وقام وزير الخارجية الأمريكي جيمس بيكر بست جولات مكوكية في الشرق الأوسط أثمرت عن إقناع جميع الأطراف بقبول المشاركة في مؤتمر مدريد بعد أن قدم لها عددا من التطمينات والضمانات الأمريكية. وكانت الدعوة مبنية أساسا على تطبيق قرار مجلس الأمن الدولي رقم ٢٤٢.

وقد انعقد " مؤتمر مدريد للسلام في الشرق الأوسط " في ٣٠ تشرين أول ١٩٩١ برعاية الولايات المتحدة والاتحاد السوفييتي (الذي كان يعاني حالة انهيار وأفول ألقت بظلالها على دوره الخافت في عملية السلام)، وبحضور أوروبي شكلي. وشاركت أكثر البلاد العربية في المؤتمر (مصر،الأردن، سوريا، لبنان، المغرب، تونس، الجزائر، ودول مجلس التعاون الخليجي الستة). وتمكن الكيان الصهيوني من فرض شروطه على التمثيل الفلسطيني، فتم استبعاد المشاركة الرسمية لـ(م.ت.ف) في المؤتمر، وشارك ممثلون فلسطينيون عن الضفة والقطاع (بمباركة م.ت.ف) تحت الغطاء الأردني، وضمن وفد أردني- فلسطيني مشترك.

وقد اقترح في هذا المؤتمر فكرة السير بمسارين في مشروع التسوية:

–المسار الثنائي: ويشمل الأطراف العربية التي لها نزاع مباشر مع الكيان الإسرائيلي، وهي سوريا، والأردن، ولبنان والفلسطينيين.

–المسار متعدد الأطراف: الذي هدف إلى إيجاد رعاية دولية واسعة لمشروع التسوية، من خلال إشراك معظم دول العالم المؤثرة، وجميع الأطراف الإقليمية والعربية. كما هدف إلى إيجاد تحول في الأجواء العامة في الشرق الأوسط بحيث يصبح الكيان الإسرائيلي كيانا طبيعيا في المنطقة. كما نقل بعض القضايا الحساسة إلى هذا المسار لتخفيف العقبات من طريق المسار الثنائي، مثل قضايا اللاجئين، والمياه، والأمن والحد من التسلح، والبيئة، والاقتصاد والتعاون الإقليمي، حيث شكلت خمس لجان لهذه القضايا.

أما في المسار الثنائي فقد حصلت اتفاقات سلام فلسطينية –" إسرائيلية "، سنة ١٩٩٣، وأردنية –"إسرائيلية " سنة ١٩٩٤، بينما ظل المساران اللبناني والسوري متعثرين.

وفي المسار الفلسطيني –"الإسرائيلي "، رأس الجانب الفلسطيني حيدر عبد الشافي وساعده مجموعة مثل فيصل الحسيني وحنان عشراوي وغيرهم. وقد دخل في نحو سنتين من المفاوضات. مع الوفد " الإسرائيلي ". وفي الوقت نفسه، كان الرئيس عرفات وبضعة أفراد فقط من قيادة (م.ت.ف) يتابعون خطا سريا للتفاوض نتج عنه ما عرف باتفاق أوسلو.

اتفاق أوسلو (أيلول ١٩٩٣):

ربما نسترجع قبل الحديث عن هذا الاتفاق بعض خيوط الأحداث التي دفعت باتجاهه. ففي عام ١٩٩٠ عقد اجتماع سري في فيلا خاشقجي بباريس بين أريل شارون وبسام أبو شريف ومروان كنفاني كان على جدوله إقامة حكم ذاتي فلسطيني في قطاع غزة. وقد دخلت النرويج على خط المفاوضات عبر تيرجي ود لارسن، وهو رئيس معهد نرويجي يبحث في ظروف وأوضاع

الفلسطينيين في الأرض المحتلة. وقد تعرف على يوسي بيلين-أحد المقربين من بيريز- وعرض عليه في نيسان١٩٩٢ عقد مباحثات سرية مع (م.ت.ف) وقد أصبح بيلين بعد الانتخابات " الإسرائيلية"نائبا لوزير الخارجية (بيريز) وقام أحد الدبلوماسيين النرويجيين في أيلول ١٩٩٢ بتقديم عرض على بيلين بأن بلاده على إستعداد لتكون المعبر السري للاتصال مع (م.ت.ف).

وفي كانون أول ١٩٩٢ بدأت الترتيبات العملية للمفاوضات السرية، فالتقى عن " الإسرائيليين" البروفيسور بائير هيرشفيلد أستاذ التاريخ بجامعة حيفا، مع أحمد سليمان قريع (أبو علاء) رجل الأعمال والقيادي في حركة فتح، في فندق سانت جيمس بلندن.

وفي ٢٠ تشرين ثاني ١٩٩٣ عقد أول اجتماع بينهما، من أصل ١٤ اجتماعا، في مدينة ساربسورغ على بعد ٦٠ ميلا إلى الشرق من أوسلو، في أجواء سرية مطلقة. وفي نيسان ١٩٩٣ رفعت إسرائيل مستوى تمثيلها في المباحثات فعينت يوري سافير، مدير عام وزارة الخارجية، رئيسا للوفد "الإسرائيلي"، وانضم إليهم يوئيل زنجر وهو محام خبير في القانون الدولي. أما " ابو علاء " فساعده مستشار قانوني إسمه طاهر شاش.وكانت الجلسات تنتقل من مكان إلى آخر ويمتد الاجتماع بضعة أيام. وسافر بيريزفي ١٩ آب/ آب ١٩٩٣ إلى النرويج حيث وقع في الليلة نفسها على مسودة الاتفاق. وقد استمر عقد هذه المفاوضات في أثناء انعقاد المفاوضات الرسمية المعلنة بقيادة حيدر عبد الشافي، ودون علم أي من أعضاء هذا الوفد الرسمي. كما أن مفاوضات أوسلو استمرت حتى بعد أن قام الوفد الرسمي بتعليق المفاوضات، إثر إبعاد الكيان الإسرائيلي لـ(٤١٥) فلسطينيا من حماس والجهاد إلى مرج الزهور في جنوب لبنان.

وقد تم التوقيع الرسمي على الاتفاق أوسلو في واشنطن في ١٣ أيلول / ١٩٩٣، ووقعه عن الجانب الفلسطيني محمود عباس أمين سر اللجنة التنفيذية (م.ت.ف) وعضو اللجنة المركزية لحركة فتح، والذي تولى متابعة هذه المفاوضات السرية بنفسه. ووقعه عن الجانب "الإسرائيلي" شمعون بيريز وزير الخارجية، كما وقعه وزيرا خارجية أمريكا وروسيا كشاهدين. ويعد هذا الاتفاق تحقق منعطفا تاريخيا في مسار القضية الفلسطينية، فهو أول اتفاق يوقعه الفلسطينيون و" الإسرائيليون" ويتم بموجبه تنفيذ تسوية سلمية.

وتسارعت بعد ذلك وتيرة المفاوضات الأردنية-"الإسرائيلية" والتي أدت في نهايتها إلى عقد تسوية سلمية بين الجانبين في ٢٦ تشرين أول ١٩٩٤، والتي عرفت بمعاهدة وادي عربة. أما المسارين السوري واللبناني فبقيا متعثرين طوال السنين الثمانية التالية (حتى الآن).

وقد عرف اتفاق أوسلو" باتفاق إعلان المبادئ الفلسطيني –الإسرائيلي" أو باتفاق غزة-أريحا أولا. ووقعت كافة الاتفاقات التالية بين (م.ت.ف). وبين الكيان "الإسرائيلي" بناء على هذا الاتفاق. أما أبرز النقاط في اتفاق أوسلو فهي:

١-   إقامة سلطة حكم ذاتي محدود للفلسطينيين في الضفة والقطاع لفترة خمس سنوات.

٢- تبدأ قبل بداية العام الثالث من الحكم الذاتي المفاوضات على الوضع النهائي للضفة والقطاع، بحيث يفترض أن تؤدي إلى تسوية دائمة تقوم على أساس قراري مجلس الأمن الدولي (٢٤٢ و٣٣٨).

٣- خلال شهرين من دخول الاتفاق حيّز التنفيذ، يتوصل الطرفان لاتفاقية حول انسحاب"إسرائيل" من غزة وأريحا، تشمل نقلا

محدودا للصلاحيات للفلسطينيين، وتغطي التعليم والثقافة والصحة والشؤون الاجتماعية والضرائب المباشرة والسياحة.

٤- بعد تسعة أشهر من تطبيق الحكم الذاتي، تجري انتخابات مباشرة في الضفة والقطاع لانتخاب مجلس فلسطيني للحكم الذاتي، وتقوم القوات الإسرائيلية قبيل الانتخابات بالانسحاب من المناطق المأهولة بالسكان وإعادة الانتشار في الضفة.

٥- يتم تشكيل سلطة فلسطينية انتقالية ذاتية تشمل الضفة والقطاع، على أن صلاحياتها لا تشمل الأمن الخارجي ولا المستوطنات الإسرائيلية، ولا العلاقات الخارجية، ولا القدس، ولا " الإسرائيليين" في تلك الأراضي.

٦- "لإسرائيل" حق النقض "الفيتو" ضد أي تشريعات تصدرها السلطة الفلسطينية خلال المرحلة الانتقالية.

٧- ما لا تتم تسوية بالتفاوض يمكن أن يتفق على تسويته من خلال آلية توفيق يتم الاتفاق عليها بين الطرفين.

٨- يمتد الحكم تدريجيا من غزة وأريحا إلى مناطق الضفة الغربية وفق مفاوضات تفصيلية لاحقة.

٩- وقد أكد الاتفاق على نبذ (م.ت.ف) والسلطة الفلسطينية "للإرهاب" و" العنف"، والحفاظ على الأمن، ومنع العمل السملح ضد الكيان الإسرائيلي.

وبشكل عام، فإن أبرز الانتقادات والملاحظات على اتفاق أوسلو يمكن تلخيصها فيما يلي:

١- قضية فلسطين قضية كل العرب وليس قضية الفلسطينيين وحدهم، وهي معركة بين حق العرب وباطل اليهود الصهاينة. وهي معركة تتوارثها الأجيال ولا يجوز لجيل أن يرضخ أو يتنازل عن حق الأجيال التالية.

٢- تفردت قيادة (م.ت.ف) بالموافقة على الاتفاق والاتفاقيات التي تلته، ولم ترجع حتى إلى الشعب الفلسطيني نفسه، الذي توجد فيه تيارات واسعة معترضة على هذه التوسيات من العربيين واليساريين والقوميين، وحتى في حركة فتح نفسها.

٣- اعترفت قيادة (م.ت.ف)" بحق اسرائيل في الوجود" وبشرعية احتلالها لـ٧٧% من أرض فلسطين المحتلة عام ١٩٤٨ والتي لا تجري عليها أية مفاوضات.

٤- لم يعترض الاتفاق لأخطر القضايا حيث تم تأجيلها إلى مرحلة المفاوضات النهائية، ولأن (م.ت.ف) تعهدت بعدم اللجوء إلى القوة إطلاقا، فقد أصبح الأمر مرتبطا بمدى " الكرم الصهيوني" الذي يملك عناصر القوة وأوراق اللعبة، وهذه القضايا:

أ- مستقبل مدينة القدس، والتي أعلنها اليهود عاصمة أبدية لهم وصادروا ٨٦% من أرضها، وأسكنوا في القدس الشرقية أكثر من ٢٠٠ ألف مستوطن.

ب- مستقبل اللاجئين الفلسطينيين الذي يزيد عددهم (سنة ٢٠٠١) عن ستة ملايين و٢٠٠ ألف لاجئ (٤,٦ مليون خارج فلسطين، و١,٦ مليون داخل فلسطين وبالذات في الضفة والقطاع).

جـ- مستقبل المستوطنات الصهيونية في الضفة الغربية وقطاع غزة، حيث صادر الصهاينة نحو ٦٢% من أراضي الضفة والقطاع، وأقاموا أكثر من ١٦٠ مستوطنة في الضفة و١٦ مستوطنة في القطاع يعيش فيها ٢٠٠ ألف يهودي مستوطن.

١- لا تتضمن مسؤوليات السلطة الفلسطينية الأمن الخارجي والحدود، ولا يستطيع أحد دخول مناطق السلطة دون إذن" إسرائيلي". ولا يجوز للسلطة تشكيل جيش، والأسلحة تدخل بإذن إسرائيلي.

٢- للكيان الصهيوني حق النقض " الفيتو" على أية تشريعات تصدرها السلطة خلال المرحلة الانتقالية.

٣- لا يوجد في الاتفاقيات إشارة إلى حق الفلسطينيين في تقرير المصير، أو إقامة دولتهم المستقلة، ولا تشير الاتفاقيات إلى الضفة والقطاع كأراض محتلة، مما يعزز الاعتقاد بأنها أرض متنازع عليها.

٤- في الوقت الذي تعهدت فيه (م.ت.ف) (السلطة الفلسطينية) بعدم اللجوء إطلاقا للمقاومة المسلحة ضد الكيان الصهيوني، وبحل كافة مشاكلها بالطرق السلمية، فإنها في الوقت نفسه أصبحت مضطرة- في ضوء تعهداتها السلمية-لقمع وسحق أية مقاومة مسلحة ضد الكيان الصهيوني، ومحاربة أبناء شعبها الذين

يقومون بذلك. ووجدت نفسها -عمليا سواء رغبت أم لم ترغب-أداة لحماية " الأمن الاسرائيلي" في مناطقها، وقامت بحملات اعتقال واسعة وشرسة إثباتا " لحسن نواياها"، وحرصا على السلام مع " إسرائيل".

٥- أدت الاتفاقية إلى حالة انقسام كبيرة في الصف الفلسطيني، فوقفت فتح ومؤيدوها إلى جانب قيادة (م.ت.ف) والسلطة الفلسطينية، بينما وقفت الفصائل الفلسطينية العشر وعلى رأسها حماس والجهاد العربي والجبهتين الشعبية والديمقراطية ضد الاتفاقية وتعهدوا بإسقاطها.

٦- بما أن " ممثلي الشعب الفلسطيني" الرسميين هم الذين وقعوا الاتفاق، فقد فتح ذلك الباب واسعا أمام الحكومات العربية ودول العالم إلى إقامة علاقات دبلوماسية مع الكيان الإسرائيلي على مستويات مختلفة. مما أدى إلى فك العزلة الدولية عنها، والتي عاناها طيلة ٤٥ عاما. وأصبح " لإسرائيل " مكاتب تمثيل في تونس والمغرب وقطر وعمان وموريتانيا، كما أقامت نحو خمسين دولة أخرى علاقات دبلوماسية معها.

٧- نشأت في الكيان الإسرائيلي (حتى اندلاع انتفاضة الأقصى) حالة من الاستقرار الأمني النسبي والازدهار الاقتصادي، فتضاعف الدخل القومي " الإسرائيلي" من نحو ٣٠ مليارا سنة ١٩٩٣ إلى ١٠٥ مليارات دولار أمريكي سنة ١٩٩٩. كما استقبل الكيان "الإسرائيلي " مئات الآلاف من المهاجرين اليهود.

٨- أخرج الاتفاق الأمم المتحدة كمظلة دولية تحكم النزاع بين الطرفين. ولم تعد كل قراراتها المتعلقة بحق شعب فلسطين في تقرير المصير، أو بقرار تقسيم فلسطين سنة ١٩٤٧، تشكل مرجعية يمكن الاحتكام إليها. وظلت الولايات المتحدة تلعب دور الراعي الأكبر لعملية التسوية، وهي المعروفة بانحيازها الصارخ للجانب "الإسرائيلي".

٩- اتسمت العديد من بنود اتفاقية أوسلو بالغموض، وترك التفصيلات لمفاوضات مستقبلية. وقد أعطى ذلك فرصة كبرى للكيان الإسرائيلي (الطرف القوي في المعادلة) للتسويف والمماطلة، وفرض شروطه وطريقة فهمة للاتفاقية، وجرى تقزيم المكاسب الفلسطينية في هذه الاتفاقية.

١٠- كما جرى تأجيل تنفيذ كثير من الاتفاقيات التفصيلية. وأعطت "إسرائيل" لنفسها شرعية إعادة سحب التزامات كانت قد أعطتها للسلطة، كما أفتعلت سياسات الحصار الاقتصادي والأمني لإجبار السلطة على تنفيذ التصور " الإسرائيلي" للاتفاقية.

أما المدافعون عن إتفاقيات أوسلو فيتهمون خصومهم " بعدم الواقعية"، ويقولون إن هذا هو أفضل ما يمكن تحصيله في ظل اختلال موازين القوى، والعجز العربي والعربي الحالي. كما يذكر المدافعون أن هذه الاتفاقيات شكلت فرصة لـ(م.ت.ف) وشعب فلسطين لبناء الحقائق على الأرض وإقامة السلطة الفلسطينية واستنقاذ ما يمكن استنقاذه من أرض قبل أن تقضي عليها آلة الضم والمصادرة الصهيونية، وقبل أن يتم تذويب أو تضييع قضية فلسطين

نفسها. ويذكرون أن " إسرائيل " اعترفت في هذه الاتفاقية رسميا بالشعب الفلسطيني وبحقوقه السياسية والمشروعة، كما اعترفت لأول مرة بـ م.ت.ف ممثلة لهذا الشعب، واعترفت أيضا بالوحدة الإقليمية للضفة والقطاع. ويقولون إن مسار أوسلو مهما حاول الصهاينة التهرب من التزاماته سيؤدي في النهاية إلى قيام الدولة الفلسطينية.

وعلى أي حال، فإن اندلاع انتفاضة الأقصى في ٢٨ أيلول ٢٠٠٠ كان دلالة وصول الاتفاقيات إلى طريق مسدود.

اتفاق القاهرة (أيار ١٩٩٤).

يشكل اتفاق القاهرة والاتفاقات التالية إتفاقات إجرائية تنفيذية لاتفاقية أوسلو نفسها. فقد فشل الطرفإن الفلسطيني و"الإسرائيلي" في الاتفاق على تفصيلات المرحلة الأولى (غزة-أريحا) وانقضت المدة المحددة لانسحاب القوات "الإسرائيلية" قبل أن تبدأ هذه القوات بالانسحاب. وبعد مزيد من التعنت "الإسرائيلي" والتنازل الفلسطيني توصل الجانبان إلى توقيع اتفاق القاهرة، الذي عرف أيضا باسم (أوسلو) في ٤ أيار ١٩٩٤، والذي فصل المرحلة الأولى من الاتفاق والجدولة الزمنية للانسحاب الإسرائيلي من قطاع غزة وأريحا والترتيبات الأمنية المتعلقة بذلك.

وبدأ دخول الشرطة الفلسطينية في أيار ١٩٩٤، وأدى أعضاء سلطة الحكم الذاتي اليمين الدستورية أمام ياسر عرفات في ٥ تموز ١٩٩٤.

اتفاق طابا(أوسلو٢) (أيلول ١٩٩٥):

حسب اتفاق أوسلو، كان من المفروض أن تمضي ستة أشهر فقط تبدأ بعدها المرحلة الثانية من الفترة الانتقالية، وهي المتعلقة بتوسيع صلاحيات السلطة في المدن والريف الفلسطيني. لكن المفاوضات حولها امتدت عاما ونصف، حيث سعى الكيان الإسرائيلي لفرض شروطه وتفسيراته الخاصة، وربط إمكانية التقدّم بالمفاوضات بمدى تمكن السلطة من تحقيق الأمن "لإسرائيل"، وبعبارة أخرى بمدى تمكن السلطة الفلسطينية من سحق المعارضة الفلسطينية المسلحة. ولم يتم ذلك إلا بعد أن "نجحت" السلطة إلى حد بعيد من الاختبار "الإسرائيلي". وقد تم التوصل إلى هذا الاتفاق في طابا بمصر، وجرى توقيعه في أجواء احتفالية كبيرة في واشنطن في ٢٨ أيلول ١٩٩٥.

وتضمن الاتفاق توزيع الضفة الغربية إلى ثلاث مناطق "أ" و" ب" و "ج".
ومناطق "أ" هي مراكز المدن الرئيسية في الضفة ما عدا الخليل ومساحتها لا تتجاوز ٣% من مساحة الضفة حيث سيكون الإشراف الإداري والأمني عليها فلسطينيا.
ومناطق "ب" وهي مناطق القرى والريف الفلسطيني وهي نحو ٢٥% وتخضع إداريا للسلطة الفلسطينية، أمّا الإشراف الإمني فيكون" "اسرائيليا"-فلسطينيا مشتركا.
وأما مناطق "ج" فيكون الإشراف عليها إداريا وأمنيا للكيان الإسرائيلي وهي نحو ٧٠% من الضفة، وتشمل المستوطنات والمناطق الحدودية وغيرها.

وحفل الاتفاق بالمزيد من القيود والشروط الأمنية، وما إن بدأت القوات "الإسرائيلية" انسحابها من المدن وإعادة انتشارها، حتى بدت مناطق السلطة الفلسطينية كالجزر المحاصرة في بحر أمني "إسرائيلي". وتحول الاحتلال الإسرائيلي إلى نوع من "الاستعمار النظيف"، إذ أوكل المهام المتعلقة بإدارة السكان وضبطهم أمنيا وجمع الضرائب وأعمال البلدة وغيرها إلى السلطة،

وبينما تولى هو التحكم بمداخل ومخارج المدن والقرى، يطبق عليها الحصار الأمني والاقتصادي متى شاء ويخضعها لشروطه.

وبعد تلك الترتيبات، تمت في كانون ثاني ١٩٩٦ انتخابات المجلس التشريعي لمناطق الحكم الذاتي،والتي قاطعتها حماس وباقي الفصائل العشر، وفازت فيها حركة فتح ومؤيدوهابنحو ثلاثة أرباع المقاعد، كما انتخب ياسر عرفات رئيسا للسلطة بأغلبية ٨٨%.

اتفاقية الخليل (كانون ثاني ١٩٩٧):

عاد حزب الليكود في أيار ١٩٩٦ إلى سدة الحكم بزعامة بنيامين نتنياهو الذي كان معارضا لاتفاق أوسلو، ويعتقد أن الفلسطينيين أخذوا أكثر مما ينبغي أو أكثر مما يستحقون وقد اضطرت السلطة الفلسطينية إلى تقديم تنازلات جديدة فيما يتعلق بوضع مدينة الخليل الذي تم التوقيع عليه في ١٥ كانون ثاني ١٩٩٧ وهو اتفاق قسم المدينة إلى قسمين: يهودي في قلب المدينة بما فيها الحرم الابراهيمي، وقسم عربي ويشمل الدائرة الأوسع للمدينة. وتم وضع ترتيبات أمنية قاسية ومعقدة لضمان أمن الـ(٤٠٠) يهودي المقيمين في وسط المدينة، وبشكل يضمن راحتهم وتنقلهم بين أكثر من (١٢٠) ألف فلسطيني يسكنون الخليل، مما جعل حياة سكان المدينة الفلسطينية جحيما لا يطاق.

وتضمن اتفاق الخليل إعادة جدولة زمنية لثلاث انسحابات (إعادة انتشار) من أجزاء غير محددة من الضفة تبدأ في آذار ١٩٩٧ وتنتهي في حزيران ١٩٩٨، بدلا مما كان مقررا في أيلول/ أيلول ١٩٩٧.

اتفاق واي ريفر بلانتيشن (٢٣ تشرين أول ١٩٩٨):

تعامل نتنياهو مع السلطة الفلسطينية بكثير من اللامبالاة والازدراء والتعالي، ونشط أكثر في مجال توسيع المستوطنات والاستيلاء على الأراضي وتهويد القدس. ورفض تطبيق الاتفاقيات أو التعاون مع السلطة ما لم تثبت فاعليتها بنسبة ١٠٠% في مكافحة المعارضة الفلسطينية وخصوصا حماس والجهاد الإسلامي، وما لم تقدم أقصى درجات التعاون الأمني مع الكيان الإسرائيلي.

وقد تعثرت إعادة انتشار الجيش الاسرائيلي مرة أخرى نتيجة التعنت الإسرائيلي. واضطر عرفات في ٥ أيار ١٩٩٨ أن يقبل أخيرا عرضا أمريكيا-كان قد رفضه مرارا-ولم يتم العرض إلا بعد أن وافق عرفات أن يكون هناك ٣% من هذه الـ١٣% على شكل محمية طبيعية. وفي ٢٣ تشرين أول ١٩٩٨ وقع الطرفإن اتفاقية واي ريفير بلانتيشن التي تضمنت الانسحاب الإسرائيلي من ١٣% من أرض الضفة. كما تضمنت إطلاق سراح بضعة مئات من أصل (٣٠٠٠) معتقل سياسي فلسطيني، والسماح بتشغيل مطار غزة والسماح بطريق آمن بين الضفة والقطاع.

وقد اتخذ اتفاق واي ريفير شكلا أمنيا أكثر حزما وتشددا، إذ كان شرط تنفيذ ما سبق أن يصعد الطرف الفلسطيني جهوده ضد ما أسماه "الإرهابيين" أي المعارضة الفلسطينية، ويصادر الأسلحة بناء على خطة أمنية مجدولة تحت إشراف المخابرات الأمريكية CIA، وإزالة كل ما يعادي "إسرائيل" في الميثاق الوطني الفلسطيني وحسب الاتفاقية تتسع السيطرة الإدارية والأمنية للسلطة لتغطي ١٨% من الضفة (مناطق أ)، ويكون لها سيطرة إدارية فقط على ٢٢% (مناطق ب) ويكون ضمنها المحمية الطبيعية (٣%).

وفي ١٦ تشرين ثاني ١٩٩٨ طمأن نتيناهو مجلس وزرائه أنه حتى بعد تنفيذ اتفاقية واي ريفر فإن الإسرائيليين سيظلون محتفظين بالسيطرة الأمنية على ٨٢% من الضفة والقطاع. وفي ٢٠ تشرين ثاني ١٩٩٨ انسحب الكيان الإسرائيلي من (٣٤) بلدة وقرية شمال الضفة. وأطلق سراح (٢٥٠) سجينا فلسطينيا معظمهم موقوفيين عاديين وليس معتقلين سياسيين. ثم عاد مجلس الوزراء الإسرائيلي فقرر توقيف تنفيذ إتفاقية واي ريفير في (٢٠) كانون أول/ كانون ثاني ١٩٩٨. ورجع الإسرائيليون إلى عادتهم في فتح وإغلاق " صنبور " تنفيذ الاتفاقيات كما يشاؤون سعيا لابتزاز تنازلات جديدة.

اتفاقية شرم الشيخ (٤ أيلول ١٩٩٩):

مع قدوم حزب العمل بقيادة أيهود باراك إلى السلطة من جديد في تموز١٩٩٩ تجددت آمال السلطة الفلسطينية بالتعجيل بتنفيذ اتفاقيات أوسلو، وحسم قضايا الحل النهائي. ورغم أن باراك قاد حملته الانتخابية على أساس الوصول إلى تسوية وتسريع عجلة المفاوضات، إلا أنه قدم "لاءاته الخمس" التي استند برنامجه "السلمي":

١- لا لإعادة القدس الشرقية للفلسطينين، والقدس عاصمة أبدية موحدة للكيان الصهيوني.

٢- لا لعودة الكيان الإسرائيلي إلى حدود ما قبل حرب ١٩٦٧.

٣- لا لوجود جيش عربي في الضفة الغربية(بمعنى أن كيان فلسطيني يجب أن يكون ضعيفا غير مكتمل السيادة).

٤- لا لإزالة المستوطنات اليهودية في الضفة والقطاع.

٥- لا لعودة اللاجئين الفلسطينيين.

وفي شرم الشيخ في ٤ أيلول ١٩٩٩ وقع باراك وعرفات النسخة المعدّلة من اتفاقية واي ريفر. وهي تتعلق بموضوع تعجيل إعادة الانتشار الذي اتفق عليه سابقا وماطلت " إسرائيل" في تنفيذه. كما تم الاتفاق على تمديد فترة الحكم الذاتي إلى أيلول ٢٠٠٠، مع أنه ينتهي حسب "اوسلو" في أيار ١٩٩٩. كما نص على الإفراج عن مجموعة من المعتقلين الفلسطينيين.

وعلى أي حال فإن اتفاق شرم الشيخ نفسه لم يسلم من التسويف، إذ إن موعد استكمال عملية التسليم كان ينبغي أن يتم في ٢٠ كانون ثاني ٢٠٠٠، لكن الخلاف على ما يمكن تسليمه للتنفيذ إلى ٢١ آذار ٢٠٠٠.

تطور مسار التسوية ومفاوضات كامب ديفيد (تموز ٢٠٠٠):

كانت السلطة الوطنية الفلسطينية في أمس الحاجة لتحقيق مكاسب على الأرض خصوصا فيما يتعلق بالحلول النهائية وتحقيق حلم إقامة الدولة الفلسطينية. فقد عانت السلطة من انتقادات عنيفة داخلية وخارجية بسبب ضعف أدائها في المفاوضات، وبسبب قمعها للمعارضة، والاتهامات بانتشار الترهل والفساد في أجهزتها. وفي الوقت الذي استمر فيه التسويف والابتزاز "الإسرائيلي" اضطرت السلطة عدة مرات لتأجيل إعلان الدولة الفلسطينية الذي كانت تعد به الجماهير منذ أيلول ١٩٩٨، ثم هددت بإعلانها في أيار١٩٩٩، ثم أيلول ١٩٩٩، ثم أيار٢٠٠٠، ثم أيلول ٢٠٠٠، وكان الصهاينة لا يتعاطون بكثير من الجدية مع هذه التهديدات لأنهم يعلمون أن هذا الإعلان السياسي لن يغير من واقع احتلالهم للضفة والقطاع، لكنه يمكن أن يسبب بعض المتاعب السياسية التي يمكن في النهاية التعامل معها. وقد بدأ الوضع " مأساويا" في

شهر شباط ٢٠٠٠ لدرجة أن عمرو موسى وزير الخارجية المصري وصف المسيرة السلبية بأنها " عبثية" بناء على الحالة التهديدات المحبطة التي نقلها ياسر عرفات للرئيس المصري مبارك عندما التقى به في القاهرة.

غير أنه كانت هناك خشية "إسرائيلية" –فلسطينية –أمريكية من حالة الإحباط المتصاعدة في المنطقة، والتي يمكن أن تؤدي إلى انهيار مشروع التسوية. وأدركت الأطراف أنه لا بد نهاية قصوى لحالة التسويف والابتزاز القائمة، وإلا فإن خيار الجهاد والمقاومة المسلحة سيعود للبروز من جديد.

ولذلك تواصلت مفاوضات المرحلة النهائية بشكل أكثر جدية في أماكن مختلفة مثل قاعدة بولينج الأمريكية في نيسان ٢٠٠٠، وفي استكهولم في أيار ٢٠٠٠ وبدأ أن الطرفين الفلسطيني والإسرائيلي أخذ يكشفإن أوراقهما حول الوضع النهائي، وانتقلت اللغة " المتشددة" من الطرفين إلى "تفهم "أكثر لاحتياجات كل منهما.

وكان واضحا في المفاوضات ان الكيان الإسرائيلي لا يزال يسعى للاحتفاظ بتفوقه الاستراتيجي على العالم العربي حتى بعد تحقيق التسوية، حتى إن باراك وصف السلام القادم بأنه سيكون في بدأية الأمر " سلاما مسلحا".

وقد حاولت الأطراف بشكل حثيث الوصول إلى تسوية قبل قدوم الموعد الأخير الذي ضربه الفلسطينيون لإعلان دولتهم (أيلول ٢٠٠٠). وفي حزيران قال باراك عقب اجتماعه مع دينيس روس المنسق الأمريكي الخاص لعملية السلام في الشرق الأوسط "إن مفاوضات السلام مع الفلسطينيين بلغت درجة نضج تسمح بالتوصل إلى اتفاق وإن أيا من الطرفين لا يمكن أن يحقق كل أحلامه إلا أن هناك فرصة فريدة للطرفين للوصول إلى اتفاق تاريخي".

وقد نشرت "يديعوت أحرنوت" في ٢٣ حزيران ٢٠٠٠ نص وثيقة أمريكية تكشف استعداد "إسرائيل" للانسحاب من ٩٠% من الضفة والقطاع ونقلها للسيادة الفلسطينية الكاملة. والموافقة على أن يكون نهر الأردن والجسور المقامة عليه والأحياء العربية في القدس تخضع في النهاية لسيطرة الفلسطينيين، على أن تقوم "إسرائيل" بضم مناطق وتجمعات الاستيطان اليهودي الرئيسة في الضفة، ومن ضمنها تلك القائمة في محيط منطقة القدس.

وعلى أن تحل مشكلة اللاجئين على أساس مبدأ التعويض والتوطين، ولتحقيق ذلك يحصل الفلسطينيون على ٤٠ مليار دولار والأردنيون على ٤٠ مليار دولار أخرى، ويحصل اللبنانيون على ١٠ مليارات والسوريون على ١٠ مليارات. واقترح أن تقوم أمريكا بتغطية ٢٥% من هذه المبالغ التي ستصرف على مدى ١٠-٢٠ عاما عن طريق إنشاء منظمة دولية جديدة تحل محل الأونروا. كما وعدت الوثيقة بمساعدات غير محددة للفلسطينيين، منها خمسة مليارات لإنشاء بنية تحتية لتوفير المياه.

وفي الوقت نفسه تسربت الأخبار عن مشروع فلسطيني للتسوية النهائية، نشرت صحيفة "يديعوت أحرنوت" في ٢٥ حزيران ٢٠٠٠ على أساس ما أسمته " قائمة مطالب عرفات للسلام"، مشيرة إلى أنها نقلته من مصدر إسرائيلي رفيع: وقد تضمن.

١- انسحاب اسرائيلي من ٩٨،٥ من الضفة الغربية.

٢- الموافقة على بقاء جزء من المستوطنات تحت السيادة الإسرائيلية داخل حدود المستوطنية بالإضافة إلى ٥٠ مترا خارج جدرانها.

٣- الموافقة على أن الشوارع المؤدية للمستوطنات تحت السيادة الإسرائيلية، أما جوانب الشوارع فتحت السيادة الفلسطينية.وقد أشارت الوثيقة إلى أن عرفات سيوافق في النهاية على كتل استيطانية بحدود ٤% من الضفة.

٤- توضع القدس العربية (الشرقية) تحت السيادة الفلسطينية الكاملة، وتكون عاصمة فلسطين،مع بقاء الحي اليهودي وحائط البراق " حائط المبكى" وحي المغاربة تحت السيادة الإسرائيلية، فضلا عن القدس الغربية، ومستوطنات معاليه أدوميم وجيلو وراموت.

٥- بالنسبة للخليل: يقوم الإسرائيليون بإخلاء مستعمرة كريات أربع وحي أبراهام ابينو في الخليل، ويمنحون طريقا حرة للوصول إلى الحرم الإبراهيمي.

٦- يوافق الفلسطينيون على استئجار الإسرائيليين قطعة ضيقة على شريط غور الأردن لفترة محدودة وتحت السيادة الفلسطينية.

٧- يجب أن يعترف الإسرائيليون بحق العودة الكامل للاجئين الفلسطينيين، وبالاعتراف بمسؤوليتهم عما حدث لهم، وتعويض من لا يرغب منهم بالعودة. وقد أشارت الصحيفة إلى أن هناك ليونة خلف هذا الموقف الرسمي، إذ أن المسؤولين الفلسطينيين سيوافقون في النهاية على إعادة ١٠٠ ألف فلسطيني في إطار جمع شمل العائلات.

٨- الموافقة على أن تكون الدولة الفلسطينية منزوعة السلاح من السلاح الثقيل.

٩- تعويض الفلسطينيين عن المستوطنات الإسرائيلية التي ستضمها "إسرائيل" تحت سيادتها، وذلك بتسليم أرضا مساحتها ٢٠٠كم٢ من

الأرض المحتلة سنة ١٩٤٨ (داخل الخط الأحمر). واقترح أن تتكون من جزأين، الأول منطقة طولية تستخدم ممرا بريا بحيث تصل بين قطاع غزة وحاجز ترقوميا في أطراف جبل الخليل على حدود الضفة الغربية، أما الجزء الثاني فيكون جنوب مرج ابن عامر في منطقة القرية العربية " مقيبلة".

١٠-   الإفراج عن كافة المعتقلين وتنفيذ فوري للانسحاب حسب اتفاق أوسلو.

ومن خلال النظر في المشروعين السابقين (الوثيقة الأمريكية، ومطالب عرفات) يتضح أن الطرفين اقتربا بصورة أكثر جدية من تحقيق حل دائم. وفي الوقت نفسه حافظ الطرفإن على حالة من التوتر الإعلامي، كجزء من مناورات التسوية. فقد هددت السلطات الإسرائيلية باستخدام الدبابات والطائرات ضد المناطق الفلسطينية. وقد رد ياسر عرفات على ذلك في مهرجان خطابي في نابلس أمام الآلاف من مؤيديه من أنصار حركة فتح قائلا "نحن مستعدون لأن نشطب ونبدأ من جديد" وذكر إسرائيل " بهزائمها" في الكرامة وبيروت والانتفاضة، وهدد بإشعال الانتفاضة من جديد.

وفي الجهة المقابلة، لم يكن باراك يتمتع بوضع مريح في حكومته ولا في الكنيست يمكنه من اتخاذ قرارات مصيرية. وحتى لو وافق على الحد الأدنى من المطالب الفلسطينية، فإنه كان سيواجه احتمالات جدية بسقوط حكومته، وعدم تمرير الاتفاقيات في الكنيست أو في الاستفتاء الشعبي.

فقد كان حزب العمل الذي يتزعمه باراك لا يملك أكثر من (٢٦) مقعدا من أصل (١٢٠) ويحكم ضمن تحالف متنافر يجمع اليمين الديني

المتشدد مثل المفدال وشاس وكما يجمع اليسار العلماني"ميرتس". وقد تمكن حزب الليكود المعارض في ٢آذار ٢٠٠٠ من تعقيد الوضع بالحصول على قرار من الكنيست بأن أي تسوية سياسية يجب أن تحصل على غالبية أصوات الناخبين المسجلين في استفتاء شعبي (وليس فقط أكثرية المشاركين في الانتخابات). وتزايد معارضة اليمين الإسرائيلي للتسوية في شهر حزيران ٢٠٠٠، وانسحب عدد من الأعضاء اليمينيين من حكومة باراك مما أفقدها غالبيتها في البرلمان (الكنيست).

وفي يوم اقتراب انتهاء ولاية الرئيس الأمريكي كلينتون أخذ يسعى بقوة لتحقيق انجاز تاريخي، فدعا إلى عقد مفاوضات التسوية النهائية في كامب ديفيد، باذلا ما في وسعه لإنجاحها، مفرغا نفسه عدة أيام من أثناء انعقادها. وقد انعقدت مفاوضات كامب ديفيد ١٢-٢٥ تموز ٢٠٠٠ بحضور كلينتون وباراك وعرفات. وظهر أن المشروعين السابقين كانا أساسا لتلك المفاوضات.

وكان موضوع القدس هو العقبة الكأداء التي واجهت المؤتمر، والتي أدت إلى فشله، كما بقيت معضلة اللاجئين الفلسطينيين وحقهم في العودة دون حل. وكان موضوع السيادة على القدس الشرقية والوضع النهائي للمسجد الأقصى بالذات هما النقطتان الأكثر حساسية. إذ أصر الصهاينة على القدس عاصمة موحدة " لإسرائيل"، وعلى نوع من السيادة على حرم المسجد الأقصى الذي يسمونه جبل (المعبد) الهيكل، ويحلمون بإنشاء الهيكل اليهودي الثالث عليه. فكانت هناك اقتراحات بأن تكون هناك سيادة يهودية على الأرض تحت المسجد الأقصى، أو بالاشتراك مع المسلمين بجزء من حرمه، أو حتى ببناء المعبد اليهودي على أعمدة عالية فوقه.

وقد أصرت السلطة الفلسطينية على موقفها من السيادة على القدس الشرقية، وأبدت موافقتها على فكرة أن تكون القدس مدينة مفتوحة وعاصمة

لدولتين، واستعدت للاستجابة للمتطلبات الأمنية الاسرائيلية بشأنها. وقد جرت محاولات لإنقاذ الموقف باقتراح تأجيل موضوع القدس سنتين أخريين غير أن عرفات رفض ذلك، وأصر على موقفه بإسناد مصري سعودي قوي، وصرح بأن " القدس تحرق الحي والميت "، وبأنه " لم يولد الزعيم العربي الذي يتنازل عن القدس".

أما بالنسبة للصهاينة فإن مجمل إدعاءاتهم التاريخية والدينية في فلسطين تتركز حول القدس وبالذات" جبل المعبد" حسب تسميتهم للمسجد الأقصى. وهم يسعون منذ العشرينيات من القرن العشرين لهدم الأقصى وبناء هيكلهم، وكان الزعيم الصهيوني ديفيد بن جوريون الذي قام على عاتقه الكيان الإسرائيلي وكان أول رئيس وزراء له يقول إنه " لا معنى لإسرائيل دون القدس، ولا معنى للقدس دون الهيكل".

وبحلول سنة ٢٠٠٠ كان الكيان الإسرائيلي قد قام بالكثير من الخطوات العملية لتهويد القدس الشرقية فأسكن فيها نحو (٢٠٠) ألف مستوطن متوزعين على (٢٧) مستوطنة وحي يهودي، وبحيث تفصل القدس عن محيطها العربي في الضفة. كما قام بعمليات حفريات مكثفة تحت المسجد الأقصى وصلت إلى عشر مراحل، وحفر خلالها أربعة أنفاق وفرغ من تحته الأتربة، وحاول إذابة الصخور بالمواد الكيماوية مما هدد بانهيار المسجد الأقصى في أي لحظة. كما وقع أكثر من (١٢٠) اعتداء على الأقصى، حدث ثلثها في السنوات التي تلت توقيع اتفاق أوسلو سنة ١٩٩٣.

وقبيل انهيار المفاوضات، وعندما أخذت نذر الفشل تلوح في الأفق عاد الطرفإن للغة التهديد. فقد حذر باراك الفلسطينيين من " مواجهة نتائج

مأساوية في حال الفشل " وقال " إذا لم تصلوا إلى اتفاق معي فسأكون آخر رئيس وزراء إسرائيلي يمكن التوصل إلى اتفاق معه"، كما بدأت القوات الإسرائيلية استعدادات عسكرية واسعة لخوض المواجهات في حال فشل القمة.

وذكر عماد الفالوجي وزير المواصلات في السلطة الفلسطينية أن المنطقة مقبلة على " مستقبل أسود" إذا فشلت قمة كامب ديفيد. وتوقعت مصادر أمنية إسرائيلية حسبما نقلت صحيفة "يدعوت أحرنوت" أنه إذا لم يتم التوصل إلى اتفاق فإن يتوقع حدوث مواجهات شاملة يحاول الفلسطينيون خلالها تحقيق عدة أهداف أبرزها:

١- توحيد الصف الفلسطيني من مؤيدي السلطة ومعارضيها، بقصد تصليب الموقف الفلسطيني تجاه المفاوضات.

٢- تحقيق مكاسب إقليمية بتنظيم مسيرات ومظاهرات باتجاه المستوطنات "الإسرائيلية" ومناطق "ب" ومحاولة الإستيلاء على ما يمكن الاستيلاء عليه سلميا.

٣- إظهار "إسرائيل" على أنها دولة محتلة عدوانية، لا تتورع عن ارتكاب المجازر لتكريس احتلالها، مما يضطرها في النهاية إلى الرضوخ للإدارة الدولية والانسحاب.

وعندما انهارت المفاوضات فعليا أعلن الجيش "الإسرائيلي" استعداده لأي احتمالات مع الفلسطينيين. وفي الجهة المقابلة، أعلن وزير العدل الفلسطيني فريح أبو مدين بأن "الوضع خطيرا جدا، وكل الاحتمالات لدينا مفتوحة " وقال إنه إذا ما وصلت العملية إلى صدام دموي" فإن المنطقة ستنهار، بل كل الشرق الأوسط سينهار، وحتى عملية السلام مع مصر والأردن".

ولم تكن هذه التوقعات بعيدة عن الموضوعية، والقدرة على الاستشراف السياسي للمستقبل، إذ وقعت انتفاضة الأقصى التي شغلت العالم ولا تزال تشغله منذ ٢٨ أيلول ٢٠٠٠.

مشروع بيل كلينتون للسلام كانون أول/ كانون ثاني ٢٠٠٠:

إثر فشل مفاوضات كامب ديفيد كانت كل عناصر تفجير الموقف جاهزة، فقد كان هناك حالة إحباط فلسطيني واسعة تجاه عملية التسوية، واضطرت السلطة الفلسطينية إلى تأجيل إعلان الدولة الفلسطينية عند موعدها المقرر في ١٣ أيلول ٢٠٠٠ إلى إشعار آخر وكانت الحكومة الإسرائيلية بقيادة باراك تتكئ على أقلية برلمانية لا تمكنها من اتخاذ قرارات جريئة أو مصيرية، هذا إذا كانت هي أصلا مخلصة في الوصول إلى تسوية ترضي السلطة الفلسطينية. وظل الحد الأدنى الفلسطيني أعلى من السقف " الإسرائيلي"، خصوصا فيما يتعلق بالقدس واللاجئين. وبدأ للطرفين أنهما قدما أفضل ما يستطيعان، وأنهما وصلا إلى طريق مسدود، ووفق الحسابات السياسية فإن "تنازل" أي طرف في تلك القضايا الجوهرية كان يعني سقوطه شعبيا، وبالتالي سقوط التسوية نفسها.

وعندما اشتعلت انتفاضة الأقصى إثر زيارة لحرم المسجد الأقصى في ٢٨ أيلول ٢٠٠٠ وجد الطرفإن فرصتهما لتحقيق مزيد من الضغوطات لإجبار الطرف الآخر على التنازل. ودخلت المعارضة الفلسطينية وعلى رأسها حماس لتؤكد صحة الخيار المقاومة والكفاح المسلح، كما برز دعم في العالم العربي والإسلامي لم يسبق له مثيل للانتفاضة، مؤكدا حق الفلسطينيين في أرضهم ومقدساتهم وبناء دولتهم المستقلة. وفي الوقت نفسه، ازداد اليمين المتطرف قوة

في الوسط "الإسرائيلي" الصهيوني. وانزوى خيار السلام مع ازدياد العجرفة الصهيونية وقتل الأبرياء وهدم البيوت، ومع ازدياد العمليات المقاومة القوية التي أحدثت لأول مرة "توازن ردع" مع الكيان "الإسرائيلي".

ورغم أن باراك استخدم كل ما في جعبته من وسائل إرهاب وتدمير وقتل ومن خبرات له كقائد للجيش ورئيس سابق للأركان، وفضح الوجه البشع له ولحزب العمل الذي عمل طويلا على تجميله. رغم كل ذلك، فقد اضطر باراك للاستقالة في ٩كانون أول ٢٠٠٠ مما فتح المجال للتنافس على منصب رئيس الوزراء في انتخابات تعقد خلال ستين يوما.

وفي الولايات المتحدة فاز جورج بوش الابن مرشح الحزب الجمهوري على نائب الرئيس الأمريكي آل جور مرشح الحزب الديمقراطي بأغلبية ضئيلة. وسعى بيل كلينتون في الأيام القليلة المعدودة التي ظلت لولايته (حتى ٢٠ كانون ثاني ٢٠٠١) إلى تقديم مشروع اللحظات الأخيرة، وإلى دعوة الطرفين الفلسطيني، والإسرائيلي " للقدوم إلى واشنطن لإجراء المباحثات. واستنادا إلى ما سجله مسؤولون أمريكيون في ٢٣كانون أول ٢٠٠٠ في أثناء لقاء الرئيس كلينتون مع مسؤولين فلسطينيين و"إسرائيليين" فإن مشروع كلينتون يتضمن النقاط التالية:

أولا: الأراضي

١- دولة فلسطينية على ٩٤-٩٦% من الضفة و١٠٠% من القطاع.

٢- في المقابل الجزء الذي تضمه " إسرائيل" عليها أن تعطي ١-٣% من "أراضيها" (الأراضي التي احتلتها عام ١٩٤٨) إلى الطرف الفلسطيني، بالإضافة إلى معبر دائم آمن بين الضفة والقطاع.

٣- خريطة الدولة الفلسطينية يجب أن تستجيب للمعايير التالية:

-٨٠% من المستوطنين اليهود يبقون في مجمعات استيطانية.

-تواصل الأراضي.

-تخفيض عدد المناطق التي تضمها "إسرائيل "إلى الحد الأدنى.

- تخفيض عدد الفلسطينيين الذين سيتأثرون بهذا الضم إلى الحد الأدنى.

ثانيا الأمن: حضور إسرائيلي في مواقع ثابتة في وادي الأردن تحت سلطة قوة دولية، ولفترة محدودة قابلة للتعديل من ٣٦ شهرا.

ثالثا القدس: المبدأ العام أن المناطق الآهلة بالسكان العرب هي مناطق فلسطينية، والآهلة باليهود هي مناطق "إسرائيلية ".

رابعا: الحرم (المسجد الأقصى): حل يضمن رقابة فعلية للفلسطينيين على الحرم، مع احترام معتقدات اليهود. وهناك اقتراحان:إما سيادة فلسطينية على الحرم، وسيادة إسرائيلية على حائط البراق وسيادة على المجال المقدس لدى اليهود أي المسطح السفلي للحرم.أو: سيادة فلسطينية على الحرم وإسرائيلية على البراق، وتقاسم السيادة على مسألة الحفريات تحت الحرم وخلف حائط البراق.

خامسا: اللاجئون: المبدأ الأساسي أن الدولة الفلسطينية هي في الموقع الرئيسي للفلسطينيين الذين يقررون العودة إلى المنطقة من دون استبعاد أن تستقبل إسرائيل بعضهم.

ويتم تشكيل لجنة دولية لضمان متابعة ما يتعلق بالتعويضات والإقامة.

سادسا: نهاية النزاع: يمثل هذا الاتفاق بوضوح نهاية النزاع، ويضع تطبيقه حدا لأي مطالبة.

وفي مفاوضات واشنطن وافق الطرف "الإسرائيلي" لأول مرة في ٢١ كانون أول على تقديم تنازلات بشأن السيادة على القدس الشرقية، وفي ٢٧ من الشهر نفسه ألغى عرفات اجتماعا مع باراك رافضا الخطوط العامة للاتفاقية المقترحة. وفي ٣ كانون ثاني ٢٠٠١ وافق عرفات من حيث المبدأ على مقترحات كلينتون كإطار للتسوية، لكنه أبدى تحفظات هامة عليها، وفي اليوم التالي رفض الإعلان بوضوح عن موافقته على المقترحات حيث لا يسمح المشروع لملايين اللاجئين بالعودة إلى الأرض المحتلة عام ١٩٤٨، كما لا يحدد بوضوح الحدود المقترحة للدولة الفلسطينية. ولقي موقف عرفات دعم الزعماء العرب في اجتماع في القاهرة حول حق اللاجئين في العودة. وقد وصف البعض المقترحات الأمريكية بأنها مقترحات "إسرائيلية" بثوب أمريكي. ورغم أن "الإسرائيليين" وافقوا مبدئيا على الاقتراحات كإطار للتسوية ألا أنهم أبدوا من جهتهم بعض التحفظات. ورفض باراك سيادة الفلسطينيين على المسجد الأقصى.

وفشلت محادثات واشنطن وانتهت ولاية كلينتون دون التوصل إلى اتفاق.

وقد كان كلينتون من الغرابة إلى حد أنه وصف أن جوهر المشكلة " هو أن اليهود عندما عادوا إلى وطنهم وجدوا أن هناك شعبا آخر"!! حسبما ذكر في خطاب في واشنطن في ٨ كانون ثاني ٢٠٠١.

وفي محاولة أخيرة لإنجاز التسوية قبل الانتخابات "الإسرائيلية" عقدت في "طابا المصرية مباحثات ٢٠-٢٧ كانون ثاني ٢٠٠١ ولم تتمكن من الوصول إلى تسوية نهائية، لكن بيانا مشتركا ذكر أن الطرفين" كانا أقرب من أي وقت مضى للوصول إلى تسوية " وأنهما سيوصلان المحادثات بعد الانتخابات "الإسرائيلية ".

شارون وتعطل مسار التسوية:

فاز أيريل شارون برئاسة الوزراء في الانتخابات العامة التي عقدت في ٦شباط ٢٠٠١ ضد منافسة باراك وبفارق تاريخي كبير يزيد عن ٢٥%، مما أكد ازدياد التطرف والتشدد لدى المجتمع الصهيوني.

وقد أعاد شارون مسار التسوية سنوات إلى الوراء، فعرض على الفلسطينيين حكما ذاتيا على ٤٠-٤٥ من الضفة الغربية، ورفض الدخول في أي مباحثات قبل توقف الانتفاضة. وحاول أن يسوق في أواخر تشرين ثاني ٢٠٠١ فكرة دولة غزة أولا.

لقد جاء شارون ببرنامج أمني يعد الصهاينة بالأمن عن طريق سحق الانتفاضة بالقوة. وهو باعتباره أشد الصهاينة تطرفا، وأكثر من ولغ في دماء الفلسطينيين منذ الخمسينيات مرورا بمذابح صبرا وشاتيلا سنة ١٩٨٢، وأنشط من شجع الاستطيان ومصادرة الأراضي في الضفة والقطاع عندما كان وزيرا للإسكان، فقد جاء إلى الحكم بعقلية العسكري الجنرال ووزير الدفاع السابق الذي يرى العنف أفضل وسيلة للتعامل. ولذلك لم تكن عملية التسوية من أولوياته، ولا استرضاء الفلسطينيين ضمن برنامجه.

وقد وعد "الإسرائيليين" بالأمن خلال مائة يوم، لكنه فشل (بعد أكثر من سنة ونصف من انتخابه) في ذلك فشلا ذريعا، ولا تزال المقاومة الفلسطينية توجه ضربات قاسية في العمق الصهيوني الذي يعيش حالة من التردي والهلع. لكن المجتمع "الإسرائيلي" لا يزال يدعم شارون وبرنامجه، لأنه ربما كان السهم الأخير في جعبة التطرف لديه، ولأنه يقود حكومة وحدة وطنية، أي أن البدائل الأفضل غير متوفرة حاليا.

مبادرة الأمير عبد الله:

وفي شهر شباط ٢٠٠٢ رشحت أنباء عن مبادرة ولي العهد السعودي الأمير عبد الله في مقابلة أجراها الأمير مع توماس فريدمان كاتب التحقيقات في النيويورك تايمز وتداولتها وسائل الإعلام العربية في ١٨ شباط ٢٠٠٢.

والمبادرة التي أكدتها السعودية رسمياً فيما بعد ترتكز أساسا على فكرة الانسحاب الإسرائيلي الكامل من الأرض المحتلة سنة ١٩٦٧ وقيام الدولة الفلسطينية عليها، مقابل السلام الكامل والاعتراف والتطبيع العربي الشامل مع" اسرائيل" والمبادرة لا تختلف كثيرا عن المبادرات العربية السابقة، سوى -ربما-في وضوحها فيما يتعلق بالتطبيع العربي الشامل.

وقد لقيت المبادرة ترحيبا أمريكيا وأوروبيا مبدئيا، كما لقيت ترحيبا من الأمين العام للأمم المتحدة، ومن عدد من الأطراف العربية. ولكن حدثت تساؤلات حول موقف المبادرة من حق اللاجئين الفلسطينيين بالعودة إلى أرضهم، وقد أكد الأمير عبد الله على عدم التنازل عن هذا الحق.

وقد حاول الكيان الإسرائيلي الالتفاف على المبادرة بإعلان أنها خطوة إيجابية واستعداد شارون لمقابلة الأمير عبد الله، غير أن شارون رفض مبدأ الإنسحاب من كل الأراضي المحتلة سنة ١٩٦٧. وقد رفضت السعودية العرض الإسرائيلي، وقالت إن اختزال إسرائيل للمبادرة في شكل عقد لقاءات ثنائية يكشف رفض إسرائيل للمبادرة.

وقد قرر الأمير عبد الله طرح مبادرته في مؤتمر القمة العربي التي انعقدت في بيروت في ٢٧-٢٨ آذار ٢٠٠٢ وبالفعل، تبنى مؤتمر القمة العربي المبادرة وحولها إلى مبادرة عربية شاملة، غير أن غياب ١١ رئيس دولة عربية

بالإضافة إلى عدم قدرة ياسر عرفات على حضور القمة بسبب الحصار الإسرائيلي على مقره قد أضعف من قوة زخم هذه المبادرة.

قرار مجلس الأمن الدولي:

ومن جهة أخرى أصدر مجلس الأمن الدولي في ١٢ آذار ٢٠٠٢ قراره رقم ١٣٩٧ أوضح فيه لأول مرة رؤيته لمستقبل الصراع بقيام دولة فلسطينية تتعايش إلى جانب " إسرائيل ". ولكن هذا القرار لم يحدد جدلا زمنيا لذلك، ولم يتخذ طابعا إلزاميا " لإسرائيل" بالانسحاب، كما لم يحدد شكل الدولة ولا حدودها.

وبعد ذلك بنحو ثلاثة أشهر ونصف (٢٦ حزيران ٢٠٠٢) قدم الرئيس الأمريكي جورج بوش رؤيته للتسوية السلمية. ووضع شروطا مستحيلة للوصول إلى قيام الدولة الفلسطينية. فقد طالب بوقف الانتفاضة وسيطرة السلطة تماما على الأوضاع، وإصلاح السلطة ومؤسساتها، وتغيير القيادة الفلسطينية بما فيها عرفات.. وقد أثارت شروطها مشاعر بالمرارة والسخرية فلسطينيا وعربيا ودوليا، وحتى في أوساط حلفائه الأوروبيين، بل وحتى من قيادات سياسية إسرائيلية. واعتبره الكثيرون ممثلا ليس لمصالح وبرامج الإسرائيليين فقط، وإنما لرؤية شارون والليكود للتسوية.. حتى إن عددا من قيادات حزب العمل الإسرائيلي وانتقدت المبادرة.

وقد عكست مبادرة بوش مدى النفوذ الصهيوني" الليكودي" في الإدارة الأمريكية، ومدى إيغال الولايات المتحدة في الاستخفاف بحقوق الفلسطينيين حتى تلك التي أقرها مواثيق الأمم المتحدة وقراراته. وبينما اعتبرها الاخرون أنها في احسن الأحوال تعكس مدى جهل الرئيس بوش بحقائق الوضع على الأرض في فلسطين.

اتفاقية الملك عبد الله بن عبد العزيز في المؤتمر،٢٣، ٢٠٠٦

وبعد ثلاثين عاما على قمة الرياض السداسية عام ١٩٧٦م، ها هي القمة تعود مرة ثانية إلى الرياض، في أجواء سياسية غير مستقرة ومتعددة الأزمات تتطلع فيها الشعوب العربية إلى مواقف وقرارات إيجابية تعمل على تهدئة التوتر والحروب التي تشهدها عدة مناطق من الأراضي العربية، وفي ظل ذلك كله تنعقد هذه القمة (قمة الرياض) في أجواء من التفاؤل الكبير غير المسبوق، بسبب المكان (وهو الرياض) وبسبب الأدوار الريادية للمملكة كاتفاق مكة بين الفلسطينيين أو الجهود الدبلوماسية لحل الأزمة اللبنانية ومد يد الحوار والتعاون مع الأشقاء والأخوة على المستويين العربي والإسلامي، ولما تتمتع به المملكة العربية السعودية من مكانة مرموقة واحترام متبادل على المستوى الدولي، فكل ذلك يدعو إلى مزيد من التفاؤل بنجاح هذه القمة لما يحقق تطلعات وآمال الشعوب العربية.

التأم شمل قادة الأمة العربية بأخيهم خادم الحرمين الشريفين الملك عبد الله بن عبد العزيز في بيت العرب مدينة الرياض ابتداء من الثلاثاء في قمتهم العادية التاسعة عشرة التي تستضيفها المملكة العربية السعودية التي عرفت بالجهود المتميزة في لم الشمل العربي والعمل على وحدة الصف وتوحيد الكلمة لمواجهة ما يبرز من تحديات للأمة وقضاياها على كافة الصعد.

وكان لنهج المملكة العربية السعودية سياسة حكيمة وثابتة في إقامة علاقات متوازنة مع كل الدول العربية دورها الواضح والفاعل في القيام بدور الوسيط المخلص والنزيه لحل الخلافات وتسوية المشكلات التي تقع بين بعض الدول العربية إيمانا من المملكة بتوحيد الكلمة ورأب الصدع وتكريس الجهود لبناء حاضر الأمة العربية ومستقبل وتوحيد الهدف لتحقيق ما تصبو إليه من رفعة ومجد.

وعندما تم تشكيل لجنة لتنقية الأجواء العربية في مؤتمر القمة العربي الطارئ الذي عقد في المغرب في شهر آب عام ١٩٨٥ م. تم اختيار الملك عبد الله بن عبد العزيز (كان وليا للعهد آنذاك) لرئاسة لجنة تنقية الأجواء العربية لما عرف عنه من حب للخير وسعي لرأب الصدع والتوفيق بين الأشقاء وثقته الكاملة في قدرة الأمة العربية على تحقيق أهدافها من خلال التعاون والتضامن لبلوغ أهدافها وتحقيق طموحاتها.

وفي هذا الإطار قام خادم الحرمين الشريفين الملك عبدالله بن عبد العزيز بجولات مكوكية بين الأردن وسوريا وبين العراق وسوريا لرأب الصدع وأثمرت تلك الجهود عن تقريب وجهات النظر ولم الشمل وتنقية الأجواء بين تلك البلدان.

وقال في بيان صحفي خلال جولاته المكوكية بين الدول العربية " لقد كنا أمس في أرض الكنانة واليوم في دمشق الأبية وغداً إن شاء الله في لبنان الصمود وما سعينا هذا السعي إلا لنحمل لأشقائنا هنا وهناك هموم أمتنا العربية وآمالها وتطلعاتها ونتبادل معهم المشورة والرأي مستهدفين لم الشمل وتوحيد الصف في هذه الظروف الصعبة التي تحمل في أحشائها أعظم المخاطر والتحديات التي لا يعلم مداها إلا الله. ورغم ما تشهده أمتنا العربية وتقاسيه من عدوان وجور واستفزاز يهز كل مقدرة على الصبر والحلم والاحتمال في نفس الإنسان رغم ذلك كله ستظل شمعة الأمل والتفاؤل حية متقدة ولن تطفئها أعاصير التشاؤوم والاستفزاز مهما عتت وسيظل إيماننا راسخا بحول الله وعونه بأن الحق لن يغلبه باطل وأن قطار السلام سيواصل سيرة حتى يبلغ منتهاه ولن تعيقه إن شاء الله عقبات أو عوائق مهما بلغت.

ومن هذا المنطلق قدم خادم الحرمين الشريفين الملك عبد الله بن عبد العزيز تصورا عمليا للتسوية الشاملة والعادلة في الشرق الأوسط وهو مشروع

عرف فيما بعد بمشروع السلام العربي بعد أن تبناه وأقره مؤتمر القمة العربي الذي عقد في بيروت في ١٣ من شهر المحرم ١٤٢٣هـ الموافق ٢٠٠٢/٢/٢٧.

وتهدف مبادرة الملك عبد الله للسلام التي تبناها القادة العرب إلى أن تعيد اسرائيل النظر في سياساتها وأن تجنح للسلم معلنة أن السلام العادل هو خيارها الاستراتيجي والانسحاب الكامل من الأراضي العربية المحتلة بما في ذلك الجولان السوري وحتى خط الرابع من (حزيران) ١٩٦٧ والأراضي التي ما زالت محتلة في جنوب لبنان. وحل عادل لمشكلة اللاجئين الفلسطينيين يتفق عليه وفقا لقرار الجمعية العامة للأمم المتحدة رقم ١٩٤ وقبول قيام دولة فلسطينية مستقلة ذات سيادة على الأراضي الفلسطينية المحتلة منذ الرابع من حزيران ١٩٦٧ في الضفة الغربية وقطاع غزة وتكون عاصمتها القدس الشرقية.

وفي إطار دعم المملكة العربية السعودية المتواصل للقضية الفلسطينية اقترح الملك عبد الله بن عبد العزيز في المؤتمر العربي الذي عقد في القاهرة في تشرين أول من عام ٢٠٠٠م إنشاء صندوق يحمل اسم انتفاضة القدس برأس مال قدره مئتا مليون دولار ويخصص للانفاق على أسر الشهداء الفلسطينيين الذين سقطوا في الانتفاضة. وإنشاء صندوق آخر يحمل اسم صندوق الأقصى يخصص له ثمانية مليون دولار لتمويل مشاريع تحافظ على الهوية العربية والإسلامية للقدس والحيلولة من دون طمسها.

أعلن عن إسهام المملكة العربية السعودية بربع المبلغ المخصص لهذين الصندوقين.

كما وجه في تموز عام ٢٠٠٦ بتخصيص منحة قدرها مائتان وخمسون مليون دولار للشعب الفلسطيني لتكون بدورها نواة لصندوق عربي دولي لإعمار فلسطين.

ووجه خادم الحرمين الشريفين الملك عبد الله بن عبد العزيز الدعوة لأشقائه قادة الشعب الفلسطيني لعقد لقاء عاجل في رحاب بيت الله الحرام بمكة المكرمة لبحث أمور الخلاف بينهم بكل حيادية ودون تدخل في أي طرف والوصول إلى حلول عاجلة لما يجري على الساحة الفلسطينية.

واستجاب القادة الفلسطينيون لهذه الدعوة وعقد كل من رئيس السلطة الفلسطينية محمود عباس (أبو مازن) ورئيس المكتب السياسي لحركة حماس خالد مشعل ورئيس الوزراء الفلسطيني اسماعيل هنية اجتماعات في قصر الضيافة في مكة المكرمة بحضور عدد من المسؤولين في حركتي فتح وحماس الفلسطينيتين.

وتوجوا تلك الاجتماعات باتفاق مكة الذي أعلن بحضور خادم الحرمين الشريفين الملك عبد الله بن عبد العزيز آل سعود في قصر الصفا بجوار بيت الله الحرام في العشرين من شهر محرم ١٤٢٨ هـ كما أعلنت صيغة تكليف الرئيس محمود عباس رئيس السلطة الوطنية الفلسطينية الأستاذ إسماعيل هنية برئاسة مجلس الوزراء الفلسطيني وذلك تتويجا للقاء التاريخي. وشكلت حكومة الوحدة الفلسطينية في ٢٥ صفر ١٤٢٨هـ الموافق ١٥ آذار ٢٠٠٧م.

رؤية تحليلية للموقف العربي والفلسطيني و"الإسرائيلي" من التسوية

من خلال العرض السابق، لاحظنا أن إقبال الحكومات العربية و(م.ت.ف) على المشاركة في عملية التسوية السلمية ينطلق أساسا من خلفيتين:

الأولى: حالة العجز العربي واختلال موازين القوى بما يجعل مستحيلا في المدى المنظور تحرير فلسطين بالوسائل العسكرية.

والثانية: عامل الزمن، وشعور الأنظمة العربية أن الزمن لا يعمل لصالحها حيث يقوم الكيان الصهيوني ببناء الحقائق على الأرض، وأن الأولى إيقاف تمدد المشروع الصهيوني، وإنقاذ ما يمكن من أرض قبل فوات الأوان.

وقد يبدو هذا التفكير للوهلة الأولى منطقيا، لكن المشكلة الأساسية تكمن في التعامل مع العجز المؤقت باعتباره قدرا وعجزا دائما، وفي الاستسلام ابتداء إلى مستقبل منهزم، فضلا عن الحاضر المتردي. كما أنه تفكير لا يدرك تماما حاجة العدو الصهيوني الماسة للتسوية لتجاوز العديد من أزماته ومشاكله. وهو تفكير يعبر عن إشكالية غياب الإرادة، وغياب الرؤية لأدوات التغيير في المستقبل، كما أنه لا يستوعب دروس التاريخ التي انتهت عادة بإزالة الاستعمار والاحتلال ولو بعد مئات السنين، ما دام هناك شعوب لم تنس قضيتها ومستعدة للبذل في سبيلها.

إذ أن الانتصار على المشروع الصهيوني يستدعي مشروعا حضاريا، وحالة نهضوية عامة، لا يمكن أن تتكون بداياتها الأولى إلا بفتح أبواب الحريات للجماهير، ولا يمكن لهذا المشروع أن يستقيم إلا إذا توافق مع عقيدة الأمة وتراثها، بحيث يمكن أن يفجر فيها العزة والكرامة وروح التضحية والإبداع.

وفي الجانب الفلسطيني يتنازع الفلسطينيين تياران أساسيان تجاه التسوية، الأول هو تيار القيادة المتنفذة في م.ت.ف وتدعمه أساسا حركة فتح

وهو يدعم مسار التسوية واتفاقات أوسلو، والثاني هو تيار المعارضة الفلسطينية الذي تقوده أساسا حركة حماس وعدد من فصائل المقاومة كالجهاد الإسلامي والشعبية والديمقراطية وغيرها.

وفي مناطق الضفة الغربية وقطاع غزة يكاد التياران يتناصفإن الدعم الجماهيري. أما في خارج فلسطين حيث يوجد أكثر من نصف شعب فلسطين، والذي ستحرمهم أية تسوية سلمية من حقهم في العودة إلى وطنهم، فإن هناك مؤشرات على رفض الغالبية لاتفاقيات أوسلو وما ينبني عليها.

غير أنه ينبغي التفريق بين قبول الفلسطينيين للتسوية السياسية كحل مرحلي هو أفضل ما يمكن تحصيله في الظرف الراهن، وبين إيمانهم بحقهم المطلق في فلسطين من نهرها إلى بحرها، بمعنى أن الأغلبية الساحقة للفلسطينيين غير مقتنعة "بعدالة " التسوية السياسية أيا كانت، ولا مقتنعة بأن هذا الحل هو حل "دائم". وعلى سبيل المثال فعندما كانت اتفاقية أوسلو تعيش أفضل أيامها في البداية مع وعود الرخاء وانسحاب المحتلين وإقامة الدولة الفلسطينية فإن أكثر الذين عبأوا استطلاعا للرأي العام حول موقفهم من اتفاق أوسلو أبدوا موافقة عليه (نحو ٥٥%). وأجاب نفس الذين عبأوا هذا الاستطلاع على سؤال آخرحول إيمانهم بحقهم في فلسطين المحتلة سنة ١٩٤٨ فأجاب ٨٦% بأنهم يؤمنون بحقهم فيها. مع العلم أن الذين قاموا بالاستبيان كانوا من مؤسسات تدعمها م.ت.ف التي تبنت التسوية.

وبالنسبة للشعب الفلسطيني فإن كلمة " الحل العادل والدائم" التي تطرح عادة في كل مشاريع التسوية، تصبح مصطلحا عبثيا يفقد دلالته الحقيقية. فهل يستطيع أحد أن يقنع ٤,٨ ملايين لاجئ فلسطيني خارج فلسطين بأن الحل العادل الدائم يكمن في توطينهم حيث هم، وفي ترك أرضهم لليهود الصهاينة ؟ وفي أن للصهاينة ٧٧% من أرض فلسطين لينشئوا عليها

دولتهم، لقد أشارت استطلاعات الرأي العام التي أجريت مؤخرا وسط اللاجئين الفلسطينيين أن ٩٨٪ منهم يرفضون التنازل عن حقهم في العودة إلى الأرض المحتلة عام ١٩٤٨، ويرفضون التوطين أو التعويض. وفوق ذلك من يملك أن يقنع العرب بالتخلي عن عروبة فلسطين؟ ومن يملك أن يقنع المسلمين بالتخلي عن إسلاميتها وقدسيتها.

إن إشكالية التسوية تكمن في أنها تحمل بذور فشلها في ذاتها، وستبقى مسألة الأرض وهويتها، ومسألة العودة، ومسألة القدس.. تضطرم في النفوس وستظل بين آن وآخر لتؤكد أن "السلام" غير عادل ولا دائم.

وقد أفرزت انتفاضة الأقصى واقعا جديدا وحدَّ مختلف التيارات الفلسطينية (بما فيها فتح) حول برنامج المقاومة. واكتسب خيار المقاومة مصداقية وشعبية متزايدة، ووصل الأمر إلى أن يزيد عدد مؤيدي العمليات الجهادية في استطلاعات الرأي العام المحايدة في الضفة والقطاع إلى نحو ٨٠٪. وقد وضعت الانتفاضة مشروع التسوية في مهب الريح. وإذا كان هذا المشروع يمشي على عكازين في السنوات الماضية، فقد بدأ عاجزا حتى عن استخدام العكازات.

أما في الجانب "الإسرائيلي" الصهيوني فإن الرغبة في التسوية السلمية ترتكز أساسا على قضية جوهرية تؤرق قادته وهي التحول إلى كيان سياسي" طبيعي" في المنطقة. وتحويل النظرة إلى الكيان الصهيوني من كيان " سرطاني" وخطر يجب استئصاله، إلى "ظاهرة صحية" دامت حالة العداء موجودة وما دامت المعركة معركة أجيال متواصلة، فإن العرب والمسلمين سيملكون يوما ما –مهما طال-أدوات القوة والدمار الشامل، كما لن تبقى الظروف السياسية العربية والإسلامية والدولية على حالها إلى الأبد، وبالتالي فإن هذا الكيان سيبقى مهددا بالزوال لحظة تغير موازين القوى.

لقد دفع هذا الشعور رئيس المنظمة الصهيونية العالمية ناحوم جولدمان N.Golgdman (١٩٥٨-١٩٦٨)، وهي المنظمة التي أنشأت الكيان الصهيوني إلى القول " لا يوجد لإسرائيل مستقبل على المدى الطويل دون تسوية سلمية مع العرب". بل واعترف أن بن جوريون (الذي قام على أكتافه إنشاء الكيان الصهيوني، وكان أول رئيس وزراء له والشخصية الأولى فيه حتى نحو ١٩٦٣) قال له سنة ١٩٥٦ أن الدولة اليهودية ستستمر في العشر أو الخمس عشر سنة القادمة ولكن احتمالات وجودها بعد ذلك هي ٥٠%. وعلى هذا فإن الجانب الصهيوني بحاجة ماسة إلى تسوية تضمن بقاءه. وأفضل وقت يمكن عقد تسوية فيه هو هذا الوقت الذي اجتمعت فيه خمسة عناصر قلما تجتمع في ظرف تاريخي وأحد وهي:

١. قوة الكيان الصهيوني بحيث يستطيع هزيمة البلاد العربية مجتمعة.

٢. قوة النفوذ اليهودي الصهيوني الدولي، وبلوغه درجة كبرى من العلو في الأرض، تمكنه من الضغط والتأثير على القرار السياسي في الولايات المتحدة ومعظم الدول الكبرى.

٣. وقوف الدولة الأقوى في العالم " الولايات المتحدة " مع الكيان الصهيوني، وتحالفها الاستراتيجي معه. وخضوع العالم حاليا لوضع " أحادي القطبية" بقيادة الولايات المتحدة وحدها.

٤. حالة ضعف وعجز وانهزام عربي وإسلامي عام.

٥. إن (م.ت.ف) وهي الطرف الذي يمثل الفلسطينيين قد دخلت بقوة في مشروع التسوية، وقبلت بالاعتراف بالكيان الصهيوني، وحقه في العيش ضمن حدود آمنة على ٧٧% من أرض فلسطين التاريخية.

لكن الصهاينة ينقسمون إلى مدرستين تجاه التسوية السلمية، وشكل تحقيقها:

المدرسة الأولى: مدرسة حزب العمل ومن يدور في فلكه.

وهو الحزب الذي قام على عاتقه انشاء الكيان الصهيوني وقيادته حتى سنة ١٩٧٧ (ثم تداول القيادة مع الليكود) وهي مدرسة تركز على الحفاظ على الطابع اليهودي للكيان الإسرائيلي، وتسعى بشكل أكبر إلى التحول إلى كيان طبيعي في المنطقة. هي بالتالي لا تضع في هذه المرحلة عملية التوسع الجغرافي على رأس أولوياتها، لأنها تدرك أن ضم أراضي جديدة يسكن عليها ملايين العرب، في الوقت الذي نضبت فيه ينابيع الهجرة اليهودية.. سيؤدي إلى فقدان الكيان هويته اليهودية، كما سيشغله بمصاعب أمنية واقتصادية كبيرة، ولذلك تسعى هذه المدرسة لتحقيق مخططها الصهيوني في هذه المرحلة من خلال الهيمنة الاقتصادية على المنطقة، وتحولها إلى كيان طبيعي من خلال إيجاد أوضاع سياسية وثقافية وإعلامية وأمنية تخدم مثل ذلك التصور. والمنظر الرئيسي له الآن هو شمعون بيريز الذي طرح أفكاره من خلال كتابه " شرق أوسط جديد".

المدرسة الثانية: مدرسة حزب الليكود.

وهو الحزب الذي يتداول السلطة مع حزب العمل منذ ١٩٧٧ (بيغن-شامير-نتنياهو-شارون..). وهي مدرسة تمجد استخدام القوة، وتؤكد على فكرة الحدود التاريخية للكيان الإسرائيلي. وكان مؤسس الحزب ورئيسه بيغن يقول " أنا أقاتل، إذن أنا موجود "، ومع ذلك فإن هذه المدرسة مستعدة للتعاطي

مع العمل السياسي وفق ما يخدم المصلحة الإسرائيلية تكتيكيا. لكن هذه المدرسة لا تثق بأن العرب والمسلمين سيتحولون يوما ما إلى أصدقاء، وهي ليست مطمئنة إلى فكرة التحول إلى كيان طبيعي، وإن كانت ترغب بذلك كما أنها لا ترى في ظل الأوضاع والموازين القوى التي تمثل إلى صالحها بشكل صارخ ما يجبرها على تقديم تنازلات للفلسطينيين والعرب.

وترى أن الأفضل هو العمل الحثيث على استجلاب مزيد من اليهود وتهويد للضفة والقطاع، وبناء حقائق على الأرض يستحيل التنازل عنها، وخلال ذلك الزمن إما أن يستجيب العرب والفلسطينيون للتصور الليكودي للتسوية (حكم ذاتي على السكان وليس على الأرض)أو أن يكون قد تم تهويد الأرض. كما يأمل بعض المحسوبين على هذه المدرسة بتحقيق تهجير طوعي أو قسري للفلسطينيين من الأرض المحتلة سنة ١٩٤٨ والضفة الغربية وقطاع غزة... وبذلك "يحلون المشكلة من جذورها" ويجيبون على مسألة تحدي بقاء الدولة اليهودية.

وعلى ذلك، فإن إشكالية التسوية عند الصهاينة مرتبطة بعملية المزاوجة بين مثلث:

١. الحفاظ على الأمن.

٢. والحفاظ على الأرض.

٣. الحفاظ على الهوية اليهودية للدولة.

المدرسة الثالثة: حزب كاديما.

وهو الحزب الذي تشكل من مجموعة احزاب متفرقة يجمعهم فكر شاروني عدائي للعرب،وأحلام مستقبلية بفرض الأمن للكيان الصهيوني بأسوار حجرية وسلام هزيل،ويقود هذا الحزب (أولمرت) والذي بدا لليهود فاشلا منذ توريط إسرائيل بحرب اذاقهم فيها مرارة الهزيمة.

وقد تختلف أضلاع المثلث وزواياه عند جهة دون أخرى بناء على ترتيب الأولويات أو تحليل الأمور. لكن هناك قواسم مشتركة بين كافة الأطراف الصهيونية من أقصى يمينها إلى أقصى شمالها:

١.   لا تنازل عن الأرض المحتلة سنة ١٩٤٨ أي نحو ٧٧% من أرض فلسطين.

٢.   لا لحق عودة اللاجئين الفلسطينيين إلى الأرض المحتلة عام ١٩٤٨، لأنه يعني عمليا فقدان اليهود للأغلبية السكانية وفقدان المشروع الصهيوني لأساس تكوينه، وهو بناء الدولة اليهودية.(اللاجئون الفلسطينيون الذين ينتمون إلى مدن وقرى وبادية الأرض المحتلة سنة ١٩٤٨ يقدرون بخمسة ملايين ومائة ألف حاليا، فلو عاد هؤلاء وانضموا إلى إخوانهم المليون و ١٥٠ ألف فلسطيني لا يزالون يعيشون تحت حكم الكيان الإسرائيلي في أرض الـ١٩٤٨ لأصبح عددهم أكبر من المجموع الكلي لليهود في فلسطين. إذ يقدر عدد اليهود في فلسطين المحتلة بخمسة ملايين حسب إحصاءات سنة ٢٠٠٠).

٣.   لا تزال الأغلبية الساحقة لكافة التيارات الصهيونية ترفض التنازل عن السيادة عن القدس الشرقية، وخصوصا منطقة المسجد الأقصى باعتبارها "جبل المعبد"

٤.   توافق كافة الأطراف الصهيونية أن الدولة الفلسطينية إذا ما قامت في الضفة والقطاع فيجب ألا تكون مكتملة السيادة بالمفهوم المتعارف عليه سياسيا ودوليا، كأن تكون منزوعة من السلاح الثقيل، وأن تضمن الأمن الصهيوني من جهتها.

وإن على العرب والفلسطينيين الذين لا تعجبهم القواسم الصهيونية المشتركة، أن يبحثوا عن حل غير التسوية السلمية. وقد يوافق الصهاينة على عودة رمزية لنسبة ضئيلة من اللاجئين، وقد يوافقون على بعض الترتيبات الحدودية بتبادل بعض الأراضي، بشرط ألا يغير ذلك من جوهر الأوضاع.

وقد انعكست مفاوضات كامب ديفيد (تموز ٢٠٠٠) وانتفاضة الأقصى (منذ ٢٨ أيلول ٢٠٠٠) على مزاج المجتمع الصهيوني تجاه التسوية. إذ ظن " الإسرائيليون" أنهم قدموا أفضل ما لديهم في المفاوضات " دونما فائدة "، وأدت حالة " الإحباط " هذه إلى تزايد الشعور بأن الفلسطينيين لا تنفع معهم سوى لغة القوة. وقوت الانتفاضة هذه المشاعر فإنزوى ما يسمى بتيار " معسكر السلام" الإسرائيلي، بل وأظهرت الكثير من رموزه عنفا وتطرفا وشراسة كبيرة. وتمكن تيار الليكود من الفوز بانتخابات رئاسة الوزراء بأغلبية تاريخية لم يسبق لها مثيل (بفارق ٢٥,٧%) وظلت إلى الآن استفتاءات الرأي العام تدفع باتجاه الخيار الأمني، واستخدام وسائل أكثر وحشية وعنفا.

وما يهمنا الإشارة إليه هنا الآن هو أن التيار المعادي للتسوية السلمية، وفق الحد الأدنى الفلسطيني، بل ووفق الحد الذي طرحه حزب العمل هو تيار واسع قوي يمكن أن يتسبب في إسقاط التسوية أو تعطيلها، وهو ليس تيارا معارضا بعيدا عن السلطة، وإنما هو تيار يشارك في الحكم بل وينفرد به أحيانا عديدة، كما حدث خلال الخمس وعشرين سنة الماضية.

إن سلوك المجتمع الصهيوني النفسي العام يتأثر أساسا بقضيتنين أو عقيدتين اثنتين:

الأولى: الأمن.

الثانية: الوضع الاقتصادي.

ولا شك أن هناك عوامل أخرى تلعب دورها كالجوانب الدينية والتاريخية. لكن عقدتا الأمن والمال هما جزء من التكوين التراثي الديني التاريخي اليهودي نفسه. وقد أشار إلى جانب منهما القرآن الكريم، إذ قال تعالى: " ولتجدنهم أحرص الناس على حياة يود أحدهم لو يعمر ألف سنة.." (البقرة:٩٦) ، وذكر الله تعالى قول اليهود" إن الله فقير ونحن أغنياء "(آل عمران:١٨١) .

وهاتان القضيتان لهما دورهما الجوهري في صناعة الرأي العام "الإسرائيلي"، وفي صناعة القرار السياسي، وفي سلوك الفرد "الإسرائيلي" العادي. وعادة ما يتعامل المجتمع الصهيوني مع مشروع التسوية حسب ما يمكن أن يوفر له من أمن ومنافع ولذلك فإنهم عندما تعاملوا مع السلطة الفلسطينية كان كل شيء مرهونا بما يمكن أن توفر لهم السلطة من أمن من خلال تولي مهمة قمع المعارضة الفلسطينية ومنعها من مواصلة الكفاح. ولم يتعاملوا معها بروح الشريك السياسي المكافئ بقدر ما أرادوا التعامل معها كوكيل يتولى تنفيذ " المهام الصعبة " بالنيابة معها. ولذلك عندما اندلعت الانتفاضة ارتفعت الأصوات بوجوب تغيير ياسر عرفات واستبداله، وكأنما هو موظف لديهم، وليس باعتباره شخصا آخر يمثل شعباآخر.

إن فكرة المشروع الصهيوني نفسه قائمة على إقناع اليهود بتوفير الأمن لهم والذي فقدوه بسبب ظهور المشكلة اليهودية في شرق أوروبا، وتداعيات اضطهاد الزعيم الألماني هتلر لهم. ولأن "رأس المال غير المتزن" فإن المشاكل الأمنية تؤدي عادة إلى أزمات اقتصادية، وهروب المال وأصحابه طلبا للسلامة. وهذا يفسر جانبا من الهجرة اليهودية المعاكسة إلى أوروبا وأمريكا بأعداد ضخمة إثر اندلاع انتفاضة الأقصى.

وعلى ذلك فإن السلوك " الإسرائيلي " يتجه عادة إلى التشدد والتصلب والقسوة في أثناء الأزمات في سبيل المحافظة على الأمن. لكنه لا يستطيع تحمل مشاكل وتحديات أمنية حقيقية ودائمة. وهذا ما يفسر قسوته في الرد لمحاولة حسم الأمور بسرعة.

وبشكل عام، فمن المتوقع أن يستمر" المجتمع الاسرائيلي" على تشدده وأن تستمر السياسات الحكومية "الإسرائيلية" على تصلبها وفظاظتها، طالما لا تزال موازين القوى تميل إلى صالحها، وطالما لم تفقد أملها في سحق الانتفاضة. ولذلك فإن قدرة الانتفاضة على الاستمرار أدت إلى سقوط شارون وسقوط الخيار الأمني الإسرائيلي. لكن القيادة السياسية الفلسطينية والعربية-على الأغلب- لن تستثمر ذلك باتجاه مشروع تحرير، وإنما باتجاه تسريع مشروع التسوية نفسه وفق ظروف أفضل بالنسبة لها.

انعكاسات مشروع التسوية على المنطقة

حقق المشروع الصهيوني نجاحا كبيرا عندما عقد اتفاقية التسوية مع مصر أكبر وأقوى البلاد العربية، حيث تمكن من تحييدها وعزلها لسنوات عن محيطها العربي، مما هيأ له فرصة الاستفراد بشكل أفضل في تنفيذ مشروعه

في المنطقة، فتضاعفت وتيرة الاستيطان والتهويد في الضفة والقطاع، وتم ضرب البنية التحتية للمقاومة الفلسطينية في لبنان.

على أن توقيع قيادة (م.ت.ف) على اتفاقات أوسلو(١٩٩٣)، وتوقيع الأردن على اتفاقات وادي عربة (١٩٩٤) قد أدخل المنطقة في أوضاع جديدة. وبدأ أن الكيان الصهيوني أخذ بالتحول إلى كيان طبيعي في المنطقة... بينما أخذت تتصاعد وتيرة التطبيع وفتح العلاقات العربية والإسلامية مع الكيان الصهيوني.

إنه إن قدر لهذا المشروع النجاح وفق التصور " الإسرائيلي" -الأمريكي فإنه سيكون له انعكاسات خطيرة على المنطقة العربية والإسلامية، ونظهر هنا أبرز الآثار..:

فمن الآثار السياسية للتسوية:

- تسويق الكيان الصهيوني ككيان طبيعي في المنطقة، له حق العيش ضمن حدود آمنة، أي حصول الكيان على " شرعية " فلسطينية -عربية.

- تكريس حالة التجزئة والقطرية والضعف في العالم العربي، وهي حالة لا يمكن أن يستمر الكيان الصهيوني بدونها.

- زيادة التوتر داخل الصف الفلسطيني، حيث توجد معارضة قوية واسعة للتسوية.

- تراجع مسار " الديمقراطية" والحريات في العالم العربي، مما سيحدث حالة احتقان وأزمات داخلية كبيرة.

– هناك مخاوف كبيرة حقيقية من أن تقوم "إسرائيل" بدور شرطي المنطقة الذي يحمل عصاه الغليظة لكل من يخرج عن "الطاعة".

– هناك احتمالات كبيرة أن تستمر البلاد العربية تدور في فلك التبعية للقرار السياسي "الإسرائيلي" –الأمريكي-الغربي.

– توفير ظروف أفضل للهجرة اليهودية في فلسطين المحتلة حيث الاستقرار السياسي والازدهار الاقتصادي.

وفي الجانب الاقتصادي:

– سيستفيد الكيان الصهيوني من القدرات المالية الهائلة والإمكانات الاقتصادية التي لديه في محاولة السيطرة على اقتصاديات المنطقة.

– ستنتهي المقاطعة الاقتصادية العربية –الإسلامية للكيان الصهيوني التي كلفته عشرات المليارات من الدولارات.

– ستوفر أجواء التسوية فرص نمو اقتصادي أفضل للكيان "الإسرائيلي" وهذا ما حدث فعلا خلال الثمانينات والتسعينات من القرن العشرين إذ قفز الناتج القومي" الإسرائيلي" من ١٥,٣ مليار دولار أمريكي سنة ١٩٨٣ إلى ١٠٥,٤ مليار سنة ١٩٩٩، وارتفع دخل الفرد "الإسرائيلي" إلى ١٨,٣٠٠ دولار أمريكي ليشكل أحد أعلى الدخول في العالم.

– سيقوم الكيان الصهيوني بالاستثمار الاقتصادي في المنطقة حيث هناك عمالة أرخص، وشركات غير قادرة على المنافسة، مما يفتح المجال إلى مزيد من الأرباح، وسيكون أقدر على الإضرار بالاقتصاد المحلي لأي دولة عن طريق ضرب الأسعار أو السحب المفاجئ للأموال أو طرد العمال

وغير ذلك. وهناك أخبار كثيرة عن نتائج سلبية ومأساوية أحيانا للتعاون الاقتصادي مع الكيان الصهيوني، فقد تحدثت تقارير عديدة عن دمار في محاصيل القمح والقطن المصرية باسم استخدام بذور مستوردة من الكيان الإسرائيلي كما حدث دمار مماثل في محاصيل البندورة في المغرب للسبب نفسه. وما حدث عام ٢٠٠٨ من انهيار البورصة في الأسواق الحالية؟ من هو المسؤول عن ذلك؟

وفي الجانب العسكري والأمني:

- تحقيق الهيمنة العسكرية الإسرائيلية في المنطقة، ومنع الدول العربية من تطوير قدراتها العسكرية.
- تسهيل النشاط التجسسي "الإسرائيلي" في البلاد العربية تحت غطاء السفارات والسياحة والوفود وغيرها.

وفي الجانب الثقافي:

- إعادة النظر في مناهج التدريس، وحذف الآيات والأحاديث والمواد الدراسية المعادية لليهود والكيان الإسرائيلي (وقد حدثت العديد من المراجعات فعلا).
- منع المواد الإعلانية والثقافية التحريضية وخطب الجمعة الموجهة ضد اليهود والكيان الصهيوني.
- استخدام وسائل الاعلام والثقافة لتقديم صورة إيجابية عن اليهود والكيان الصهيوني.

- التوقف عن تدريس قضية فلسطين، وعدم الإشارة إلى فلسطين بحدودها التاريخية وتقديم "إسرائيل" بدلا عنها ككيان جغرافي محدد.

- إلغاء روح الجهاد، وإضعاف روح المقاومة والتضحية واعتبارها إرهابا.

- فتح المجال للمواد الثقافية اليهودية والرؤى الصهيونية لغزو عقول العرب والمسلمين.

- ربط الشباب العربي بقدوات سخيفة – أمثال الممثلين والمطربين!!-.

وفي الجانب الاجتماعي:

- استجلاب الكتب والدوريات والبرامج والأفلام الإسرائيلية الصهيونية التي تحمل في جنباتها الكثير من الفساد والتحريض.

- ظهرت الكثير من الدلائل على قيام المخابرات "ألإسرائيلية" بتعمد ترويج المخدرات في مصر وغيرها.

- ظهرت العديد من الدلائل على تعمد الصهاينة إرسال شبكات فساد إسرائيلية من العاهرات وبائعات الهوى بقصد إفساد القيم في المجتمع.

- تشجيع وتمويل الرحلات واللقاءات الشبابية المختلطة بين الجنسين من عرب ويهود، نشرا للفساد، وتجنيدا للشباب في " الموساد" الإسرائيلي.

- واليوم، يعتصر القلب حينما أرى الأخوة في فلسطين يذبحون بأيديهم،أشعر بالحزن الشديد لمايحصل،والدمع في مقلتي تشتكي على من تسقط،فكلهم إخوتي.

فهرس المحتويات

المصادر والمراجع

١- ابن هشام، السيرة النبوية، القاهرة، ١٩٥٥.

٢- أبو غنيمة، زياد، السيطرة الصهيونية على وسائل الإعلام العالمية، ط٢،عمان،دار عمار، ١٩٨٩.

٣- أبو نوار، معن، معركة الكرامة، ط٣، عمان، ١٩٧٠.

٤- الجنرال أ.أكرم، سيف الله خالد بن الوليد /ترجمة العميد الركن صبحي الحاجي، ط٧، بيروت،مؤسسة الرسالة ١٩٩٤.

٥- الازدي، تاريخ فتوح الشام / تحقيق عبد المنعم عبد الله عامر، القاهرة، مؤسسة سجل العرب، ١٩٧٠.

٦- الأشقر، عمر سليمان، العقيدة في الله،ط٥، الكويت، مكتبة الفلاح،١٩٨٤.

٧- بقرادوني، كريم، لعنة وطن: من حرب لبنان إلى حرب الخليج،بيروت، عبر الشرق للمنشورات، ١٩٩١.

٨- بلقيز، عبد الإله المقاومة وتحرير جنوب لبنان، ط١،لبنان، مركز دراسات الوحدة العربية، ٢٠٠٠.

٩- بلقيز، عبد الإله رؤية مستقبلية للصراع العربي -الاسرائيلي، بيروت، الدار البيضاء، ٢٠٠٠.

١٠- البديري، هند أمين،أراضي فلسطين، بين مزاعم الصهيونية وحقائق التاريخ، القاهرة جامعة الدول العربية، ١٩٩٨

١١- البلاذري، فتوح البلدان، القاهرة، ١٩٥٩.١

١٢- الحاج، عزيز، القضية الكردية في العراق، ط١ بيروت، المؤسسة العربية للدراسات والنشر،١٩٩٤.

١٣- الحسيني، محمد أمين، حقائق عن قضية فلسطين،ط٢، القاهرة، مكتب الهيئة العربية العليا لفلسطين.

١٤- حوراني،فيصل، الفكر السياسي الفلسطيني:١٩٦٤-١٩٧٤، دراسة للمواثيق الرئيسية لمنظمة التحرير الفلسطينية، بيروت: مركز الأبحاث (م.ت،ف) ١٩٨٠.

١٥- الحموي،ياقوت، معجم البلدان، طهران،١٩٦٥.

١٦- الدجاني،أحمد صدقي، القدس وانتفاضة الأقصوحرب العولمة, ٢٠٠٢.

١٧- الدنيوري، الأخبار الطوال، القاهرة،١٩٦٠.

١٨- دراسات في الثقافة والحرب، الحرب ورهان الأعداء،ط١،بغداد، دائرة الشؤون الثقافية العامة، ١٩٨٦

١٩- الرشواني، منار محمد، الغزو الأمريكي للعراق الدوافع والأبعاد، لبنان، مركز دراسات الوحدة العربية، ٢٠٠٤.

٢٠- زعيتر، اكرم، القضية الفلسطينية، ط١،عمان، دار الجليل للنشر،١٩٨٦.

٢١- السفري، عيسى، فلسطين العربية بين الانتداب والصهيونية،ط٢،القدس، منشورات صلاح الدين،١٩٨١.

٢٢- السويدان، طارق، فلسطين التاريخ المصور، ط٢، الكويت، مؤسسة الابداع الفكري،٢٠٠٤.

٢٣- السعدي، غازي، الحرب الفلسطينية والإسرائيلية في لبنان، أهداف لم تتحقق.

٢٤- شريف، حسين، الحرب والسلام،١٩٩٦.

٢٥- شريف، حسين، الشرق الأوسط في ظل النظام الدولي الجديد ١٩٨١-١٩٨٥،١٩٩٦.

٢٦- شفيق، منير، أوسلو ١،٢":المسار والمآل، لندن: فلسطين المسلمة،١٩٩٧.

٢٧- شيف، زئيف ورفاقه، لبنان آخر وأطول حروب إسرائيل /ترجمة علي حداد، ط١، بيروت،دار المروج،١٩٨٥.

٢٨- صالح، سليمان، انتفاضة الأقصى،٢٠٠٣.

٢٩- صالح،محسن محمد، القضية الفلسطينية خلفياتها وتطوراتها حتى ٢٠٠١.

٣٠- الأصفهاني،الأغاني، القاهرة،١٩٠٥.

٣١- الطبري، محمد بن جرير، تاريخ الرسل والملوك /تحقيق محمد أبو الفضل ابراهيم القاهرة، دار المعارف،١٩٦٩.

٣٢- عودة،بطرس عودة، حرب الخليج من المسؤول، ط١،عمان، المكتبة الوطنية،١٩٩١.

٣٣- فرحاني، نادر، أحتلال العراق بين ادعاءات التحرير ومطامع الاستعمار، لبنان، مركز دراسات الوحدة العربية، ٢٠٠٤.

٣٤- كمال،أحمد عادل، الطريق إلى دمشق، بيروت، دار النقاس، ١٩٨٠.

٣٥- الكيالي، عبد الوهاب، تاريخ فلسطين الحديث، ط٩،بيروت المؤسسة العربية للدراسات والنشر، ١٩٨٥.

٣٦- المسعودي، مروج الذهب، القاهرة، ١٩٥٨.

٣٧- محسن،ابراهيم،قضايا نظرية وسياسية بعد الحرب، بيروت، منشورات بيروت المساء، ١٩٨٤.

٣٨- المقدادي، كاظم، التأثيرات الصحية والبيئية للحرب على العراق، لبنان، مركز دراسات الوحدة العربية، ٢٠٠٤.

٣٩- نويهض، وليد، صلاح الدين الأيوبي سقوط القدس وتحريرها،١٩٩٧.

٤٠- الواقدي، المغازي، القاهرة،١٩٤٨.

٤١- الواقدي، فتوح الشام، القاهرة،١٩٥٤.

٤٢- ياسين،منير،حرب الخليج بين الماضي والمستقبل العربي والإسلامي،ط١،عمان مؤسسة زهران للطباعة والنشر والتوزيع،١٩٩٣.

٤٣- الهزاط، محمد ورفاقه، احتلال العراق، الأهداف، النتائج والمستقبل، لبنان، مركز دراسات الوحدة العربية، ٢٠٠٤.

٤٤- www.gwu.edu/nsarchiv/NSAEBB١٦٧

٤٥- www.au.af.mil/au/awc/awcgate/state/١٠٠٧

٤٦- www.aljazeera.net

Printed in the United States
By Bookmasters